dtv

Paul Kirchhof war von 1987 bis 1999 Richter des Bundesverfassungsgerichts und an maßgeblichen Entscheidungen zum Steuerrecht beteiligt. Er lehrt und forscht heute an der Universität Heidelberg. Mit Unterstützung einiger Bundesländer hat er ein radikal vereinfachtes Steuerrecht erarbeitet.

Paul Kirchhof

Der Weg zu einem neuen Steuerrecht –
klar, verständlich, gerecht

Mit einem neuen Vorwort
zur Taschenbuchausgabe

Deutscher Taschenbuch Verlag

September 2005
Deutscher Taschenbuch Verlag GmbH & Co. KG,
München
www.dtv.de
Lizenzausgabe mit Genehmigung des Carl Hanser Verlags München Wien
© 2004 Carl Hanser Verlag München Wien
(unter dem Titel: ›Der sanfte Verlust der Freiheit.
Für ein neues Steuerrecht – klar, verständlich, gerecht‹)
Umschlagkonzept: Balk & Brumshagen
Umschlagfoto: © picture-alliance/Klaus Franke
Gesetzt aus der Concorde Roman
Gesamtherstellung: Druckerei C. H. Beck, Nördlingen
Gedruckt auf säurefreiem, chlorfrei gebleichtem Papier
Printed in Germany · ISBN 3-423-34216-1

Inhalt

Vorwort zur Taschenbuchausgabe

Der moderne Mensch ist freiheitsbewusst, möchte sein Leben selbstbestimmt gestalten, begibt sich aber vor allem im Erwerbsstreben in vielfältige Abhängigkeiten. Dies gilt auch für das Steuerrecht: Der Steuerpflichtige investiert in Denkmäler, finanziert Windräder, beteiligt sich an Schiffs- und Filmfonds, an Abschreibungs- und Verlustzuweisungsgesellschaften, um dafür einen Steuervorteil zu erzielen. Die Erfahrungen mit Investitionen in Büro- und Wohnräume, die sich heute als unvermietbar und damit auch als unveräußerbar erweisen, machen uns bewusst, dass die Verlockungen von Steueranreizen die Kraft haben, den Bürger in die ökonomische Unvernunft und Torheit zu führen.

Zugleich geht in der Fülle der Steuerprivilegien und Steueranreize die Struktur eines freiheitlichen Staates verloren. Wer einen Teil seines Einkommens nicht am Markt, sondern – durch Steuervorteile – im Staatshaushalt zu erzielen sucht, stützt sein Einkommen nicht auf eigene Leistung und individuellen Unternehmergeist, sondern belastet mit seinem steuerlichen Einkommen Dritte – die anderen Steuerzahler, die sein Steuerprivileg durch Mehrzahlungen ausgleichen müssen. Jede steuerliche Begünstigung treibt die Steuerlast für andere in die Höhe, jeder Interessentenkampf um einen Steuervorteil ist ein Kampf um erhöhte allgemeine Steuern.

So verliert der Bürger sanft ein Stück seiner Freiheit, der Staat seine freiheitliche Struktur. Je mehr die Vielfalt von steuerlichen Ausnahme- und Sondertatbeständen aus dem Rechtsstaat einen Klientelstaat macht, der die Bürger durch

ein System finanzwirtschaftlichen Gebens und Nehmens
an sich zu binden sucht, desto mehr fehlt dem Verfassungsstaat die Kraft zur Freiheit. Der Politiker, der ein Geschenk
gemacht und dafür Beifall empfangen hat, sinnt auf weiteren Applaus. Der begünstigte Bürger empfängt anstren-
gungsloses Einkommen, ist dafür nicht dankbar sondern
bemüht sich um weitere Steuerprivilegien. So verliert der
Staat freiheitliche Distanz zum Bürger, innere Unabhängigkeit, staatspolitische Souveränität. Wenn unser Recht ein
Standortfaktor für Deutschland bleiben soll, müssen wir
das Steuerrecht grundlegend vereinfachen, von allen Privilegien befreien und dementsprechend die Steuersätze und
die Zahl der Steuern radikal senken.

Heidelberg, im Sommer 2005 *Paul Kirchhof*

Unsicheres Recht gefährdet Freiheit

Der Steuerstaat stolpert und wird stürzen, wenn wir ihn nicht bald grundlegend erneuern. Hat der Bürger seine jährliche Einkommensteuererklärung abgegeben und dabei mit seiner persönlichen Unterschrift bestätigt, dass alle Angaben »nach bestem Wissen« richtig seien, ist diese Aussage falsch. Das Gesetz liefert ihm nicht den Maßstab, an dem er seine Erklärung verlässlich ausrichten kann. Darf ein Kommanditist seine Verluste im negativen Kapitalkonto nur begrenzt ausgleichen, hat ein Kapitalgeber seine Einkünfte aus Inlands- und Auslandskapitalvermögen rechtlich zu qualifizieren oder will ein Unternehmer seine Wirtschaftsgüter realitätsgerecht bewerten, gibt ihm das Gesetz nicht das Wissen, das er für eine richtige Erklärung braucht.

Vielfach fehlt dem Steuerrecht auch die innere Logik und Folgerichtigkeit. Wenn die Gewerbesteuer auf die Einkommensteuerschuld voll angerechnet, sie aber dennoch auch als Betriebsausgabe abgezogen werden darf, wird sie bei der Einkommensteuer zweifach berücksichtigt. Würde der Steuerpflichtige sich diese Doppelentlastung außerhalb des Gesetzes erschleichen, machte er sich strafbar. Zudem erscheint es ungereimt, diese Überkompensation der Gewerbesteuer auf natürliche Personen und Personengesellschaften zu beschränken, sie jedoch Kapitalgesellschaften zu verwehren. Der Steuerpflichtige kann im Gesetz keinen Grund mehr erkennen, der die Steuerlast überzeugend rechtfertigt. Das Recht drängt ihn in Zweifel und Ungewissheit, nimmt ihm die Sicherheit rechtmäßigen Verhaltens und damit sein Selbstbewusstsein und den daraus

erwachsenden Bürgerstolz, ohne den er seine Freiheitsrechte kaum wahrnehmen kann.

Finanzbeamte weisen in öffentlicher Erklärung darauf
hin, dass sie die Gesetzmäßigkeit der Besteuerung nicht
mehr gewährleisten können.[1] Das Gesetz gibt dem Beamten nicht immer die klare Regel, die er zu vollziehen hat.
Er kann den Maßstab der Steuer kaum noch einsichtig machen, dem Steuerpflichtigen die Gründe für unterschiedliche Lasten kaum noch vermitteln. Heute ist es allgemeine
Verwaltungspraxis, ein Gesetz so lange nicht anzuwenden,
bis es durch Dienstanweisungen in Form von allgemeinen
Verwaltungsvorschriften erläutert und verdeutlicht worden
ist. Vielfach folgt der Beamte nur einem Computerpro-
gramm, ohne sich zu vergewissern, ob dessen Maßstäbe
und Verfahren mit dem Gesetz übereinstimmen.

Dieser Verlust eines verlässlichen und einsichtigen
Gesetzesmaßstabes raubt der Finanzverwaltung ihr Berufs-
ethos. Sie vollzieht Vorschriften, schafft aber keine gleichmäßige Steuerbelastung. Der Rechtsstaat verliert im Steuerrecht sein Gesicht als verständlicher, Gesetz und Recht
garantierender Verfassungsstaat und büßt damit insbesondere gegenüber dem redlichen Bürger an Ansehen ein. Dieser Bürger erlebt seinen Staat nicht bei Polizei oder Staats-
anwaltschaft, sondern in den Finanzämtern.

Zudem bietet das Steuergesetz kaum noch die stetige,
gleichbleibende Regel, die dem Adressaten vertraut ist und
deshalb Vertrauen verdient. In den vergangenen drei Jahren ist das Einkommensteuergesetz allein 29-mal geändert[2]
worden. Dreimal wurde der Gesetzestext geändert, nachdem eine vorausgehende Gesetzesänderung im Bundesgesetzblatt verkündet, aber noch nicht in Kraft getreten war.[3]
Im Gesetzblatt standen also Regelungen, die niemals gel-
tendes Recht geworden sind. Dadurch fühlen sich Finanzbeamte und Steuerberater genarrt: Sie haben sich in sorg-

fältigem Gesetzesstudium und oft auch in Fortbildungs-
kursen auf das verkündete neue Gesetz vorbereitet und
erleben nunmehr, dass der Gesetzgeber es sich inzwischen
anders überlegt hat. Dieser sprunghafte Wechsel des gesetz-
geberischen Willens ist Willkür.

Die Steuerberater hetzen dem ständigen Wechsel und
Wirrwarr der Gesetzgebung hinterher. Ihnen fehlt die
Planungssicherheit, die innere Folgerichtigkeit und Widerspruchsfreiheit der Regelungen, die Plausibilität des
Rechtsmaßstabes, den sie in der Beratung ihren Mandanten zu vermitteln haben. Das Steuergesetz und seine Erläu-
terungen werden zur Wegwerfware. Der steuerliche Rat
beansprucht nur noch relative Richtigkeit: Er empfiehlt
überhöhte Abschreibungen entgegen dem tatsächlichen
Wertverzehr, schlägt nicht benötigte Rückstellungen vor,
drängt in Verluste und veranlasst die Gründung einer im
Gesellschaftsrecht nicht vorgesehenen Personengesellschaft
mit beschränkter Haftung, der GmbH & Co. KG. Diese
Ratschläge sind steuerrechtlich richtig, sie rechnen sich,
führen aber in die ökonomische Torheit. Der Beratene
gerät in einen Zwiespalt zwischen rechtlicher Vernunft und
wirtschaftlicher Unvernunft, sieht sich an geradlinigem
Denken und Handeln gehindert. Auch der widersprüchlich
handelnde Mensch verliert an Freiheit.

Wer als Professor an unseren Universitäten Steuerrecht
zu lehren hat, gerät in bedrängende Not. Wenn er die
Grundregeln des Einkommensteuergesetzes darstellt, dann
aber auch über die vielen Privilegien und Schlupflöcher
spricht, wird ihn ein Hörer fragen, ob diese Ausnahmen
rechtens seien. Er muss dann antworten, dass diese Regel-
durchbrechungen zwar verbindliche Norm, aber nicht
Recht, sondern Unrecht seien. Diese Lehre macht Dozen-
ten und Studenten nachhaltig den Gegensatz zwischen verfassungsrechtlich gebotenem und tatsächlich geltendem

Steuerrecht bewusst, fordert den Aufbruch zu einem grundlegend erneuerten Steuerrecht, lässt immer wieder das Signal zur Fundamentalreform ertönen.

Auch das Parlament hört die deutlich dringlicher werdenden Töne dieses Aufrufs. In einer parlamentarischen Anfrage wollte sich ein Abgeordneter über den Zustand der Steuergesetzgebung elementar vergewissern und hat die Bundesregierung gefragt, wie viele Bundesgesetze mit steuerrechtlichem Inhalt gegenwärtig in Kraft seien. Die Bundesregierung antwortete zunächst, es gebe 211 »Steuerstammgesetze«[4], berichtigte diese Antwort nach einer erneuten Anfrage auf 218 und fügte jeweils hinzu, dass neben diesen Stammgesetzen noch weitere, in der Zählung nicht enthaltene Bundesgesetze steuerrechtliche Regelungen träfen.[5] Dieser Befund ist dramatisch: Der Bundesfinanzminister kann keine Auskunft über die Zahl der geltenden Bundessteuergesetze geben. Wer aber die Zahl der Gesetze nicht kennt, wird auch über deren Inhalt nicht vollständig informiert sein. Und wer den Inhalt nicht kennt, kann ihn auch nicht beachten und vollziehen.

Mitglieder des Deutschen Bundestages haben sich inzwischen auf den Weg gemacht, das Einkommensteuerrecht grundlegend zu reformieren. Die FDP hat im September 2003 ihren »Berliner Entwurf« »Die neue Einkommensteuer – Niedrig, einfach und gerecht« vorgelegt.[6] Der Abgeordnete Friedrich Merz hat im November zehn Leitsätze für eine radikale Vereinfachung und eine grundlegende »Reform des deutschen Einkommensteuersystems« veröffentlicht[7] und dadurch rechtspolitische Nachdenklichkeiten und Initiativen angestoßen. Auch die SPD und Bündnis 90/Die Grünen deuten ihre Bereitschaft an, an der geheimnisvollen Apparatur des Steuerrechts nicht mehr nur kleine Stellschrauben nachzuziehen, sondern die klapprige und in vielen Teilen funktionsunfähige Maschine durch eine neue zu ersetzen.

Steuern sollen finanzieren, nicht steuern

Auf einer Werft in Hamburg wird der Text eines Bundesgesetzes angeschlagen, das jedem Investor bis zu 50 Millionen Euro Bundeszuschüsse verspricht, der in den Schiffsbau in Taiwan oder Korea investiert. Dieses Gesetz löst große Unruhe bei den Werftarbeitern aus, die wegen der Überkapazitäten der Werftbetriebe Kurzarbeit hinnehmen müssen und Entlassungen befürchten. Die Betriebsleitung teilt die Empörung der Arbeiter und fordert eine sofortige Rücknahme dieses Gesetzes.

Dieses Szenario ist erdacht, der Anlass der Empörung jedoch real. Das Einkommensteuergesetz drängt den Steuerpflichtigen zu Investitionen in den Schiffsbau in Taiwan und Korea, begünstigt damit die Konkurrenten der deutschen Werften trotz ihrer Überkapazitäten. Es veranlasst den Steuerpflichtigen zur Förderung des deutschen Films, obwohl ein Großteil dieser Förderung die ausländische Konkurrenz der deutschen Filmindustrie begünstigt. Es regt den Erwerb von Flugzeugen durch verkürzte Abschreibungsfristen an, obwohl einige Fluglinien nicht ausgelastet sind. Es bietet dem Steuerpflichtigen Anlass, Gesellschafter einer Personengesellschaft zu werden, deren Partner er nicht kennen lernen will, deren Produkt ihn nicht interessiert und deren Standort er nie betreten wird – allein in der Sehnsucht nach Verlusten. Hier stellt das Steuerrecht die Gesetzmäßigkeiten des Wirtschaftens auf den Kopf. Auch ein so reicher Staat wie der deutsche wird sich fragen lassen müssen, ob er es sich weiterhin leisten kann, so Kapital fehlzuleiten und zu vernichten.

Der Rechtsstaat wird deshalb prüfen, ob eine derartige Privilegierung der wirtschaftlichen Torheit mit dem Gebot der gleichmäßigen und deshalb maßvollen Last vereinbar ist.

Die Steuer ist Preis der Wirtschaftsfreiheit

Die Steuer stärkt den Staatshaushalt und ist deswegen ein Finanzierungsmittel. Wenn der freiheitliche Rechtsstaat die Produktionsfaktoren Kapital und Arbeit durch die Garantie von Berufs- und Eigentümerfreiheit in private Hand gibt, er also strukturell auf das Staatsunternehmertum verzichtet, muss er sich durch Teilhabe am Erfolg privaten Wirtschaftens, also durch Steuer finanzieren. Die Steuer ist der Preis der Wirtschaftsfreiheit.[8]

Ein freiheitlicher Staat beschafft sich seine Finanzmittel deshalb grundlegend anders als eine freie Gesellschaft. Die Privatwirtschaft erwirbt Finanzkraft im Leistungstausch. Der Anbieter bietet eine Sache oder eine Dienstleistung an, der Nachfrager verständigt sich mit ihm auf einen angemessen erscheinenden Preis, Gewinn und Verlust werden unter den Beteiligten einvernehmlich vereinbart. Würde der Staat sich nach diesem Prinzip des Leistungstausches finanzieren, müsste er allmonatlich bei den Haushaltungen eine Sicherheitsgebühr erheben, weil er den inneren und äußeren Frieden gewährleistet hat. Er hätte bei jedem Vertragschluss – wie derzeit in Polen – eine Vertragsteuer zu verlangen, weil der Staat mit seinem Recht, seiner Währung und seiner Gerichtsbarkeit die einvernehmliche Begründung vertraglicher Rechtsverbindlichkeiten möglich gemacht hat. Der Kulturstaat zöge bei jeder Einstellung eines Hochschulabsolventen den Arbeitgeber zu einer Gebühr für dessen Gesamtstudium heran, da die Hochschule diesen Arbeitnehmer beruflich qualifiziert hat. Der Autofahrer müsste bei Nutzung jeder Straße eine Maut bezahlen, weil der Staat die Straßen nicht unterhält, um dem Bürger Bewegungsfreiheit zu vermitteln, sondern um mit dem Straßenangebot Gewinn zu erzielen. Eine solche erwerbswirtschaftliche Finanzierung würde dem Verfassungsstaat seine innere Unbefangenheit und rechtliche Neutralität nehmen. Der Rechtsstaat vergäbe Berechtigungen, etwa den Führerschein oder die Baugenehmigung, nicht mehr nach Qualifikation oder Bausicherheit, sondern nach Zahlungsfähigkeit. Der Sozialstaat könnte dem Bedürftigen die Sozialhilfe gerade wegen seiner Zahlungsunfähigkeit nicht zuwenden. Die Republik würde die Bürger nicht mehr in gemeinsamen Anliegen von Kultur, Recht und Sozialwesen – des Gemeinwohles – zusammenhalten, sondern nur noch in ein gemeinsames Erwerbsleben einbinden. Die Demokratie würde sich nicht mehr auf die Gleichheit der Bürger stützen, sondern auf die Verschiedenheit individueller Erwerbs- und Finanzkraft. Anlass und Richtigkeit hoheitlichen Handelns würde nicht mehr in der Legitimation durch den Wähler bestimmt und überprüft, sondern in dem marktwirtschaftlichen Verfahren der Bedarfserkundung und Bedarfsbefriedigung.

Allerdings sind das gemeinsame Wirtschaften und der Erfolg allgemeiner wirtschaftlicher Prosperität ein wesentliches Bindeglied unserer Gesellschaft. Auch innerhalb weltoffener Märkte ist der Gedanke der »National«ökonomie, die Vorstellung einer »Volks«wirtschaft mit ihren demokratischen Anklängen noch lebendig. Dabei müssen die unterschiedlichen Handlungsformen von Staat und Erwerbswirtschaft aber deutlich getrennt bleiben. Wenn der Bundesfinanzminister UMTS-Lizenzen gegen Höchstgebot versteigert und dabei fast 100 Milliarden Mark

Ertrag erzielt[9], geraten die Grenzen zwischen Berechtigung nach Gesetz und Recht und Verkauf von Rechten um des Erwerbs willen durcheinander. Hat die Bundesregierung eine Gesetzesinitiative zur Reform des Arzneimittelrechts vorgelegt, zieht sie diese aber nach Zahlung von 204,5 Millionen Euro durch den Verband der forschenden Arzneimittelhersteller an die gesetzlichen Krankenkassen wieder zurück[10], geraten Gemeinwohlauftrag und Käuflichkeit in eine gefährliche Nachbarschaft. Der Zahlungskräftige darf keinen stärkeren Einfluss auf die Gesetzgebung gewinnen als der Zahlungsschwache. Über Abgabepflichten entscheidet nicht die Bundesregierung im Einvernehmen mit dem Abgabenschuldner, sondern allein das Parlament.

Der Verfassungsstaat wahrt also seine Unbefangenheit und innere Souveränität, wenn er sich durch Steuern finanziert. Der Steuerpflichtige zahlt, weil er leistungsfähig ist. Er gewinnt durch seine Zahlung keinen Einfluss auf staatliches Verhalten. Ein Dreiklassenwahlrecht, das das Stimmgewicht eines Wählers nach Steuerzahlung gewichtete, ist längst Vergangenheit. Die strikte Trennung zwischen staatlichen Einnahmen und staatlichen Ausgaben – zwischen Steuergesetz und Haushaltsgesetz – ist verfassungsrechtlich geboten; sie gehört zu den Kerninhalten des Grundgesetzes.

Das Gesetz bietet Entlastungen und droht mit Sonderlasten

Diese finanzwirtschaftliche Unbefangenheit ist gefährdet, wenn das Steuergesetz Entlastungen anbietet und Sonderlasten androht, um staatlich erwünschtes Verhalten zu honorieren und unerwünschtes Verhalten zu erschweren.

Die Einkommensteuer entlastet umweltfreundliches, die Kraftfahrzeugsteuer verteuert umweltfeindliches Verhalten. Steuerrecht verträgt aber grundsätzlich keine Ausnahmen. Steuergerechtigkeit fordert vor allem Steuergleichheit, ist privilegienfeindlich.

Dennoch ist das geltende Steuerrecht völlig von Lenkungs- und Anreiztatbeständen durchsetzt. Das Einkommen- und Körperschaftsteuerrecht kennt 163 Ausnahmen. Eine neue Steuer wie die Ökosteuer wird ausdrücklich sowohl mit ihrem Lenkungs- als auch mit ihrem Finanzierungseffekt begründet: Die Ökosteuer solle den Energieverbrauch so verteuern, dass die dadurch bedingte Umweltbelastung sich stetig mindere. Zugleich aber solle die Ökosteuer 11,3 Milliarden Mark Steuerertrag erbringen, um die Rente mitzufinanzieren und damit die Lohnnebenkosten zu senken[11]. Beide Ziele sind allerdings nicht gleichzeitig erreichbar: Ist die Ökosteuer ökologisch erfolgreich, sinkt der Energieverbrauch und damit das Steueraufkommen. Ist sie finanzwirtschaftlich erfolgreich, bleibt der Energieverbrauch gleich oder steigt. Die Konzeption dieser Steuer ist in sich widersprüchlich. Das ist jedoch in der Öffentlichkeit bisher kaum bemerkt worden.

Steuersubventionen werden in den verschiedenen rechtlichen Formen angeboten: Teilweise sind Steuersubjekte, z. B. Berufsverbände oder politische Parteien, von der Steuer befreit. Teilweise wird die Bemessungsgrundlage verringert, etwa dadurch, dass umweltdienliche Aufwendungen abgesetzt oder geringwertige Wirtschaftsgüter sofort abgeschrieben werden können, Sozialwohnungen oder Baudenkmäler erhöhte Abschreibungen erlauben, die Realisierung eines Gewinns bei Reinvestition aufgeschoben oder – bei Landwirten – nur teilweise erfasst wird. Geläufig ist es auch, den Steuersatz zu ermäßigen,

etwa bei bestimmten Betriebsveräußerungen, oder die
Steuerschuld zu verringern, z. B. beim Abzug einer Partei-
spende von der Steuerschuld des Spenders.

Der Staat will lenken

Die Vielfalt, oft auch die Versтеcktheit dieser Subventionen erstaunt in einem Verfassungsstaat, der das Steuerrecht freiheitskonform auszugestalten hat, also dem frei-
heitsbewussten Bürger nicht zu sagen braucht, wie dieser
sein Einkommen oder seine Kaufkraft verwenden soll.
Auch der Gleichheitssatz steht grundsätzlich dem Steuervorteil entgegen. Dennoch fördern historische, rechtspolitische und ökonomische Gründe eine ständig wachsende
Bereitschaft des Gesetzgebers, durch Steuern steuern zu
wollen.

In den Jahren 1946 bis 1951 haben die Alliierten die
damaligen Gesetzgeber in Deutschland gezwungen, Spitzensteuersätze von 95 % zu erheben.[12] Eine derart hohe
Steuerlast hätte den Wiederaufbau einer kriegszerstörten,
daniederliegenden Wirtschaft verhindert. Deswegen blieb
dem Gesetzgeber damals nichts anderes übrig, als die
hohen Steuersätze zu übernehmen, dann aber die Bemessungsgrundlage – in den §§ 7 a ff. EStG – so zu verringern,
dass nur noch die Hälfte des erzielten Einkommens
besteuert wurde, der Steuersatz also faktisch weniger als
50 % betrug. Von diesem Strukturfehler überhöhter
Steuersätze und löchriger Bemessungsgrundlagen hat sich
das deutsche Steuerrecht bis heute nicht erholt, obwohl
der Gesetzgeber seit 1951 diesem Missstand hätte ab-
helfen können.

Der Mensch wird immer wieder darauf drängen, selbst
von der Gemeinlast der Steuer ausgenommen zu werden.

Die allgemeine Belastungsregel scheint ihm für den Konkurrenten und den Nachbarn richtig, für ihn selbst jedoch zu hart. Der Grundgedanke der Demokratie aber weist in die Gegenrichtung: Wenn der Steuerzahler selbst, repräsentiert durch seinen Abgeordneten, über Art und Höhe der Besteuerung entscheidet, ist – so sagt es der historische Gedanke der Gründerdemokratie – allein durch dieses Besteuerungsverfahren die maßvolle und gleichmäßige Steuerlast gewährleistet. Von diesem demokratischen Optimismus hatten wir uns schon verabschiedet. In unserer modernen Demokratie schienen weniger die große Mehrheit, sondern gut organisierte und argumentationsfreudige Gruppen die Entwicklung des Steuerrechts zu bestimmen. Im Sog dieser Gruppen empfiehlt sich der Abgeordnete weniger als Garant niedriger Steuerlasten, sondern als Vordenker für Steuer- und Leistungssubventionen, die den Regelsteuersatz erhöhen. Erst in der Gegenwart scheint das Parlament wieder entschlossen, zu einem privilegienfeindlichen, gleichen und deshalb maßvollen, freiheitskonformen Steuerrecht zurückzukehren.

Schließlich werden Steuersubventionen meist auch mit ökonomischen Zielen gerechtfertigt, denen die Steuerlenkung diene. Die Filmsubvention soll den deutschen Film fördern, zugleich aber allgemein die Konjunktur anregen. Wenn der Filmproduzent durch Steuersubventionen Produktionsmittel erhält, bezahlt er einen Schauspieler, der sich von seinem Honorar ein Möbelstück kauft, den Schreiner damit befähigt, ein Auto zu erwerben, was dem Autohändler sodann eine Reise ermöglicht und den Reiseveranstalter zu einer Investition in ein Flugzeug veranlasst. Die erste Subvention stoße eine Kette wirtschaftsbelebender Produktivität an, die letztlich auch dem Steuerstaat zugute komme, weil er am Wirtschaftswachstum teilhabe.

Diese Hoffnung auf einen steuerlichen Prosperitätsantrieb beruht auf einem Trugschluss. Der Staat kann nämlich nur leistender Wohltäter sein, wenn er vorher besteuernder Übeltäter gewesen ist. Er hat, um die Filmsubvention finanzieren zu können, den Produzenten, den Schauspieler, den Schreiner, den Autohändler und den Reiseveranstalter vorher höher besteuert, ihnen also Geld entzogen. Wollte der Staat die Konjunktur durch Stärkung der Nachfragekraft beleben, müsste er die Steuersätze senken, nicht aber höher besteuern und dann aus dem höheren Steuerbetrag Subventionen finanzieren. Im Übrigen ist gegenwärtig in Deutschland hinreichend Geld verfügbar; der Staat braucht insoweit nicht zu intervenieren.

Subventionsverzicht senkt Steuersätze

Die Freiheitlichkeit eines Steuerrechts zeigt sich deshalb in einem ausreichenden, allgemeinen und maßvollen Steuersatz. Die Erfahrung mit den ehemaligen Staatshandelsländern in Mittel- und Osteuropa lehrt, dass ein zu niedriger Steuersatz seinen Ursprung in anderen, freiheitsraubenden Finanzierungsquellen des Staates hat. Wenn diese Staaten teilweise mit nur einer Steuer und dort mit geringen Steuersätzen ausgekommen sind, hat dies seinen Grund in einer Staatsverfassung, die den Staat strukturell als alleinigen Unternehmer und als alleinigen Arbeitgeber sieht. Der Staat bestimmt dann die Preise und Löhne und braucht deswegen überhaupt keine Steuer. Der niedrige Steuersatz verheißt also nicht das Steuerparadies auf Erden, sondern ist Ausdruck einer Staatlichkeit, die kaum Berufs- und Eigentümerfreiheit kennt und deshalb die private Hand aus der Bewirtschaftung der Arbeitskraft und des Kapitals verdrängt.

Die allgemeine Steuerlast vermeidet eine Steuerlenkung, anerkennt also die Freiheit des Steuerpflichtigen, über sein Einkommen und Vermögen unbeeinflusst vom Staat selbst zu verfügen. Dieses Prinzip von Wirtschaftsfreiheit und ökonomischer Selbstbestimmung ist verfassungspolitisch und wirtschaftlich vernünftig. Es will den Steuerpflichtigen nicht steuerlich bevormunden und überlässt allein dem Berechtigten die Entscheidung, wie er sein Einkommen verwenden und seine Kaufkraft auf eigene Rechnung und eigenes Risiko einsetzen will. Eine freiheitliche Wirtschaft verspricht sich vom individuellen Erwerbsstreben den größten gesamtwirtschaftlichen Erfolg.

Verzichtet das Steuerrecht auf Lenkungstatbestände, sichert es in der Allgemeinheit und Gleichheit der Last auch deren Maß. Hat der Gesetzgeber das derzeitige Einkommen- und Körperschaftsteuerrecht von allen Subventions- und Ausweichtatbeständen befreit, damit die Bemessungsgrundlage des Einkommens wesentlich erweitert und das dadurch erzielte höhere Steueraufkommen vollständig durch Absenkung der Steuersätze an die Allgemeinheit der Steuerzahler zurückgegeben, kann der Staat mit einer progressiven Steuer von bis zu 25 % auskommen und dennoch denselben Steuerertrag wie vorher erzielen. Im Rahmen dieser aufkommensneutralen Erneuerung des Einkommensteuerrechts ist ein Grundfreibetrag von 8.000 Euro pro Erwerbsperson und Jahr möglich, an den sich ein progressiver Steuersatz mit drei Stufen von 15, 20 und 25 % anschließt. Die Steuerlast wird wieder maßvoll, der Steuerpflichtige ist nicht mehr durch Lenkungstatbestände seiner Freiheit beraubt, die Gleichheit der Belastung aller Einkommen wird wiederhergestellt.

Gibt der Wirtschaftsstandort Deutschland dem Weltmarkt das Signal, der wirtschaftliche Erfolg in Deutschland werde mit höchstens einem Viertel steuerlich belastet, wird Deutschland zu einem Niedrigsteuerland und wieder zu einem der attraktivsten Märkte, ohne dass der Staat einen Euro weniger einnähme. Das Steuergesetz regelt dann zu 25 % einen Eingriff, garantiert aber für die verbleibenden 75 % Freiheit.

Der Subventionsempfänger verkauft ein Stück seiner Freiheit

Wenn der Gesetzgeber auf Steuersubventionen verzichtet, also Freiheit und Gleichheit im Steuerrecht wiederherstellt, folgt er damit den Geboten des Grundgesetzes. Der Gleichheitssatz des Art. 3 GG fordert die allgemeine, privilegienfeindliche Steuerlast und lehnt deshalb grundsätzlich Steuersubventionen ab. Die Steuergleichheit widerspricht insbesondere einer Subvention, die im Rahmen einer progressiven Steuer einen Abzug von der Bemessungsgrundlage erlaubt. Wenn ein in einem staatlichen Umweltprogramm eingesetzter Euro vom Einkommen abgezogen werden darf, hat die progressive Einkommensteuer zur Folge, dass der Großverdiener allein wegen seines hohen Einkommens eine hohe, der Kleinverdiener eine geringe Steuerentlastung empfängt.

Vor allem aber stellen die Freiheitsgarantien, insbesondere die Berufs-, Eigentümer- und Vereinigungsfreiheit, in Frage, ob der Steuergesetzgeber den Steuerpflichtigen gerade in der sensiblen Phase beeinflussen darf, in der sein freier Willensentschluss entsteht. Ist der Bürger zur Umweltbelastung durch ein abgasintensives und lärmendes Auto entschlossen und trifft ihn dann ein staatliches Verbot, wird der staatliche Freiheitseingriff bewusst. Der Bürger erlebt ihn als Zwang und weiß sich rechtlich gebunden. Hat die Steuersubvention hingegen dem Bürger von vornherein seine Freiheit abgekauft, ihm durch die Verlockung der Subvention das Motiv gegeben, vermeintlich freiwillig jede Erwägung an eine Umweltbelastung zu unterlassen, so nutzt die Lenkung das Erwerbsmotiv des Steuerpflichtigen, wirkt unauffälliger, beschränkt die Freiheit fast unmerklich. Der Steuerpflichtige taumelt in den Freiheitsverzicht, ohne dass die rechtsstaatlichen Warnsignale dieses Freiheitsverlustes aufleuchten.

Die freiheitsbedrohenden Lenkungsanreize begründen auch eine ungleiche Last. Wer den Anreizen folgt und einen Teil seines Einkommens in ökologischen Projekten investiert, zur Kulturförderung einsetzt oder für strukturpolitisch erwünschte Beteiligungen hingibt, steht sich steuerlich besser als der andere Steuerpflichtige, der sein Einkommen in Freiheit vom Staat verwenden will und deswegen die höhere Regelsteuerlast zu tragen hat. Wenn zwei Personen ein Einkommen in derselben Höhe erzielen, muss derjenige weniger Einkommensteuer zahlen, der einer steuerlichen Verhaltensempfehlung folgt. Die steuerliche Lastengleichheit wird nicht mehr nach individueller Leistungsfähigkeit, sondern nach Kooperationsbereitschaft bemessen. Die Steuersubvention veranlasst deshalb auch die Frage, ob die Gleichheit der Menschen in ihrer Freiheit durch eine Lenkungssteuer verletzt wird.

Eine Steuersubvention ist damit zwar nicht schlechthin verfassungsrechtlich unzulässig, hat aber hohen Verfassungsanforderungen zu genügen. Der Gesetzgeber muss eine bewusste, im Tatbestand erkennbare Subventionsentscheidung treffen. Begünstigt ein Fehler im Bewertungsrecht – vom Gesetzgeber ungewollt – Grundstücke[13] oder bevorzugt eine Fehlgewichtung von Kapital und Erträgen bestimmte Alterseinkünfte[14], können diese Gleichheitsfehler nicht im Nachhinein als eine boden- oder sozialpolitische Subvention ausgewiesen und gerettet werden. Der Lenkungszweck muss im Gesetz hinreichend bestimmt und tatbestandlich vorgezeichnet sein. Die Subvention ist zweckgerecht auszugestalten. Hier setzte die Kritik an den Sonderabschreibungen zur Förderung der neuen Länder an, die in diesen Ländern teilweise Fehlentwicklungen – Leerstände und Überkapazitäten – veranlasst und auch Steuerausfälle verursacht hat. Die Verhältnismäßigkeit zwischen Ziel und eingesetzten Mitteln ist zu wahren. Deswegen rechtfertigt das Verfassungsziel des Umweltschutzes nicht Belastungsunterschiede, die den Subventionszweck nicht hinreichend erkennbar fördern. Eine Steuerförderung von Wind- und Sonnenenergie wird fragwürdig, wenn deren ökologische Ziele kaum messbar benannt sind. Vor allem aber muss das Steuersubventionsprogramm folgerichtig und widerspruchsfrei auf das im Übrigen geltende Verwaltungsrecht abgestimmt werden.[15] Setzt der Bundesgesetzgeber bei seiner Umweltpolitik auf die Kooperation mit umweltgefährdenden Betrieben, dürfen der Landesgesetzgeber und der kommunale Satzungsgeber dieses Konzept nicht durch den steuerlichen Zwang einer Abfallabgabe oder einer Verpackungsteuer stören.[16]

Steuergestaltung schafft Ungleichheit

Die Gleichheit der Besteuerung ist nur gewährleistet, wenn die Steuerlast den Leistungsfähigen unausweichlich trifft, der Steuerpflichtige sie also nicht durch steuerbewusste Sachverhaltsgestaltung vermeiden kann. Die klassische Frage Wittgensteins, ob Sprache Kleid oder Verkleidung der Gedanken sei, gewinnt hier finanzwirtschaftliche Bedeutung. Die verbindliche Sprache des

Rechts wird genutzt, um den steuerbaren Sachverhalt individueller Leistungsfähigkeit so zu bemänteln, dass die tatsächliche Leistungskraft gegenüber dem Gesetz nicht oder nur vermindert sichtbar wird. Das Gesetz wird formal beim Wort genommen, die Gesetzesidee aber bewusst verkannt.

Die Unausweichlichkeit und damit die Gleichheit der Steuerlast geht verloren, wenn der Steuerpflichtige durch Wahl der Organisationsform eines Einzelkaufmanns, einer Personengesellschaft oder einer Kapitalgesellschaft erhebliche Belastungsunterschiede erreichen kann. Die Gleichheit der Last ist gefährdet, wenn der Steuerpflichtige allein durch das rechtliche Gewand eines wirtschaftlichen Vorgangs die Höhe der Steuerlast beeinflussen kann. Der Gesellschafter-Geschäftsführer einer GmbH lässt sich sein Einkommen aus der GmbH als Geschäftsführerlohn oder aber als Beteiligungserlös auszahlen, je nachdem, ob die Lohnzahlungen oder die Beteiligungserlöse steuerlich begünstigt sind. Die Eltern überlassen ihrem studierenden Kind nicht unentgeltlich eine Wohnung am Studienort, sondern vermieten ihm diese Wohnung und erhöhen dementsprechend den Monatswechsel, erreichen durch diese »Fremdvermietung« aber steuerwirksame Verluste. Der Einkommensteuerpflichtige finanziert eine Investition trotz hinreichenden Eigenkapitals durch ein Darlehen und kann dann die – vermeidbaren – Schuldzinsen steuerlich absetzen. Die Eltern übertragen ihrem Sohn und zukünftigen Erben schon jetzt das Eigentum an dem Elternhaus, behalten sich aber durch ein Nießbrauchsrecht die weitere uneingeschränkte Nutzung vor und bringen den Sohn so vorzeitig in die Rechtstellung des Nutzungsberechtigten.

Meist laden ungerechtfertigte gesetzliche Unterscheidungen zur Steuergestaltung ein. Sie sind heute vielfältig und begründen die ernste Gefahr, dass der zivilrechtliche Vertrag, die wichtigste Grundlage unserer Wirtschaftsfreiheit, als Instrument eingesetzt wird, um steuerliche Belastungsungleichheiten herzustellen. Zugleich wird Kapital, insbesondere bei dem steuerlich veranlassten Bemühen um Verluste, entgegen individueller Vernunft eingesetzt.

Deshalb müssen neben den Steuersubventionen auch die Ausweichmöglichkeiten und Schlupflöcher beseitigt werden. Die Steuer ist von Verfassung wegen die jeden Leistungsfähigen treffende Gemeinlast. Maßstabgebend ist die Belastbarkeit des Pflichtigen in seinem Einkommen oder seiner Kaufkraft. Unerheblich ist seine Fähigkeit, auf dem – gegenwärtig total verstimmten – Klavier des Steuerrechts geschickt zu spielen und ihm die heiteren Töne individueller Steuerersparnis zu entlocken.

Fünf aktuelle Verfassungsaufträge
sind zu erfüllen

Das geltende Steuerrecht genügt nicht dem Grundgesetz, das eine verständliche, kontinuierliche, gleichmäßige und maßvolle Steuerlast fordert. Das Bundesverfassungsgericht hat die Entwicklung des Steuerrechts wiederholt beanstandet und vom Gesetzgeber eine Reparatur des geltenden Rechts gefordert. Diese Reparaturaufträge sind bis heute nicht vollständig erfüllt.

Einkünfte aus Auslandskapital werden verschwiegen

Die Einkünfte aus Kapitalvermögen unterliegen von jeher der Einkommensteuer. Frühe Einkommensdefinitionen zu Beginn des 19. Jahrhunderts nannten als Einkommensquellen Grund und Boden, Arbeit und Kapital. Das auf Vermögensbesitz beruhende Einkommen, das »fundierte« Einkommen, wurde stärker belastet als das Arbeitseinkommen, weil es nicht von der im Laufe des Lebens schwindenden Arbeitskraft und dem Arbeitsplatz abhängig sei. Die Kapitalertragsteuer war deshalb ursprünglich eine Zusatzlast zur Einkommensteuer. Sie wurde erst 1925 als anrechenbare Quellensteuer in das Einkommensteuergesetz übernommen.

Die Erhebungsform des Quellenabzugs allerdings gilt nur für wenige Kapitalerträge, im Wesentlichen für Dividenden und ähnliche Gewinnausschüttungen. Die übrigen

Kapitalerträge werden durch Veranlagung, also auf der Grundlage einer persönlichen Steuererklärung des Steuerpflichtigen, belastet. Dabei erschwert das Bankgeheimnis eine Kontrolle dieser Erklärungen wesentlich. Deshalb werden insbesondere die Zinseinkünfte aus einem ins Ausland verbrachten Kapital oft nicht angegeben und damit auch nicht versteuert.[17] Das Bundesverfassungsgericht hatte im Jahr 1991[18] zu entscheiden, ob diese tatsächlichen Belastungsunterschiede trotz gleichen gesetzlichen Besteuerungsanspruchs mit dem Gleichheitssatz vereinbar seien. In der mündlichen Verhandlung stimmten die Schätzungen aller Beteiligten darin überein, dass bei einem Vergleich zwischen den erklärten Kapitaleinkünften und den nicht erklärten, aber steuerbaren Kapitaleinkünften jedenfalls etwa die Hälfte der Einkünfte nicht erfasst werde. Ein Sprecher nannte die Gruppe der Steuerehrlichen einen kleinen Kreis von Richtern und Oberkirchenräten. Jedenfalls haben sich viele Bezieher von Kapitaleinkünften auf eine dauernde, in jeder Jahressteuererklärung erneuerte Illegalität eingerichtet. Da diese Illegalität als Steuerhinterziehung strafbar ist, könnte man sie auch dramatischer formulieren.

Wenn die Festsetzung einer Steuer von der Erklärung des Steuerpflichtigen abhängt, der Gesetzgeber die Steuerehrlichkeit aber nicht durch hinreichende Kontrollmöglichkeiten stützt, entsteht ein strukturelles Erhebungsdefizit. Dieses verletzt, so sagt es das Bundesverfassungsgericht, den Gleichheitssatz. In der Tradition moderner Verfassungsstaaten fordere der Grundsatz der steuerlichen Lastengleichheit, dass die Steuerlasten auf alle der staatlichen Gemeinschaft Zugehörigen ohne jede rechtliche oder tatsächliche Ausnahme gleich verteilt werden. Die allgemeine Rechtsgleichheit verlange ein Gesetz, das für alle Einwohner eines Staates gleichermaßen gelte und dem sich kein Stand und keine Person entziehen könne. Schon nach Art. 13 der französischen Erklärung der Menschen- und Bürgerrechte von 1789 sollte der für den Unterhalt der öffentlichen Macht und für die Kosten der Verwaltung unumgänglich notwendige gemeinschaftliche Beitrag »unter alle Bürger des Staates im Verhältnis zu ihren Vermögensverhältnissen auf gleiche Weise aufgeteilt werden«. Diese Besteuerungsgleichheit sichert die Gleichheit in der gesetzlichen Steuerpflicht und ebenso die Gleichheit beim Durchsetzen dieser Pflicht.

Das Bundesverfassungsgericht hat den Gesetzgeber deshalb mit Urteil vom 27.06.1991[19] verpflichtet, das strukturelle Erhebungsdefizit innerhalb einer angemessenen Frist, spätestens mit Wirkung vom 01.01.1993, für die Zukunft zu beseitigen. Abhilfemöglichkeiten böten eine definitive Quellensteuer oder Kontrollmitteilungen. Sollte der Gesetzgeber diesen verfassungsrechtlichen Auftrag zur Nachbesserung nicht erfüllen, wird – das sagt das Urteil ausdrücklich – die materielle Steuerrechtsnorm selbst verfassungswidrig, würde damit als Rechtsgrundlage für eine Besteuerung entfallen. Die Finanzgerichte sind gehalten, die Frage der Verfassungswidrigkeit der Steuernorm dem Bundesverfassungsgericht zur Entscheidung vorzulegen.

Dieser Verfassungsauftrag ist bis heute nicht erfüllt. Der Gesetzgeber hat zwar einige Detailkorrekturen vorgenommen. Weiterhin werden aber die Einkünfte von Wohnsitzinländern aus ihrem Auslandskapital in großem Umfang nicht erfasst. Das strukturelle, verfassungswidrige Erhebungsdefizit dauert fort. Die materielle Besteuerungsgrundlage für alle Kapitaleinkünfte ist verfassungswidrig. Es ist dringend geboten, dass der Gesetzgeber den verfassungsrechtlichen Auftrag zur Nachbesserung erfüllt.

Deswegen hat der Bundesfinanzhof, das oberste deutsche Steuergericht, beim Bundesverfassungsgericht die erneute Entscheidung beantragt, ob die Besteuerung von Einkommen aus Kapital wegen der Ermittlungsschwäche des geltenden Rechts verfassungswidrig sei.[20] In der mündlichen Verhandlung vom 18.11.2003 widmete sich wiederum der Zweite Senat des Verfassungsgerichts der Frage, ob die Besteuerung von Einkünften aus bestimmten Wertpapiergeschäften (»Spekulationsgeschäften«) verfassungswidrig sei, wenn strukturelle Erhebungsdefizite zu erheblichen Belastungsunterschieden führen und insbesondere die Steuerehrlichen benachteiligen. In der mündlichen Verhandlung haben Betriebsprüfer bestätigt, dass Wertpapierdepots bei der Prüfung von Banken wegen des Bankgeheimnisses nur schwerlich ermittelt werden könnten, zudem Auskünfte vielfach eher in einer Verweigerungshaltung gegeben würden. 1991 hatte das Bundesverfassungsgericht festgestellt, dass der damaligen Bankenerlass »ein Klima der Zurückhaltung und des Zögerns« schaffe, »das eine zuverlässige Ermittlung der Kapitaleinkünfte prinzipiell verhindert«[21]. Dieser Befund scheint auch heute noch richtig.[22]

Die Schwarzwaldklinik wird nicht rechtsformneutral besteuert

Das geltende Steuerrecht verfehlt die Belastungsgleichheit auch deshalb, weil die tatsächliche Belastung von der Rechtsform eines Unternehmens abhängt, ohne dass der wirtschaftliche Organismus des Unternehmens diese Unterschiede rechtfertigen könnte. Die Gewerblichkeit und damit die Gewerbesteuer und bestimmte Umsatzsteuerbefreiungen bemessen sich nach der Rechtsform des

Unternehmens. Die ertragsteuerlichen Folgen unterscheiden sich je nach erwerbswirtschaftlicher Tätigkeit eines Einzelkaufmanns, einer Personengesellschaft und einer Kapitalgesellschaft. Leistungsverhältnisse zwischen Unternehmer und Unternehmen wie Arbeitsvereinbarungen oder die entgeltliche Überlassung von Wirtschaftsgütern werden steuerrechtlich bei Kapitalgesellschaften, Personengesellschaften und Einzelunternehmen unterschiedlich erfasst. Der Umfang des dem Unternehmen gewidmeten Vermögens ist je nach Wahl der Unternehmensform unterschiedlich bemessen. Die im Unternehmen thesaurierten Gewinne werden bei Kapitalgesellschaften, die konsumierten Gewinne bei der Personengesellschaft bevorzugt. Eine Kombination von Körperschaft und Mitunternehmerschaft in der GmbH & Co. KG, aber auch das Konzernrecht und die Organschaft verfremden den steuerlichen Zugriff auf Einkommen und Erbschaft.

Das Bundesverfassungsgericht hat sich in einer Entscheidung vom 10.11.1999[23] dieser Entwicklung entgegengestellt und hervorgehoben, dass die bloße Wahl der Rechtsform eines Unternehmens für sich genommen vor dem Gleichheitssatz keine steuerlichen Belastungsunterschiede rechtfertige. In einem Schwarzwalddorf konkurrierten zwei Sanatorien: Das eine wurde von einem Chefarzt geführt, das andere in der Form einer KG betrieben. Die KG gilt dank ihrer Rechtsform als gewerbliches Unternehmen, das im Umsatzsteuerrecht von den Steuerbefreiungen für ärztliche Leistungen ausgenommen ist. Als Gewerbebetrieb musste sie auch Gewerbesteuer bezahlen. Die KG erlitt so im Wettbewerb mit dem ärztlichen Krankenhausbetreiber durch die Zusatzbelastung mit Umsatz- und Gewerbesteuer einen erheblichen Wettbewerbsnachteil.

Das Bundesverfassungsgericht hat diesen Fall für die

Umsatzsteuer, nicht für die Gewerbesteuer entschieden. Mit der Sache befasst war der Zweite Senat, der für die Umsatzsteuer zuständig war, während der Erste Senat über die Gewerbesteuer hätte entscheiden müssen. Die beschwerdeführende KG dürfe nicht allein deshalb von der Umsatzsteuerbefreiung für ärztliche Leistungen ausgenommen werden, weil sie diese in der Rechtsform einer KG erbringe. Die Rechtsform, in der eine Leistung von einem Unternehmer erbracht werde, sei kein hinreichender Unterscheidungsgrund für unterschiedliche Lasten. Die Umsatzsteuer erfasse jeden Unternehmer, mag dieser in der Rechtsform einer juristischen Person, in der Rechtsform einer Personengesellschaft oder als freiberuflich Tätiger Umsätze erbringen.

Nach dieser Grundsatzentscheidung dürfen unterschiedliche Steuerlasten nur an Rechtsformen anknüpfen, die in der jeweiligen Organisationsform steuererhebliche Tatsachen unterscheiden und sichtbar machen. Deshalb wird insbesondere die Unterscheidung zwischen einer anonymen Kapitalgesellschaft und einer personengeprägten Mitunternehmerschaft, zwischen einer unternehmerbestimmten und einer arbeitnehmerorientierten Erwerbseinheit, zwischen einem erwerbswirtschaftlichen und einem gemeinnützigen Unternehmen entsprechende steuerliche Differenzierungen rechtfertigen können. In der Regel müssen aber ähnliche Wirtschaftsorganismen steuerlich gleich belastet werden, mögen sie als GmbH oder als KG organisiert sein, als juristische Person oder als Einzelkaufmann betrieben werden, im steuerlichen Konstrukt einer GmbH & Co. KG oder in der Normalität einer KG wirken.

Diese vom Bundesverfassungsgericht zum Gleichheitssatz entwickelte Rechtsprechung kann durch die Garantie der Vereinigungsfreiheit verdeutlicht und fortgebildet werden. Die verfassungsrechtlich gewährleistete Freiheit, Einzelunternehmer zu bleiben, die Rechtsform einer Personengesellschaft zu wählen, eine juristische Person zu gründen oder ihr beizutreten, muss auch im Steuerrecht bestätigt werden. Das Steuerrecht ist deshalb so zu gestalten, dass die Regelbesteuerung den wirtschaftlichen Erfolg von Einkommen und Umsatz unabhängig von der Rechtsform eines Unternehmens erfasst. Das Steuerrecht darf grundsätzlich keinen Anlass bieten, dass ein Unternehmer seine Erwerbstätigkeit nicht mehr unter eigenem Namen, in höchstpersönlicher Verantwortung und Haftung ausübt, darf andererseits den Freiheitsberechtigten auch nicht hindern, ein Unternehmen in einer juristischen Person personell zu verselbstständigen und dort seine Haftung zu beschränken.

Auch dieses Verfassungspostulat der rechtsformneutralen Besteuerung ist bisher vom Gesetzgeber nicht zu einem allgemeinen Besteuerungsprinzip fortentwickelt worden. Auch hier steht die verfassungskonforme Erneuerung der Einkommensbesteuerung noch aus.

Die Familienbesteuerung ist zu hoch

Die größte Not Deutschlands ist sein Kindermangel. Wenn die Menschen in Deutschland immer weniger zum Kind und zur Familie bereit sind, werden wir bald zu wenig Unternehmer, Erfinder und Konsumenten haben. Dem Generationenvertrag der Kranken- und Alterssicherung droht der zweite Partner, die erwerbsfähige Jugend, abhanden zu kommen. Der Generationenvertrag des Geldes, in dem die nachfolgende Generation dem heutigen Sparer den späteren Tausch seines Geldes in Leistungen von ähnlichem Wert verspricht und durch ihre zukünftige

Produktivität das angesparte Geld in Kaufkraft umwandelt, verliert mehr und mehr seine Grundlage. Ebenso sind der Rechtsstaat, der Kulturstaat und die Demokratie darauf angewiesen, dass die Menschen in der Bereitschaft zum Kind dem Verfassungsstaat, dem demokratischen Staatsvolk und seiner Kultur eine Zukunft sichern.

Die Rechtsordnung stützt diese Zukunfts- und Familienoffenheit der Gesellschaft im Arbeitsrecht, im Sozialrecht, im Familienrecht, aber auch im Steuerrecht. Wenn die Eltern einen Teil ihres Einkommens nach den Vorgaben des Familienrechts an ihre Kinder als Unterhaltszahlung weitergeben müssen, können sie über diesen Einkommensteil nicht verfügen, auch nicht für Zwecke der Steuerzahlung. Dieser den Kindern geschuldete Betrag muss deshalb bei der Besteuerung der Eltern von deren Einkommen abgezogen werden. Diese Vorgabe ist dem Grunde nach im steuerlichen Kinderfreibetrag anerkannt, der Höhe nach jedoch nicht hinreichend erfüllt.

Die Anliegen der Familien scheinen in einer parlamentarischen Demokratie hinreichend gesichert, weil jeder Mensch aus einer Familie stammt, die meisten Menschen auch in einer Familie leben, die Familien in einer Demokratie deshalb über eine Mehrheit verfügen. Dennoch werden familiäre Interessen in der gegenwärtigen Steuergesetzgebung nicht angemessen berücksichtigt, weil die gut organisierten Interessen von Industrie und Erwerbsleben die Aufmerksamkeit des Steuergesetzgebers fast ausschließlich auf die Betriebe lenken. Hierzu trägt auch ein Missverständnis der Gleichberechtigung von Mann und Frau bei, das die Frau allein im Berufsleben und nicht als Garantin unserer Zukunft anerkennt.

Deshalb stehen wir vor der Frage, ob Deutschland eine im Erwerbsleben sterbende oder eine im Kind vitale Gesellschaft sein wird. Bedrohlich ist die Geringschätzung, mit der von den drei K – Kinder, Küche, Kirche – gesprochen wird. Wer sich gegen die Kinder wendet, versperrt sich die eigene Zukunft, scheint in Wirklichkeitsferne vergreist zu sein. Wer zur Küche Distanz wahrt, mag ein bewundernswerter Asket sein, versagt sich aber viele Lebensgenüsse. Wer die Kirche aus dem aktuellen Leben ausblendet, wagt nicht die Frage nach dem Ursprung und Ziel seines Lebens, nach dem inneren Sinn seiner Existenz und dem der Welt.

Das Bundesverfassungsgericht hat in vielen Entscheidungen[24] Schritt für Schritt darauf hingewirkt, dass das Steuerrecht den existenznotwendigen Bedarf in Ehe und Familie angemessen berücksichtigt. Der Steuergesetzgeber wahrt zu wenig die existenzsichernde Funktion des Einkommens, das der Erwerbstätige vor allem erwirbt, um daraus seinen Existenzbedarf und den seiner Familie zu finanzieren. Dies zeigt eine Entscheidung des Bundesverfassungsgerichts vom 25.09.1992.[25] Dort wurde festgestellt, dass der Sozialgesetzgeber im Jahre 1992 das Existenzminimum eines Erwerbslosen in Höhe von rund 12.000 Mark pro Jahr anerkannte und befriedigte, der Steuergesetzgeber hingegen dieses Minimum nur mit 5.616 Mark bemessen hatte. Der Erwerbslose erhielt also vom Staat deutlich höhere Zuwendungen, als der Erwerbstätige bei der Besteuerung seines Einkommens zur Existenzsicherung behalten durfte. Das Gericht hat den Gesetzgeber deshalb verpflichtet, spätestens ab dem Veranlagungszeitraum 1996 diese Unzulänglichkeit des Grundfreibetrages zu beheben und die verfassungswidrige durch eine verfassungsgemäße Regelung zu ersetzen. Der Gesetzgeber hat den Auftrag erfüllt. Der Grundfreibetrag beträgt heute 7.235 Euro.

Defizite bei der familiengerechten Besteuerung werden in der Entscheidung vom 10.11.1998 zum Kinderbetreuungsbetrag und Haushaltsfreibetrag[26] noch deutlicher. Damals hatte der Gesetzgeber Alleinstehenden jeweils für ihr Kind einen Betreuungsfreibetrag von 4.000 Mark und einen Haushaltsfreibetrag von 5.616 Mark, also insgesamt einen über den Kinderfreibetrag hinausgreifenden Zusatzfreibetrag von 9.616 Mark eingeräumt. Dieser Betrag stand allerdings nur Unverheirateten und dauernd getrennt lebenden Ehegatten, nicht der Normalfamilie zu, in der die Eltern verheiratet sind und mit ihren Kindern zusammenleben.

Das Problem dieser gesetzlichen Regelung wird bei zwei Alleinstehenden offenbar, die eine gemeinsame Wohnung und ein gemeinsames Kind haben, aber unverheiratet sind und deshalb als Alleinstehende diese Freibeträge von 9.616 Mark für ihr Kind in Anspruch nehmen können. Gehen diese Eltern nun zum Standesamt, um die Ehe zu schließen und damit die Elternverantwortung für ihr Kind auch förmlich vor der Rechtsgemeinschaft zu übernehmen, so verlieren sie allein wegen der Eheschließung die zusätzlichen Freibeträge. Diese Benachteiligung der Ehe lässt die Betroffenen zum Grundgesetz greifen und Art. 6 Abs. 1 der Verfassung lesen: »Ehe und Familie stehen unter dem besonderen Schutz der staatlichen Ordnung.«

Das Bundesverfassungsgericht hat entschieden, dass eine gesetzliche Regelung, die Zusatzfreibeträge ausschließlich allein stehenden Eltern vorbehielt, sie aber verheirateten Eltern verweigerte, mit dem Schutz der Ehe unvereinbar ist. Art. 6 Abs. 1 enthalte einen besonderen Gleichheitssatz und verbiete, Ehe und Familie gegenüber anderen Lebens- und Erziehungsgemeinschaften schlechter zu stellen. Dieses verfassungsrechtliche Benachteiligungsverbot stehe jeder belastenden Differenzierung entgegen, die an die Existenz einer Ehe oder die Wahrnehmung des

Elternrechts in ehelicher Erziehungsgemeinschaft anknüpfe. Das Gericht verpflichtet den Gesetzgeber deshalb, eine familiengerechte Neuregelung zu treffen. Sollte er mit Wirkung zum 1.01.2000 die Kinderbetreuungskosten nicht angemessen neu geregelt haben, sind von diesem Zeitpunkt an von Verfassungs wegen 4.000 Mark vom zu versteuernden Einkommen der Eltern für jedes Kind abzuziehen. Sollte die Neuregelung des Haushaltsfreibetrages nicht spätestens zum 1.01.2002 in Kraft getreten sein, so fehlt – auch das sagt das Gericht ausdrücklich – für die Besteuerung des Einkommens der Eltern, denen ein Kinderfreibetrag oder ein Kindergeld für ein oder mehrere Kinder zusteht, in Höhe von 5.616 Mark die gesetzliche Grundlage.

Die Entscheidung fordert also eine Gleichstellung der verheirateten Eltern mit den Alleinstehenden in den kinderbezogenen Freibeträgen. Theoretisch könnte diese Gleichheit zwischen verheirateten und unverheirateten Eltern auf zwei Wegen hergestellt werden. Entweder gewährt das Gesetz den verheirateten Eltern die gleichen Freibeträge wie den Alleinerziehenden oder es nimmt den Alleinerziehenden ihre bisherigen Freibeträge. Der zweite Weg ist dem Gesetzgeber jedoch versperrt. Das Bundesverfassungsgericht stellt ausdrücklich fest, dass bei den heutigen Bedürfnissen der Kinder nicht nur ein Existenzminimum verschont, sondern auch der Betreuungs- und Erziehungsbedarf berücksichtigt werden muss. Das steuerliche Existenzminimum berücksichtigt den notwendigen Lebensunterhalt von Ernährung, Unterkunft, Kleidung, Körperpflege, Hausrat und Heizung. Daneben müsse das Kind auch betreut, also von den Eltern persönlich oder durch zeitweilige Fremdbetreuung in seiner Entwicklung begleitet werden. Dies bedeutet Einkommensverzicht oder Aufwand. Sodann hat ein Erziehungsbedarf in vertretbarem Umfang zu berücksichtigen, dass die Kinder in Vereinen anderen begegnen wollen, moderne Kommunikationstechniken erlernen und erproben sollen, das Elterneinkommen den Zugang zu Kultur- und Sprachfertigkeit, zur verantwortlichen Nutzung der Freizeit und zur Gestaltung der Ferien ermöglichen muss.

Das Gebot des Verfassungsgerichts zielt also auf eine Besserstellung der verheirateten Eltern. Dennoch hat die Bundesregierung vielfach behauptet, das Urteil nehme den Alleinerziehenden ihre bisherigen Freibeträge. Dies ist ein Missverständnis. Auch dieser Verfassungsauftrag ist bisher nicht vollständig erfüllt.

Die Zukunftsvorsorge wird verfassungswidrig besteuert

Das geltende Einkommensteuerrecht besteuert die Zukunftsvorsorge und die Altersbezüge je nach Einkunftsart unterschiedlich. Der Gewerbetreibende bildet sein Gewerbekapital grundsätzlich aus versteuertem Einkommen, unterwirft aber die aus dem Gewerbebetrieb erzielten Alterseinkünfte der Einkommen- und der Gewerbesteuer. Der Beamte sorgt während seiner aktiven Dienstzeit nicht durch Beitragszahlung für sein Alter vor, hat aber als Pensionär seine Altersbezüge – nach Abzug eines Versorgungsfreibetrages von höchstens 3.072 Euro – voll zu versteuern. Die übrigen Arbeitnehmer können ihre Vorsorgeaufwendungen teilweise als Sonderausgaben geltend machen, versteuern dann im Alter ihre Renten nur teilweise mit dem Ertragsanteil, der bei Rentenantritt eines 65-Jährigen 27 % der Rente beträgt. Der Rückfluss des Kapitals – des Rentenstammrechts – bleibt hingegen steuerfrei, obwohl ein Teil dieses Kapitals aus noch unversteuertem, also auf seine Besteuerung wartendem Einkommen gebildet wird.

Das Bundesverfassungsgericht hat in einer Entscheidung vom 06.03.2002[27] diese Regelung als unvereinbar mit dem Gleichheitssatz beanstandet. Es widerspreche dem Gebot der Gleichmäßigkeit der Besteuerung, wenn einerseits Versorgungsbezüge bis auf einen Freibetrag voll zu den steuerpflichtigen Einkünften gehörten, andererseits Renten aus der gesetzlichen Rentenversicherung nur mit Ertragsanteilen besteuert werden, auch soweit diese Renten aus unversteuerten Beitragsleistungen finanziert würden. Das Gericht hat den Gesetzgeber verpflichtet, spätestens mit Wirkung zum 01.01.2005 eine Neuregelung zu treffen. Dabei habe der Gesetzgeber die Besteuerung von Vorsorgeaufwendungen für die Alterssicherung und die Besteuerung der Alterseinkünfte so aufeinander abzustimmen, dass eine doppelte Besteuerung vermieden werde.

Dieser im nächsten Jahr anstehende Verfassungsauftrag lässt sich folgerichtig durch eine nachgelagerte Besteuerung erfüllen. Der Steuerpflichtige wird beim Sparen in Höhe der alterssichernden Beiträge steuerlich verschont, muss dann aber im Alter seine Altersbezüge grundsätzlich voll versteuern. Diese Besteuerungskonzeption vermeidet auf einfache Weise eine doppelte Belastung desselben Einkommens in der Phase des Sparens und des Alterskonsums. Würde man die Steuerentlastung der Vorsorgeaufwendungen hingegen in ihrer Höhe beschränken, wären die Altersbezüge teilweise schon vorweg besteuert, so dass eine komplizierte Differenzierung zwischen Kapital und Ertrag sowie innerhalb des Kapitals zwischen schon versteuerten und noch unversteuerten Teilen zu treffen wäre. Ein unbegrenzter Abzug ist vertretbar, soweit dadurch nur unübertragbare, unvererbliche und unbelastbare Leibrentenansprüche erworben werden, die mit dem Tod des Berechtigten untergehen. Übermäßige steuervermeidende Gestaltungen sind nicht zu erwarten, weil der Steuerpflichtige vieles, nicht aber seinen eigenen Tod planen kann. Im Alter wird nur noch unversteuertes – auf seine Besteuerung wartendes – Einkommen bezogen. Bei der Besteuerung bleibt dann selbstverständlich das Existenzminimum verschont.

Der Steuerpflichtige darf mindestens die Hälfte behalten

Die Steuer nimmt dem Eigentümer Geldeigentum weg, muss deshalb auf die verfassungsrechtliche Garantie des Privateigentums abgestimmt werden. In der modernen Erwerbswirtschaft gewinnt der Grundrechtsberechtigte die ökonomische Grundlage individueller Freiheit weniger im Sacheigentum des Gewerbebetriebs und der Landwirtschaft als im Forderungseigentum von Lohn-, Sozialversicherungs- und Kapitalertragsansprüchen. Deshalb wächst auch dieses Forderungseigentum in die verfassungsrechtliche Eigentumsgarantie hinein.[28] Einer der wichtigsten Gegenstände modernen Eigentums ist das Geld. Geld ist geprägte Freiheit, bietet dem Eigentümer das Fundament für finanzwirtschaftliches Handeln und ermöglicht ihm die eigenverantwortliche Gestaltung seines Lebens.[29] Forderungs- und Geldeigentum vermitteln oft sogar einen größeren Freiheitsraum, weil der Berechtigte sich die Wahl des konkreten Eigentumsgegenstandes noch vorbehalten hat.

Die Eigentumsgarantie gewährt das Recht des Eigentümers, Sach- und Geldeigentum zu besitzen, zu nutzen, es zu verwalten oder über es zu verfügen.[30] Das Grundrecht der Eigentümerfreiheit schützt die individuelle Herrschaft über Eigenes zu privatem Nutzen, anerkennt aber auch die Sozialpflichtigkeit des Eigentums: »Eigentum verpflichtet. Sein Gebrauch soll zugleich dem Wohle der Allgemeinheit dienen.« Im Rahmen dieser Sozialpflichtigkeit darf der Steuergesetzgeber seine Lasten bemessen. Das »zugleich«[31] unterwirft den Ertrag eines Eigentumsgebrauchs einer steuerlichen Gemeinlast, weist dem Berechtigten aber ebenso einen Ertrag zum privaten Nutzen zu. Der Eigentumsgebrauch begründet »zugleich«, das heißt in gleicher Weise, zu gleichen Teilen[32], einen privatnützigen Ertrag und eine steuerliche Gemeinlast. Das Bundesverfassungsgericht hat in der Entscheidung zur Vermögensteuer[33] diese Gleichwertigkeit zwischen Steuerbarkeit und Privatnützigkeit typisierend in Zahlen ausgedrückt: Die Gesamtbelastung des Kapitalertrages durch Steuern muss »in der Nähe einer hälftigen Teilung zwischen privater und öffentlicher Hand« verbleiben und dabei insgesamt auch Belastungsergebnisse vermeiden, die einer Lastenverteilung nach Maßgabe finanzieller Leistungsfähigkeit zuwiderlaufen.

Damit präzisiert das Bundesverfassungsgericht die Belastungsobergrenze, guter Tradition deutscher Staatsphilosophie entsprechend[34], in Zahlen und macht sie so praktisch handhabbar. Die bisherige Allgemeinformel, eine »erdrosselnde Steuer« und wesentliche Veränderungen der Einkommens- und Vermögensverhältnisse seien unzulässig[35], gewinnt zahlenmäßige Konkretheit. Die Erfahrung lehrt, dass im Steuerrecht nur quantifizierte – in Zahlen ausgedrückte – Grenzen greifen. Würde das Verfassungsgericht lediglich eine »angemessene« Verschonung von Existenzminimum und Lebensführungsvermögen fordern, würde es zwar auf allgemeine Zustimmung stoßen, bliebe aber praktisch ohne Wirkung, weil die Angemessenheit zu vieldeutig ist. Wer ein kleines Einkommen bezieht, wird den kräftigen Steuerzugriff auf das Millionärseinkommen befürworten. Wer ein Millioneneinkommen empfängt, wird steuerlichen Respekt vor seiner Erwerbsleistung erwarten. Das Gericht benennt die Grenzen deshalb in Zahlen. Das Existenzminimum des einzelnen Einkommensempfängers bemisst sich danach, was der Sozialstaat dem Sozialhilfeempfänger zur Deckung seines existenznotwendigen Bedarfs aus öffentlichen Mitteln zuwendet[36]. Entsprechend wird der Kindesunterhalt im Existenzminimum, im Betreuungs- und Erziehungsbedarf an der Sozialhilfe, den Kinderbetreuungskosten und dem früheren Haushaltsfreibetrag ausgerichtet[37]. Das individuelle Lebensführungsvermögen, die ökonomische Grundlage persönlicher Entfaltung und Lebensgestaltung, wird gegen den Zugriff durch andere Steuern – damals die Vermögensteuer[38] und die Erbschaftsteuer[39] – nach den jeweiligen ökonomischen und kulturellen Standards abgeschirmt und in den Werten durchschnittlicher Einfamilienhäuser quantifiziert. In ähnlicher Weise wird das erbschaftsteuerlich freizustellende Familiengut definiert.[40]

Die Obergrenze in der Nähe hälftiger Teilung betrifft die Gesamtsteuerlast, muss also nach Addition von direkten und indirekten Steuern gewahrt bleiben. Dabei werden die indirekten Steuern, die der Unternehmer schuldet und der Konsument trägt, nur typisierend dem betroffenen Endverbraucher zugemessen werden können. Die Belastungsobergrenze wird auch gewahrt, wenn die Erträge in der Bemessungsgrundlage um Abzugstatbestände – etwa des existenz- und erwerbsichernden Aufwandes – gemindert, sodann in den Steuersätzen typisierend so maßvoll belastet werden, dass im Zusammenwirken von Abzugstatbeständen und Steuersätzen dieses Besteuerungsmaß beachtet wird. Eine Halbteilung ist die Obergrenze für

Spitzeneinkommen. Kleinere Einkommen sind nach Maßgabe der Gleichheit in folgerichtigen Übergängen geringer
zu belasten.[41]

Häufiger Reparaturbedarf fordert ein neues Modell

Auch dieser Verfassungsauftrag fordert strukturelle Eingriffe in das geltende Einkommensteuerrecht. Würdigt der
Gesetzgeber die fünf teilweise noch unerfüllten Ver-
fassungsaufträge in ihrem Zusammenwirken, sieht er sich
zu so grundlegenden Einschnitten in das geltende Recht
verpflichtet, dass letztlich nur eine konzeptionelle Gesamt-
erneuerung des Einkommen- und Körperschaftsteuer-
rechts den Verfassungsanforderungen genügt. Der Gesetzgeber ist nicht beauftragt, nur einzelne Details zu ändern.
Die Verfassung erwartet von ihm, dass er nach dem He-
rauslösen vieler Mosaiksteine das Gesamtbild der ur-
sprünglichen Einkommensbesteuerung neu zeichnet, dass
er die jahrzehntelang aufgetragenen Schichten von Ver-
fremdungen, Überwucherungen und Ausnahmen abträgt,
dann aber das Juwel des historisch gewachsenen Einkommensteuerrechts wieder in altem Glanz erstrahlen lässt.

Wer an den meisten dieser Entscheidungen mitgewirkt
hat, musste das Urteil auf die jeweils vorgetragene Frage
beschränken und durfte in den Antworten nicht über diesen Prozessgegenstand hinausgreifen. Der Richter wirkt
an der Reparatur eines Autos mit, auch wenn er längst
erkennt, dass das schadhafte Auto durch ein neues Modell
ersetzt werden müsste. So wächst der Wille, eine grundlegende Neukonzeption des Steuerrechts zu entwerfen.
Für dieses Vorhaben steht die Zeit nach seinem richter-
lichen Amt zur Verfügung. Die Zeit ist reif.

Der Gesetzgeber handelt autonom, steht nicht im Wettbewerb

Die unausweichliche und deshalb gleichmäßige Steuerlast kann allerdings nicht allein durch das deutsche Steuerrecht gewährleistet, sie muss vielmehr von der Staatengemeinschaft mitgetragen werden. Unsere Welt ist offen geworden. Produktion und Handel bewegen sich im Weltmarkt und pflegen den weltweiten Tausch. In dieser Beweglichkeit erscheint auch das Recht des einzelnen Staates oft nicht mehr als unausweichliche Regel, deren Geltung der Staat für jedermann in gleicher Weise garantiert, sondern als ein Angebot unter verschiedenen Regelungskonzepten anderer Staaten, zwischen denen man wählen kann.

Deswegen prüft der Unternehmer bei der Wahl eines Standortes, ob ihm das Mitbestimmungsrecht in Deutschland oder in den USA besser erscheint, ob das Lohnsystem in Mittel- und Osteuropa für ihn günstiger ist, ob das deutsche oder das irische Steuerrecht ihm mehr von seinem Gewinn belässt, ob die Lebensmittel- und Arzneimittelkontrolle bei uns oder in Griechenland seinem Betrieb mehr nutzt. Der ansiedlungswillige Investor fragt, welche Steuervorteile und Leistungssubventionen der Staat ihm bietet, wenn er seinen Standort in Deutschland wählt. Das Recht scheint Gegenstand von Verhandlungen, die Gleichheit vor dem Gesetz verhandelbar.

Unternehmer werben um den fremden Kunden, Staaten um den eigenen Wähler

Das Stichwort vom Steuerwettbewerb ist heute in aller Munde. Die Unbekümmertheit dieser Begriffswahl entspricht der Unzulänglichkeit des Begreifens. Wettbewerb zielt auf Gewinnmaximierung und müsste den Staat dazu veranlassen, nicht auf eine maßvolle Steuerlast, sondern auf den größtmöglichen Ertrag hinzuwirken. Eine dieses Maximum anstrebende staatliche Finanzwirtschaft aber wäre verfassungswidrig; Recht ist stets die Kultur des Maßes.

Wendete man den Wettbewerb hingegen in sein Gegenteil und erwartete einen Wettstreit um möglichst geringe Steuern, also einen Prozess konkurrierender Ertragsverminderung, so verfolgte dieser Wettbewerb kein legitimes Ziel. Er würde die Finanzkraft des Staates stetig schwächen, damit letztlich den Verfassungsstaat gefährden. Zudem litte ein allein die Steuerlast beobachtender Wettbewerb an einer Blickverengung: Die Steuerlast ist Ausdruck und Bedingung der jeweiligen Kultur eines Staates, seines Angebots an Sicherheit und Recht, Bildung und Wissenschaft, Gesundheit und Versorgung. Würde man den Steuerertrag ohne diese Steuerfolgen vergleichen, wäre dieser Vergleich ebenso unvernünftig wie ein Preisvergleich beim Autokauf, der nicht berücksichtigt, ob für den jeweiligen Preis ein Kleinwagen oder eine Luxuskarosse erworben wird.

Wettbewerb hieße auch, den Konkurrenten nach Möglichkeit verdrängen oder übernehmen zu wollen. Dieses Ziel ist der im vermeintlichen Steuerwettbewerb konkurrierenden Völkergemeinschaft schlechthin fremd. Das Völkerrecht garantiert dem anderen Staat Existenz und Autonomie. Schließlich zeigt auch das Wettbewerbs- und

Kartellrecht, das den Wirtschaftswettbewerb mäßigt, dass das Bemühen autonomer Staaten um das bessere Steuerrecht kein Wettbewerb ist. Vereinheitlicht die Europäische Union das Recht der indirekten Steuern unter den Mitgliedstaaten, gerät die Kartellbehörde nicht in Aufregung; dieses abgestimmte Verhalten ist legitim und erwünscht, sichert die Grundfreiheiten im Binnenmarkt und die Gleichheit der Steuerlast. Verständigen die Staaten sich auf ein gemeinsames Friedenskonzept, erfüllen sie ihren gemeinsamen Auftrag und brauchen sich keinesfalls eine »Wettbewerbswidrigkeit« vorzuwerfen.

Die Steuergesetzgebung folgt deshalb nicht den Prinzipien des Wettbewerbs, sondern den Grundsätzen der Autonomie. Autonomie blickt nach innen, erkundet demokratisch die Bedürfnisse der eigenen Wähler, kann auch einmal eine höhere Steuerlast in Kauf nehmen, wenn dadurch ein hohes Niveau des Rechts, der Kultur, der Daseinsvorsorge und Sicherheit gewährleistet werden kann. Der Wettbewerb hingegen blickt nach außen, beobachtet die Leistungsangebote des Konkurrenten und sucht die Kunden des Mitbewerbers abzuwerben. In einem Steuerwettbewerb müsste sich Deutschland bemühen, die Bürger seiner Nachbarstaaten für die Mitfinanzierung Deutschlands und die Teilhabe an unseren Lebensverhältnissen zu gewinnen. Eine autonome Steuerpolitik hingegen widmet sich den Anliegen des eigenen Staatsvolkes, das seinen Gesetzgeber legitimiert und von ihm die Beachtung der besonderen Bedürfnisse, Chancen und Risiken dieses Volkes erwartet. Dabei bemüht sich auch die autonome Gesetzgebung, ein besseres Steuerrecht als der Nachbar zu schaffen. Ziel dieser Anstrengung ist aber die Anerkennung und Wiederwahl durch die jeweiligen Wähler, nicht das Abwerben der Bürger im Nachbarstaat. Der Preis für die Auszehrung des Nachbarstaates wäre bei einem stetigen Wettbewerb um geringe Steuern der Verlust der eigenen Finanzkraft. Der freiheitliche Staat verlöre seine gediegene Finanzgrundlage, weil er eine Wettbewerbsfreiheit für sich beansprucht, die nur dem freiheitsberechtigten Menschen zusteht.

Die Staatengemeinschaft hat ihre Belastungen aufeinander abzustimmen

Deswegen ist es das Gebot der Stunde, nicht in einem Steuerwettbewerb andere Staaten zu verdrängen, sondern die Wirtschaftsfreiheit auf dem Weltmarkt dadurch zu stützen, dass die Staaten ihre Besteuerungsprinzipien untereinander abstimmen.

Die Steuerhoheit steht immer dann dem deutschen Fiskus zu, wenn das Einkommen auf dem deutschen Markt erzielt, also die hier zu finanzierende rechtliche und ökonomische Infrastruktur genutzt worden ist. Anknüpfungspunkt für die Einkommensteuer ist deshalb nicht formal der Sitz einer Firma, sondern der Schwerpunkt der wirtschaftlichen Betätigung. Für die Umsatzsteuer ist nicht entscheidend, wo eine Ware produziert worden ist, sondern wo die Kaufkraft des Endverbrauchers die Ware erworben hat.[42]

Sodann ist das Steuerrecht international so zu vereinheitlichen, dass alle Staaten das Einkommen, die Erbschaften und den Umsatz nach gleichen Prinzipien besteuern. Das Musterabkommen der OECD auf dem Gebiet der Steuern vom Einkommen und Vermögen definiert diese einheitliche Grundlage nicht. Es versucht nur, eine Doppelbesteuerung derselben Leistungsfähigkeit durch mehrere Staaten zu vermeiden. Viele Doppelbesteuerungsabkommen schützen gegen diese Mehrfachbelastung, geben deshalb den kaufmännisch, gewerblich oder finanziell tätigen Menschen die Sicherheit, dass die Vertragsstaaten gleiche Fälle der Doppelbesteuerung in derselben Weise regeln.[43]

Die Doppelbesteuerungsabkommen haben allerdings lediglich die Aufgabe, nach staatlichen Gesetzen begründete Steuerpflichten so zu mäßigen, dass eine Doppelbelastung vermieden wird. Entstehen hingegen zwischen den Steuerrechtsordnungen der jeweiligen Staaten Besteuerungslücken, nehmen die Doppelbesteuerungsabkommen diese hin. Das nationale Steuerrecht besteuert das Welteinkommen eines Steuerpflichtigen nach dem Wohnsitzprinzip, belastet also das weltweit erzielte Einkommen des im Inland Wohnenden nach nationalem Steuerrecht. Gleichzeitig erfasst derselbe Staat das im Inland erzielte Einkommen nach dem Quellenprinzip, besteuert also den nicht im Inland Wohnenden mit den im eigenen Staatsgebiet erzielten Einkommen. So konnte es geschehen, dass eine skandinavische Autorin, die mit ihren Büchern in Deutschland Einkommen erzielte, dieses Einkommen in Deutschland nach dem Quellenprinzip mit 53 %, in ihrem Heimatstaat nach dem Wohnsitzprinzip mit 56 % besteuern musste, sie also eine Steuerlast von 109 % zu tragen hatte. Ähnliche Doppelbesteuerungen sind möglich, wenn einzelne Staaten, z. B. die USA, Mexiko oder die Philippinen, ihre Staatsangehörigen mit ihrem Welteinkommen besteuern, mögen diese auch im Gebiet eines anderen Staates wohnen. Schließlich können Doppelbesteuerungen auch entstehen, wenn eine Person zugleich in mehreren Staaten wohnt oder mehrere Staaten denselben Wirtschaftsvorgang ihrem Gebiet zurechnen. In all diesen Fällen vermeiden die Doppelbesteuerungsabkommen die doppelte Last, sichern aber nicht eine weltweit gleichmäßige Belastung des Einkommens oder des Vermögens.

Deshalb muss die Völkerrechtsgemeinschaft der Staaten langfristig gemeinsame Maßstäbe entwickeln, nach denen die steuerliche Belastbarkeit im Steuergegenstand und in der Bemessungsgrundlage ähnlich bestimmt und sodann die Besteuerungshoheit ohne Überschneidungen zugewiesen wird. Die Besteuerung des Einkommens sollte deswegen auf den Ertrag ausgerichtet werden, der durch Nutzung des Inlandsmarktes erzielt und durch die inländische Infrastruktur ermöglicht worden ist.

Der erste Schritt führt zur Reform der deutschen Einkommensteuer

Der deutsche Steuergesetzgeber muss aber zunächst sein Steuerrecht aus eigener Kraft erneuern. Der erste Schritt führt in die Reform des Einkommensteuerrechts. Damit mag die Hoffnung verbunden sein, dieses erneuerte Einkommensteuerrecht möge dann zu einem Exportschlager werden. Die Einkommensteuer soll jeden treffen, der Einkommen erzielt, dabei jedoch nur die im Inland erwirtschafteten Einkünfte in die Besteuerung einbeziehen. Die Einkommensteuer stützt sich auf nur eine Einkunftsart, die jede Nutzung einer inländischen Erwerbsgrundlage in ihrem Erfolg – Gewinn oder Überschuss – belastet. Die gegenwärtig sieben unterschiedlichen Einkunftsarten (Land- und Forstwirtschaft, Gewerbebetrieb, freiberufliche Tätigkeit, Lohntätigkeit, Kapitalvermögen, Vermietung und Verpachtung sowie die sonstige Nutzung einer Erwerbsgrundlage) machten nur Sinn, wenn an die Unterscheidung verschiedene Belastungsfolgen anknüpfen. Ein sachlicher Grund für derartige Belastungsdifferenzierungen ist jedoch nicht erkennbar.

Sodann sollte das Einkommensteuergesetz auf alle

Lenkungs- und Ausnahmevorschriften verzichten, also eine unausweichliche und deshalb gleichmäßige Steuerlast regeln. Das Entfallen aller Ausnahmen erweitert die Bemessungsgrundlage, erhöht also das Steueraufkommen und erlaubt damit eine Absenkung der Progression auf Stufen zwischen 0, 15, 20 und 25 % als Spitzensteuersatz. Auf dieser Grundlage sind alle Einkommen – einschließlich der Gewinne von Personen- und Kapitalgesellschaften – gleich zu behandeln, die Steuerlasten zukunftsbewusst familiengerecht auszugestalten, die Steuerverfahren so zu vereinfachen, dass die meisten Steuerpflichtigen – bei Empfang von Lohn, Kapitalerträgen und Alterssicherungsleistungen – keine Steuererklärung mehr abgeben müssen, sie im Übrigen ihre Erklärung aus eigenem Wissen und Verstehen verantworten können. Ein derart einfaches, allgemeinverständliches Steuerrecht stärkt die Freiheit des Wirtschaftens in Deutschland und lädt andere zu Investition und Erwerb in Deutschland ein.

Wenn jeder Bürger weiß, dass das deutsche Steuerrecht allenfalls ein Viertel des individuell erzielten Einkommens für den Staat beansprucht, diese Belastung allerdings auch unausweichliche Folge des wirtschaftlichen Erfolges ist, entsteht eine neue Freiheitskultur. Jedermann kann sich sicher sein, dass drei Viertel seines Einkommens ihm zu privatem Nutzen verbleiben. Andererseits weiß auch jeder Bürger, dass der Erfolg des anderen zu 25 % ein Gemeinschaftserfolg ist. Er wird nicht mehr scheel auf den blicken, der eine Million Euro erzielt, während er selbst nur ein Jahreseinkommen von 25.000 Euro empfängt. Er erlebt nämlich, dass der Millionär 250.000 Euro Steuern für die Gemeinschaft bezahlt, er selbst aber progressionsbedingt kaum mehr als 2.500 Euro. Er wird deshalb darauf hoffen, dass der Millionär im nächsten Jahr seinen Erfolg verdoppeln und zwei Millionen erzielen, dann aber

500.000 Euro für die Gemeinschaft erwirtschaften wird. So entsteht ein öffentliches Bewusstsein, das den Erfolgreichen schätzt, seinen individualnützigen Erfolg anerkennt, aber auch die Sozialpflichtigkeit des erworbenen Einkommens in einer maßvollen Steuer von 25 % begrenzt.

Mit diesem Steuerrecht ist Deutschland für einen weltoffenen Markt gewappnet. Die Einfachheit und langfristige Verlässlichkeit des Steuergesetzes bietet Unternehmen und Unternehmern eine gediegene Kalkulationsgrundlage. Die maßvolle Last zieht Investitionen und wirtschaftliche Initiativen an. Die unausweichliche, gleichmäßige Last befreit den Unternehmer vom Steuerkalkül und macht seinen Blick wieder frei für sein Produkt, seinen Markt, seine Kunden, Arbeitnehmer und Lieferanten. Wie das Bürgerliche Gesetzbuch im Jahr 1900 dem Wirtschaftsleben in Deutschland einheitlich und einfach die Vertragsfreiheit geschenkt hat, so kann ein Steuergesetzbuch in naher Zukunft den Erwerbstätigen in Deutschland das privatnützige Einkommen und die steuerlich unbeeinträchtigte Wirtschaftsfreiheit zurückgeben.[44]

Die Steuersubvention ist Fremdkörper,
die Leistungssubvention Übergangshilfe

Bei einer Podiumsdiskussion über ein einfacheres Steuerrecht sagte mir jüngst ein Finanzminister, das Recht dürfe in einem modernen Finanzstaat der Politik niemals das Handlungsinstrument der Subvention aus der Hand schlagen. Das ist richtig. Der Finanzstaat stützt einen wesentlichen Teil seiner Mächtigkeit derzeit auf das Angebot von Finanzhilfen und die Androhung von Sonderlasten. An die Stelle der Anordnung tritt der Anreiz, an die Stelle der Rechtsverbindlichkeit die Subventionsverlockung, an die Stelle der Strafe der Steuernachteil, an die Stelle der Vollstreckung die Verständigungsbereitschaft. Das Erwerbsmotiv drängt den Staatsbürger in die Zusammenarbeit mit einem Finanzstaat, der Gelder vergeben und von Abgabenlasten befreien kann.

Dennoch ist auch die Macht des Finanzstaates verfassungsrechtlich zu mäßigen. Das Füllhorn der Subventionen darf nur mit Finanzmitteln gefüllt werden, die gegenüber dem Finanzier, dem Steuerzahler, gerechtfertigt werden können. Das Stabilitätsgesetz fordert eine Abbauliste für Steuer- und Leistungssubventionen, um die Gesamtsteuerlast zu verringern. Sodann sind die Maßstäbe der Subventionierung im parlamentarischen Verfahren der Transparenz und Öffentlichkeit zu überprüfen und allgemein bewusst zu machen. Vor allem aber sollte der Staat nur das Handlungsmittel der Leistungssubvention, nicht das der Steuersubvention wählen.

Die Leistungssubvention stützt sich auf einen förmlichen Bescheid, der die Höhe der Subvention nennt und von Bedingungen und Auflagen abhängig macht. Das Ziel dieser Zuwendungen wird individuell benannt und kontrolliert. Bei der Steuersubvention bedient sich der Steuerpflichtige hingegen selbst, indem er den begünstigten Tatbestand erfüllt. Der Staat kann die Höhe und Dauer der Zuwendung nur vermuten und schätzen. Die Freiheitsbeeinträchtigung wird weniger bewusst, ihre Folgewirkungen bleiben im Dunkel von Steuersparmodellen und einer fast schon irrationalen Bereitschaft zur Steuervermeidung. Der freiheitliche Staat wählt deshalb die bewusste, erkennbare, rechtlich abgemessene und kontrollierte Freiheitslenkung, also die Leistungssubvention.

Die Steuersubvention schwächt auch die demokratische Entscheidungskraft und Kontrolle des Parlaments. Parlament und Öffentlichkeit kennen das Gesamtvolumen dieser Subventionen, den Ertragsausfall, nicht, können sich über den Adressaten und die dort erzielten Wirkungen kaum vergewissern. Der Subventionszweck wird im Gesetz generell bestimmt, nicht aber jährlich überprüft und in seinen konkreten Wirkungen beobachtet. Über die Leistungssubvention hingegen muss das Parlament jedes Haushaltsjahr dem Grunde und der Höhe nach erneut entscheiden. Die Haushaltsbewilligung ermächtigt zur Subvention; die Zahlung im Einzelfall wird von der Verwaltung zugemessen und kontrolliert. Die Leistungssubvention ist grundsätzlich befristet, sollte nur vorübergehend gewährt werden und nicht dauernde Finanzabhängigkeiten begründen.

Auch im Übrigen ist die Steuersubvention ein Fremdkörper im Verfassungsrecht. Der Steuergesetzgeber beansprucht, aufgrund seiner Steuergesetzgebungskompetenz Verwaltungszwecke zu regeln, obwohl ihm die Verwaltungskompetenz fehlt. Eine kommunale Satzung führt eine Verpackungssteuer ein, ein Land eine Abfallabgabe, obwohl der Bundesgesetzgeber den Umweltschutz bereits dank seiner Umweltschutzkompetenz geregelt hat. Beide Steuern sind deshalb vom Bundesverfassungsgericht als verfassungswidrig eingestuft worden.[45]

Zugleich überfordert der Steuergesetzgeber die Finanzverwaltung, wenn sie in den Steuertatbeständen Umwelt-, Kultur- oder Strukturpolitik betreiben soll, obwohl sie für den strikten Vollzug von Steuergesetzen geschult und qualifiziert ist.

Oft erscheint die Steuersubvention dem Bundesgesetzgeber auch deshalb verlockend, weil er Subventionen anbieten kann, die ganz oder teilweise zu Lasten fremder Kassen finanziert werden. Eine Ausnahme von der Einkommen- und Körperschaftsteuer wird hälftig von den Ländern finanziert, eine Subvention im Rahmen der Erbschaftsteuer geht vollständig zu Lasten der Ländererträge. Das Bundesstaatsprinzip setzt aber grundsätzlich voraus, dass jede Gebietskörperschaft ihre Subventionen aus eigenem Haushalt finanziert, nicht über die Technik der Steuersubvention auf fremde Haushalte zugreift.

Die Steuersubvention verfremdet auch den bundesstaatlichen Finanzausgleich. Dieser stützt sich auf eine unzulängliche Bemessungsgrundlage, wenn Ausgleichsbeteiligte Regelsteuereinnahmen durch Steuerverschonung vorab verwendet, sie zudem Subventionen zu Lasten fremder Kassen gezahlt haben.

Eine steuerliche Lenkung durchbricht den Regeltatbestand und damit die Belastungsgleichheit. Sie erreicht damit nur den Steuerpflichtigen, nicht sonstige Adressaten des Verwaltungsprogramms. Eine ökologische Steuerlenkung kann sich an den Autofahrer als Adressaten der Kraftfahrzeug- und Mineralölsteuer wenden, nicht aber

an den Mountainbiker, der die Umwelt der Berge gefährdet. Der durch die Einkommensteuer überbrachte Lenkungsanreiz erreicht auch nur den Einkommensbezieher,
weil nur er eine Steuer schuldet und deswegen durch einen
Steuernachlass begünstigt wird.

Eine Steuersubvention durch Abzug von der Bemessungsgrundlage gibt im Rahmen der progressiven Einkommensteuer dem Gutverdienenden eine hohe Subvention, dem Geringverdienenden dagegen eine geringe. Auch
hier wird ein Gleichheitsproblem offensichtlich.

Der Steueranreiz ist nur dann ein geeignetes Verwal-
tungsmittel, wenn das Verwaltungsprogramm auch scheitern darf. Der Adressat kann sich durch Steuerzahlung
freikaufen, den steuerlichen Lenkungsanreiz missachten,
sich also dem steuerlich verfolgten Verwaltungsprogramm
entziehen und den Erfolg dieses Programms gefährden.
Sucht der Gesetzgeber ein Umweltschutzprogramm
durch Steueranreize zu verwirklichen, läuft er Gefahr,
dass die Umweltziele nicht erreicht werden, weil ein Teil
der Betroffenen lieber die Abgabe zahlt, als die Umwelt
schützt. Die Entwicklung der Ökosteuer bietet hier ein
eindrucksvolles Beispiel.

Die Steuersubvention greift über das individuelle
Steuerrechtsverhältnis hinaus, in dem der Steuerpflichtige
grundsätzlich einen bestimmten Steuerbetrag schuldet, im
Übrigen aber in voller Freiheit über sein Einkommen dis-
ponieren kann. Sie bindet ein Eigentum von 1.000 Euro,
das der Steuerpflichtige im Rahmen des Steuersubven-
tionsprogramms einsetzt, um einen Regelsteuerbetrag von
100 Euro zu vermeiden. Insoweit greift die Lenkungsteuer
auch in die Eigentümerfreiheit über das Betriebs- und
Privatvermögen des Steuerpflichtigen nach Steuern ein.
Überlegungen zum Staatsanteil am inländischen Sozial-
produkt – zur Staatsquote – sind ihr Papier nicht wert,

solange nicht die staatliche Herrschaft über Eigentum dank Steuersubvention in die Berechnung einbezogen oder aber abgeschafft ist.

Soweit der Staat durch steuerliche Sonderlasten zu lenken sucht, etwa die Besteuerung eines Kraftfahrzeugs bei umweltschädlichen Emissionen verteuert, den gesundheitsschädlichen Konsum von Tabak oder Alkohol mit Sondersteuern belastet, leidet diese Steuer vielfach an einem systemimmanenten Widerspruch. Sie will bestimmte schädliche Verhaltensweisen vermeiden, aber ebenfalls gleichbleibende oder möglichst steigende Erträge aus der Einkommensteuer sichern. Bei der Ökosteuer drängt der Umweltminister auf eine größtmögliche Schonung der Umwelt, also auf verminderte Erträge, während der Finanzminister auf stetige oder möglichst steigende Erträge, also eine entsprechende Umweltbelastung, hinwirkt. Die jüngste Entwicklung der Tabaksteuer verdeutlicht diesen Zwiespalt: Die Bundesregierung hat in ihrer Gesetzesinitiative beschlossen, aus gesundheitspolitischen Gründen die Schachtel Zigaretten um 1 Euro zu verteuern. Bei dieser drastischen Erhöhung der Steuerlast kamen ihr aber Bedenken, ob dadurch der Raucher vom Zigarettenkauf abgehalten und so das Steueraufkommen geschmälert werden könnte. Der Gesetzgeber hat die Erhöhung deshalb auf drei Stufen einer weniger merklichen Steuerlast verteilt und damit die ausschließliche Finanzierungsfunktion der Tabaksteuer entlarvt.[46]

Die Verflechtung zwischen staatlichen und privaten ökonomischen Handlungsprogrammen stört vor allem das grundrechtliche Teilungsmodell von freiheitsverpflichtetem Staat und freiheitsberechtigter Gesellschaft: Staat und private Erwerbswirtschaft sind nicht mehr getrennt, sondern vermischen sich in Kooperation zwischen freiheitsicherndem Staat und freiheitbewahrendem Bürger.

Dadurch werden Verantwortlichkeiten verwischt, Rechtsmaßstäbe relativiert, Staat und Markt in der Gefahr wechselseitiger Befangenheit verbunden. Rechtsstaat und Finanzstaat geraten in Konflikt: Der Rechtsstaat garantiert dem Bürger die Freiheit vom Staat, der Finanzstaat beansprucht die steuerliche Lenkung des Freiheitsberechtigten, seine Bindung in einem gesetzlich definierten Verhaltensprogramm. Gegenüber den Verführungen des Finanzstaats ist der Rechtsstaat beauftragt, dem Bürger seine Freiheit zurückzugeben, seine Bereitschaft zum Freiheitsverzicht um den Preis verringerter Steuerlasten zu schwächen und wieder auf die individuelle Vernunft des freiheitlichen Bürgers zu setzen. Das Steuerrecht vermittelt dem Staat eine gleiche und maßvolle Teilhabe am Erfolg freien Wirtschaftens, lädt aber nicht zum Schachspiel zwischen Finanzamt und Steuerpflichtigem ein. Wenn diese Parteien durch geschickte Züge den Gegner zu schlagen suchen und dann beim Spielgewinn die Prämie der individuellen Steuerersparnis oder der staatlichen Finanzherrschaft erwarten, werden sie zu Spielern und verlieren die Rationalität und Distanz eines freiheitlichen Rechtsverhältnisses. Freiheit verlangt Standhaftigkeit bei Bürger und Staat, um den sanften Verlust der Freiheit zu verhindern.

Das hohe Ziel bleibt die Steuergerechtigkeit

Wer das Steuerrecht von Ausnahmen befreien und die Steuerpflichtigen gleichmäßig belasten will, muss die Grundsätze für eine Regelsteuer kennen. Damit stellt sich die große Frage nach der Steuergerechtigkeit. Dabei geht es dem Juristen ähnlich wie dem Arzt, der Gesundheit definieren soll: Er tut sich schwer, abstrakt zu beschreiben, was Gesundheit ist, weiß aber sehr wohl die Krankheit zu diagnostizieren und geeignete Therapien anzuwenden. Auch die Gerechtigkeit verhüllt sich als alleiniges, unaufgebbares Ziel in der Unbestimmtheit allgemeiner Vorstellungen, hat aber durchaus die Kraft, Unrecht sichtbar zu machen und Wege zur Abhilfe zu weisen. Schon die zehn Gebote waren Verbote. Wenn eine Gesetzestafel sagt: »Du sollst nicht«, bestimmt sie, was nicht erlaubt ist. Alle Rechtsordnungen finden ihre grundsätzliche Wertorientierung in einem Strafrecht, das ein ethisches Minimum in Verboten definiert. Ihm liegt heute allerdings ein Verfassungsrecht zugrunde, das jedem Menschen Freiheit garantiert. Die Menschenrechte gehen von einem prinzipiellen Erlaubtsein aus und definieren sodann dessen Grenzen, das Nichterlaubte. Der Kern der Gerechtigkeit liegt deswegen in individueller Freiheit und Verantwortlichkeit, in die staatliches Recht sich nicht einmischt.

Steuer ist Ausdruck der Freiheit, nicht der Unfreiheit

Die Stellung der Steuer in einer freiheitlichen Ordnung hat sich im Laufe der Geschichte grundlegend gewandelt.[47] Während heute die Steuer als gerechter Beitrag jedes freien Menschen zur Finanzierung des Staates verstanden wird, von dessen Leistungen er einen Vorteil hat, galten im antiken Griechenland die direkten Steuern noch als »Knechtschaft«. Sie durften nur von Unfreien und nichtansässigen Bürgern in Form einer Kopfsteuer – eines Schutzgeldes – erhoben, jedoch den eigenen freien Bürgern nicht auferlegt werden. Daneben forderte Athen von seinen auswärtigen Bundesgenossen Naturalleistungen, insbesondere das Bereitstellen von bemannten Kriegsschiffen, die später in Geldzahlungen umgewandelt und als Ausdruck der politischen Entmündigung verstanden wurden. Auch das republikanische Rom stützte seine Finanzkraft vor allem auf Leistungen besiegter Völker. Finanzierungsgrundlagen waren das Beuterecht und die Landnahme, folgten also einem Staatsverständnis, das auf erfolgreich geführte Eroberungskriege ausgerichtet war. Zeitweise wurde nur in Notzeiten von den Bürgern Roms eine direkte Steuer, das »tributum«, erhoben. Es wirkte oft als bloße Kriegsanleihe, die aus der späteren Kriegsbeute refinanziert wurde.

Im deutschen Mittelalter[48] unterschied man nicht nur zwischen Freien und Unfreien, sondern würdigte den unterschiedlichen Beitrag einzelner Gruppen für den Gemeindienst. Wer das Territorium durch Reiterdienste, Stadtbefestigung oder Frondienste schützte, war von »bede« (»Bitte« [um Geldleistung]) und »stiura« (»Steuer«) freigestellt, weil diese Dienste als hinreichende und abschließende Leistung für Kaiser und König anerkannt waren. Die Immunität der Kirche und des Adels, die Steuerbefreiung der Städte und bestimmter Gruppen sowie Einzelpersonen standen einer – damals noch situationsbedingt und sporadisch erhobenen – Besteuerung entgegen. Noch Ende des 15. Jahrhunderts, als auf dem Wormser Reichstag 1495 die Einführung eines Gemeinen Pfennigs beschlossen wurde, galt die Steuer als Merkmal der Unfreiheit.

Erst in der zweiten Hälfte des 17. Jahrhunderts forderten die Kameralisten[49] einen Beitrag aller Staatsbürger zur Unterhaltung des für notwendig und vorteilhaft erachteten Staates. Sie verpflichteten grundsätzlich jeden Staatsbürger, Steuern an den Staat zu entrichten. Dieser Gedanke einer allgemeinen, gleichmäßigen Besteuerung lehnte Steuerausnahmen grundsätzlich ab, anerkannte jedoch die Steuerbefreiung für den Gemeinnutzausgleich. Im generellen Befreiungsgrund wegen Gemeinnützigkeit (»ob utilitatem publicam«) und in der Freistellung der milden Stiftungen (»piae causae«) entstand ein Vorläufer des heutigen Gemeinnützigkeitsrechts.[50]

Heute ist allgemein bewusst, dass die Staatsfinanzierung durch Steuern Ausdruck einer freiheitlichen Wirtschaftsverfassung ist. Allerdings ist die grundsätzliche Alternative von Steuerstaat oder Unternehmerstaat erst in jüngster Zeit endgültig entschieden worden. Die frühere DDR konnte als Staatshandelsland nicht bestehen, obwohl sie mit nur wenigen Steuern und geringen Steuersätzen ausgekommen ist, weil dieser Steuerverzicht mit der staatlichen Herrschaft über die Produktionsfaktoren Arbeit und Kapital erkauft werden musste. Berufs- und Eigentümerfreiheit haben sich letztlich gegen den staatlichen Großproduzenten und Arbeitgeber durchgesetzt. Der Verfassungsstaat belässt durch die Garantie von Berufs- und Eigentümerfreiheit das Wirtschaftsleben in privater Hand, verzichtet strukturell auf das Staatsunternehmen und deckt seinen Finanzbedarf deshalb durch steuerliche Teilhabe am Erfolg privaten Wirtschaftens. Die Steuer ist die zweite Seite der Medaille, die Freiheit verheißt.

Dabei ist allerdings vorausgesetzt, dass die Steuer ein maßvolles Finanzierungsinstrument für Staatsaufgaben bleibt und kaum als Lenkungsinstrument genutzt wird. Auch in diesem Grundverständnis von Staat und Steuer hat sich ein wesentlicher Wandel vollzogen. Während in der zweiten Hälfte des 19. Jahrhunderts die Liberalen für die Einkommensteuer gewonnen werden konnten, weil diese Steuer sich nicht in Produktion und Konsum einmische, sondern lediglich auf das Ergebnis freien wirtschaftlichen Verhaltens zugreife[51], haben die jüngsten Unternehmensteuerreformen in Deutschland just mit dieser Steuer Lenkungskonzepte verwirklicht: Die thesaurierten Gewinne werden seit Einführung des Halbeinkünfteverfahrens[52] bevorzugt, die konsumierten Gewinne benachteiligt. Der Einstieg in die staatliche Investitionslenkung hat begonnen.

Ein klassisch liberales Staatsverständnis fordert die strikte Trennung von Staat und Wirtschaft, verlangt also eine »Neutralität« der Besteuerung. Staatsaufgaben und Steuerlasten sollten möglichst vermindert, vor allem aber die Steuern so ausgestaltet werden, dass sie so wenig wie möglich den eigengesetzlichen Ablauf der wirtschaftlichen Prozesse und ihrer Ergebnisse beeinflussen. Ein konjunktur- und sozialpolitisch engagierter Staat hingegen will auch mit Hilfe der Steuer regulierend und verändernd in das Wirtschaftsleben eingreifen. Der Steuerinterventionismus[53] ist zeitweilig zum Regelfall geworden. Die Steuer verfolgt dann drei Zwecke: Sie beschafft staatliche Einnahmen, beeinflusst Konjunktur und Gesamtwirtschaft und steuert individuell das Verhalten der Menschen. Diese Steuerzwecke gehen einher mit dem Anwachsen von Staatsaufgaben und staatlichen Handlungsmitteln. Der Staat wird weniger als potenzieller Gegner und mehr als mitgestaltender Garant der Freiheit gesehen. Der Steuerstaat ist kaum eingreifende Hoheitsgewalt, sondern eher eine gerecht verteilende Genossenschaft und eine gegen mächtige private Interessen schützende Macht des Ausgleichs, der Verteilungsgerechtigkeit.

Das Grundgesetz verpflichtet seit der Reform der Finanzverfassung die öffentliche Haushaltswirtschaft, den Erfordernissen des gesamtwirtschaftlichen Gleichgewichts Rechnung zu tragen. Damit gerät auch das Steuerrecht in den Sog einer gesamtwirtschaftlichen Stabilisierungspolitik. Allerdings bleibt das »magische Viereck« von hohem Beschäftigungsstand, Geldwertstabilität, ausgeglichener Außenhandelsbilanz und stetigem, angemessenem Wirtschaftswachstum eher Magie als Recht und führt damit das Steuerrecht in die Unverbindlichkeit von Hoffnung und Erwartung. Daneben dient die Steuer der wirtschafts-, kultur-, umwelt- und sozialpolitischen Individuallenkung, vertraut also nicht mehr auf die ökonomische Vernunft des Freiheitsberechtigten, sondern stülpt ihm staatlich definierte Vernunft über. Das umweltbelastende Auto wird steuerlich verteuert, der umweltfreundliche Katalysator steuerlich verbilligt. Gesundheitsschädliches Rauchen und Alkoholkonsum werden steuerlich belastet, Krankheitsbehandlungen und Präventionsmaßnahmen steuerlich belohnt. Im Bauwesen werden bestimmte Bauformen – das Familienheim, das Denkmal, das Sanierungs- und Fördergebiet, umweltfreundliche Gestaltungen und Produktivitätsbindungen – so vielfältig begünstigt, dass dort die Regelbesteuerung schon fast als Sonderlast erscheint.

Das gegenwärtige Steuerrecht ist so von Interventions-, Lenkungs- und Verfremdungstatbeständen durchsetzt, dass der Steuerpflichtige in diesem Wirrwarr kaum noch einen freien Blick auf seine Bedürfnisse gewinnt. Er kann seine Finanzkraft und die darin vermittelte Gestaltungsmacht kaum noch eigenverantwortlich einschätzen, seinen individuellen Bedarf oft nicht ohne staatliche Vorgaben bemessen. Der Steuerpflichtige hat geübt, sich ständig so tief vor dem modernen Geßlerhut des Steuerrechts zu verbeugen, dass er die Freiheit zur ökonomischen Vernunft fast gänzlich aus den Augen verliert. Die steuerliche Verlockung baut auf seinen Erwerbssinn, verführt mit Finanzierungsvorteilen, wirkt aber umso verlässlicher als Freiheitsfalle. Der Fall des Freien ist tief, wird aber oft so nicht empfunden.

Die Konzeption eines freiheitlichen Staates weist in die Gegenrichtung. Das Steuerrecht anerkennt die Berufs- und Eigentümerfreiheit des Steuerpflichtigen, also sein Recht auf eigenverantwortliches Wirtschaften. Es regelt die sichtbare, merkliche und verständliche Steuerlast, garantiert in einem einfachen und stetigen Recht die Planbarkeit wirtschaftlichen Handelns, gibt den Menschen in einem maßvollen und gleichbleibenden Steuersatz die Sicherheit privatnützigen Erwerbs und schafft langfristige Rechtssicherheit als notwendige Bedingungen der Freiheit.

Bestimmt der Staatsbedarf oder die individuelle Belastbarkeit die Intensität der Steuer?

Die Steuer findet ihr Maß in den zu finanzierenden Staatsaufgaben und in der Belastbarkeit des Steuerpflichtigen. Die Staatsaufgaben ziehen der Besteuerungsgewalt eine wirkungsvolle Grenze, solange die Staatstätigkeit verläss-

lich auf wenige Tätigkeitsfelder beschränkt ist. Bei ständig
wachsenden Staatsaufgaben aber übernehmen die Grundrechte des Steuerpflichtigen die Aufgabe, die verfassungsrechtlichen Grenzen seiner Belastbarkeit zu bestimmen
und so den Steuerzugriff zu mäßigen.

Die Magna Charta Libertatum von 1215[54] garantierte
eine – noch standesbezogene – Freiheit von unangemessenen Abgaben und bestimmte die Angemessenheit nach
den Finanzierungsaufgaben. Schildgeld und Hilfsgeld sollten nur erhoben werden zur Auslösung des in Gefangen-
schaft geratenen Königs, zum Ritterschlag seines ältesten
Sohnes und zur ersten Eheschließung seiner ältesten Toch-
ter. Die Steuer war also noch Hilfe in besonderen Bedürf-
nislagen. Der Anlass der Abgabepflicht war klar benannt,
im Erfordernis der »ersten« Eheschließung auch gegen
Manipulation und sonstige Unwägbarkeiten des Herr-
scherhauses abgeschirmt.

Thomas von Aquin bezeichnete Steuern, die das zur
Erhaltung des Gemeinwohls Notwendige fordern, als
gerecht. Fordere der Herrscher jedoch mehr, so komme
das dem Raub gleich.[55] Die Steuer steht anfangs für
Stütze, Hilfe in außerordentlichen Finanzlagen. Das Entstehen einer solchen Notlage und die konkrete Verpflichtung des Untertans zur Hilfe aus seinem Treuverhältnis
zum Landesherrn bedarf der Verständigung der Beteiligten. Dabei kann allerdings die Bitte (»bede«, »petitio«)
um Geldleistung in aller Regel nicht ausgeschlagen werden. Diese außerordentliche »bede« ist Grundlage einer
später regelmäßigen, zur Gewohnheit, zum »Recht« ge-
wordenen ordentlichen Steuer.[56] Stets ist die durch Steuern
zu finanzierende Aufgabe auf Erhalt des Gemeinwohls,
nicht auf seine Ausweitung angelegt, zieht also eine deutliche rechtspolitische Grenze.

Friedrich der Große hat in seinem Zweiten Politischen

Testament von 1768[57] die Frage behandelt, ob man bei den Steuern das Staatswohl oder das Wohl des Einzelnen voranstellen solle. Er stellte fest, dass das Wohl des Herrschers sich mit dem seines Volkes decke. Der Hirt schere seine Schafe, ziehe ihnen aber nicht das Fell ab. Also sei es recht und billig, dass jeder Privatmann zu den Staatskosten beitrage, er aber nicht sein halbes Einkommen mit dem Herrscher teile. Bauer, Bürger und Edelmann sollten in einem gut regierten Staate den Hauptteil ihrer Einnahmen selbst genießen und nur einen Teil an den Staat abgeben. Damit ereignet sich ein Perspektivenwechsel: Der Steuermaßstab folgt aus der Belastbarkeit der Untertanen, nicht aus den Staatsaufgaben. Ein nachfolgender Vorbehalt für einen Staat, der nach einem langen Krieg vor dem Zusammenbruch stünde, wird als ein Fall behandelt, der nicht eintreten wird. Aus dieser staatsphilosophischen These Friedrichs des Großen wird später Verfassungsrecht. Das Bundesverfassungsgericht hat in der Vermögensteuerentscheidung aus dem Jahre 1995[58] entschieden, dass die steuerliche Gesamtbelastung in der Nähe einer hälftigen Teilung des Ertrags zwischen privater und öffentlicher Hand verbleiben müsse.

In der Lehre von Thomas Hobbes[59] unterwerfen die Menschen sich in einem Vertrag untereinander dem Staat, um ihren Frieden zu sichern; die Steuer wird zum Preis des erkauften Friedens. Nach Auffassung von John Locke[60] schließen die Menschen nicht einen Unterwerfungsvertrag, sondern errichten einen Staat, um unter einer gemeinsamen Gewalt zu leben und sich individuelle Freiheit sowie Privateigentum gegenseitig zu gewährleisten. In diesem Staatsvertrag treten die einzelnen Menschen nur so viele Rechte und Mächtigkeiten an den Staat ab, als zur Erfüllung dieses Zwecks unerlässlich sind. Dementsprechend darf der Fürst nur insoweit besteuern, als die steuerfinanzierten öffentlichen Bedürfnisse und die Besteuerung vom steuerzahlenden Volk durch seine Repräsentanten anerkannt worden sind. So entsteht das Äquivalenzprinzip, das die Steuerlast nur rechtfertigt, sobald der Steuerzahler dafür einen entsprechenden Vorteil von der öffentlichen Hand erhält. Die Begrenzung der Steuerlast durch ein Verhältnismäßigkeitsprinzip und der Vorbehalt parlamentarischer Bewilligung ist vorbereitet.

Die Verfassung der Menschen- und Bürgerrechte von 1791[61] versuchte, die Abgabenlast sowohl in den Finanzaufgaben wie in der Belastbarkeit des Pflichtigen zu mäßigen. Eine allgemeine Abgabe war nur für den Unterhalt der Streitmacht und für die Kosten der Verwaltung zulässig. Sie sollte auf alle Bürger unter Berücksichtigung ihrer Vermögensumstände verteilt werden. Diese Mäßigung der Steuerlast war eines der Zentralanliegen der Französischen Revolution. De Tocqueville[62] beobachtete als eine ihrer wesentlichen Ursachen, dass der König nicht diejenigen mit Steuern belastet habe, die sie am ehesten bezahlen könnten, sondern diejenigen, die sich am wenigsten dagegen wehren konnten. Er habe nicht, wie ursprünglich vorgesehen, eine Steuer auf die bedeutenderen Häuser von Paris eingeführt, sondern mit der ständig erhöhten »taille« die Allerärmsten belastet. Das Geldbedürfnis habe eine milde, aber der Öffentlichkeit und Kontrolle entbehrende Regierung zu gewalttätigen und unehrlichen Kunstgriffen genötigt, sobald die Zeit ihre Macht geheiligt und sie von der Furcht vor Revolutionen, der letzten Schutzwehr der Völker, befreit habe.

Die folgenden Verfassungen binden die Steuergewalt sodann im Gleichheitssatz, der in einer allgemeinen – privilegienfeindlichen – Verteilung der Steuerpflichtigen die Last des Einzelnen mäßigt und im Bewusstsein dieser Gleichheit erträglich macht. Anfang des 20. Jahrhunderts wird erkannt, dass die Steuer das Privateigentum verletze, wenn der Steuergläubiger mehr als die notwendigen Steuern fordere oder die Steuerlast ungerecht verteilt sei.[63] Art. 134 der Weimarer Reichsverfassung nimmt diese Entwicklung auf und verbindet das Erfordernis von Gleichmaß und Übermaßverbot: »Alle Staatsbürger ohne Unterschied tragen im Verhältnis ihrer Mittel zu allen öffentlichen Lasten nach Maßgabe der Gesetze bei.«[64]

Heute gelingt es weder der Verfassungspolitik noch dem Verfassungsrecht, die Staatsaufgaben wirkungsvoll zu begrenzen. Auch das Erfordernis der parlamentarischen Demokratie, die Steuer durch die Repräsentanten der Steuerpflichtigen, die Abgeordneten, zu bewilligen, hat bisher wenig dazu beigetragen, die Staatsaufgaben und Leistungserwartungen an den Staat zu begrenzen und dadurch die Steuerlasten zu mäßigen. Damit wächst dem Grundrechtsschutz und dem Bundesverfassungsgericht die Aufgabe zu, Maß und innere Folgerichtigkeit der Besteuerung zu wahren. Grundrechte und Verfassungsrechtsprechung schützen aber vor allem das Individuum im Einzelfall. Die Struktur des Rechts und seine Entwicklung ist dem Parlament anvertraut. Dieses widmet sich derzeit dieser Aufgabe wieder mit dem Willen zu einer grundlegenden Reform.

Nicht Talent, sondern Erfolg begründet Steuerpflichten

Der Zweck des Staates bestimmt somit wesentlich auch den Steuerzugriff. Hat der Staat vor allem Leben und Vermögen der Menschen zu schützen, wird die Steuer ein Entgelt für diesen Schutz. Steuergegenstand sind die geschützte Person und das geschützte Vermögen; die Kopf-

und Vermögensteuer werden zur Hauptertragsquelle.[65] Will der Staat hingegen Wohlstand und Genuss seiner Staatsbürger fördern, weist dieses Staatsverständnis den Weg zu den indirekten Steuern. Besteuerungsmaßstab ist der Wohlstand und Genuss des Einzelnen, Besteuerungsgegenstand das zum Genuss – zum Konsum – bestimmte Wirtschaftsgut.[66]

Der moderne Staat sieht seine Aufgabe vor allem darin, seinen Bürgern Produktivität und Entfaltung zu ermöglichen. Seine Steuer knüpft deshalb an den Zuwachs von Wirtschaftsgütern an, belastet aber zugleich den Verbrauch oder Bedarf der aus dieser Produktivität entstehenden Wohlstandsgemeinschaft. Dementsprechend bieten direkte und indirekte Steuern, insbesondere die Einkommen- und die Umsatzsteuer, ein gemeinsames Fundament für die heutige Staatlichkeit.

Die Steuer wird aber nicht nur durch dieses Staatsverständnis, sondern auch durch die Erwartungen bestimmt, die der Staat an seine Bürger richtet. Schuldet der Bürger dem Gemeinwesen Erwerbsanstrengungen und die Nutzung seiner Talente, so weist diese Erwerbspflicht auf die Sollertragsteuer. Das Vermögen, der Grundbesitz und das Gewerbekapital werden belastet, weil daraus Erträge erzielt werden können. Hat der Bürger hingegen nicht seine Erwerbsmöglichkeiten zu nutzen, sondern den Staat nur an dem Erworbenen zu beteiligen, greift die Steuer auf den Einkommenserwerb und die eingesetzte Kaufkraft zu. Das Steuerrecht belastet Einkommen und Umsatz.

Die Kameralisten fordern im 18. Jahrhundert von jedem Bürger den Einsatz seiner Talente, seiner Arbeitskraft und seines Vermögens für den Staat. Die Steuerlast wird unabhängig von der empfangenen Staatsleistung bemessen. Besteuert werden Sollerträge mit dem Schwerpunkt der Grund- und Gewerbesteuer, später auch der

Vermögensteuer. Indirekte Steuern erscheinen grundsätzlich unvertretbar. Diese Sozialpflichtigkeit des Vermögens bringt von Justi[67] einprägsam zum Ausdruck: »Das Vermögen eines jeden Untertanen macht zugleich einen Teil von dem gesamten Vermögen der Republik aus. Sie hat also ein gegründetes Recht zu fordern, dass es der Eigentümer also brauche, damit auch ihr Nutzen daraus zuwachse.« Deswegen sei es verwerflich, »Vermögen zu vergraben, müßig liegen zu lassen, oder außer Landes in auswärtige Banken zu legen«. Dieser Grundgedanke klingt noch in Art. 163 Abs. 1 der Weimarer Reichsverfassung an, der jeden Deutschen zumindest der »sittlichen Pflicht« unterwirft, seine geistigen und körperlichen Kräfte so zu betätigen, wie es das Wohl der Gesamtheit erfordert.

Eine ähnliche Verpflichtung zur Erwerbsanstrengung für das Gemeinwohl liegt den Ertragsteuern zugrunde, die zur Zeit des Liberalismus des 19. Jahrhunderts entstanden sind. Die individuelle Leistungsfähigkeit wird an dem auf Dauer durchschnittlich erzielbaren, geschätzten Reinertrag der Ertragsquellen Grund und Boden, Gebäude und Gewerbebetrieb bemessen. Erzielt ein Bürger durch besondere Anstrengungen einen überdurchschnittlichen Ertrag, bleibt der Mehrertrag steuerfrei; das Steuerrecht bietet einen Anreiz für besonderen Fleiß und besondere Leistung. Erzielt der Bürger bei der Bewirtschaftung seiner Ertragsquellen unterdurchschnittliche Erträge, wird er gleichwohl zu durchschnittlichen Sollerträgen besteuert, wirtschaftliche Trägheit oder Ungeschicklichkeit also steuerlich benachteiligt.[68]

Das heutige Steuerrecht baut auf das Erwerbsstreben des Menschen, seine Fähigkeit und Bereitschaft, die wirtschaftlichen Freiheitsrechte auch wahrzunehmen. Die Steuer belastet den freiwillig herbeigeführten Erfolg des

Einkommens und des – in der eingesetzten Kaufkraft greifbaren – Konsums, nicht aber das ruhende Vermögen. Wer sein Talent, mag dieses auch in staatlichen Schulen und Hochschulen zur Erwerbsfähigkeit entfaltet worden sein, brachliegen lässt und nach Abschluss seiner berufsqualifizierenden Studien ins Ausland geht oder sein Vermögen »außer Landes in auswärtige Banken« legt, schuldet seinem Heimatstaat keine Steuern. Wer sein Vermögen ungenutzt lässt oder ungeschickt bewirtschaftet, also keine Erträge erzielt, braucht keine Steuern zu bezahlen. Besteuert werden das Einkommen und der Umsatz, nicht der Sollertrag und die bloße Kaufkraft.

Die Steuer belastet Einkommen und Konsum, weniger Vermögen

Das Steuerrecht schont die individuelle Freiheit zunächst dadurch, dass es das erwerbswirtschaftliche Handeln fiskalisch nicht beeinflusst, sondern erst den in Freiheit erreichten wirtschaftlichen Erfolg belastet. Sodann bestätigt das Steuerrecht die Wirtschaftsfreiheit erneut, wenn es nur auf das soeben erreichte Ergebnis wirtschaftlicher Anstrengung zugreift, nicht aber einen seit langem erworbenen Vermögensbestand angreift. Der Bürger ist härter betroffen, wenn die Steuer ihm jährlich von seinem Grundstück gleichsam einige Quadratmeter wegnimmt oder seinem Gewerbekapital einige Produktionsmittel entzieht, als wenn die Steuer einen Teil seines soeben erzielten Einkommens beansprucht oder den Preis für seinen Konsum verteuert. Der Steuerzugriff auf den Bestand verdrängt aus einer vertrauten und gewohnten Eigentümerposition, der Zugriff auf einen Markterfolg wartet den freiwilligen Erwerb und Tausch ab. Der Zugriff auf den Markterfolg belässt dem Steuerpflichtigen einen überwiegend privaten Nutzen aus seiner Erwerbstätigkeit, vermindert den Vermögenszuwachs und erhöht den Konsumpreis. Grund- und Gewerbekapitalsteuer verringern vorhandenes Eigentum, Einkommen- und Umsatzsteuer verändern die Rahmenbedingungen für Beruf und Eigentumsnutzung.

Deshalb verzichtet das deutsche Steuerrecht fast vollständig auf eine Besteuerung von Bestand und Sollertrag. Die Gewerbekapitalsteuer ist abgeschafft.[69] Die Grundsteuer ist nur noch von geringer Bedeutung.[70] Die Vermögensteuer ist durch eine Entscheidung des Bundesverfassungsgerichts[71] faktisch auf null gestellt und wird durch den Bundessteuergesetzgeber nur deshalb nicht förmlich aufgehoben, weil sonst die Länder berechtigt wären, Landesvermögensteuergesetze zu erlassen.

Zugriffsgegenstand bleiben also der Vermögenszufluss und die Vermögensverwendung. Dabei verlieren gegenwärtig die direkten Steuern auf das Einkommen im Vergleich zu den indirekten Steuern auf den Konsum zunehmend an Bedeutung. Während Anfang des 19. Jahrhunderts die direkten Steuern etwa 5/6 des gesamten Steueraufkommens erbrachten, verschiebt sich der Steuerertrag gegenwärtig mehr und mehr zu den indirekten Steuern, insbesondere zur Umsatzsteuer und zu der »Ökosteuer« genannten Sonderverbrauchsteuer auf Energie.

Die direkten Steuern können nach individueller Leistungsfähigkeit bemessen, also auf die persönlichen Einkommens-, Vermögens- und Bedarfsverhältnisse abgestimmt werden. Eine indirekte Besteuerung hingegen belässt den Steuerträger in der Anonymität des Marktes, kann deshalb nicht an die individuelle Leistungsfähigkeit, sondern nur an die in der jeweiligen Nachfrage vermutete Kaufkraft anknüpfen. Im Vergleich zwischen der Besteuerung der einzelnen Person in ihrem Einkommen und der anonymen Besteuerung des Umsatzes in einer vermuteten Kaufkraft wahrt die indirekte Besteuerung Distanz zum Belasteten, erspart ein Offenbaren persönlicher Verhältnisse. Sie ist allerdings auch dementsprechend undifferenziert. Die indirekte Steuer schützt individuelle Freiheit durch fiskalische Zurückhaltung im Fragen und Erforschen persönlicher Verhältnisse. Sie verteuert Waren und Leistungen und verwirklicht so eine formale Gleichheit. Die direkte Besteuerung bemisst die Steuerlasten je nach persönlichen Verhältnissen, gestaltet damit materielle Freiheit durch Differenzierung, muss aber individuelle Einnahmen und Aufwendungen erfragen und ermitteln.

Die Belastung des Verbrauchs trifft vor allem die Bezieher kleinerer Einkommen, die ihr gesamtes Einkommen konsumieren und dabei der 16 %igen Umsatzsteuer und den weiteren indirekten Steuern unterwerfen müssen. Wer ein großes Einkommen erzielt, kann einen wesentlichen Teil investieren oder sparen und damit die indirekten Steuern vermeiden. Auch die Börsenumsätze sind inzwischen von der Börsenumsatzsteuer befreit. Deshalb wird die Steuerpolitik auf eine sorgfältige Neubalancierung von direkter und indirekter Besteuerung zu achten haben.

Der Steuerzugriff auf Einkommen und Umsatz rechtfertigt sich aus deren Entstehensbedingungen: Zwar ist das Einkommen ein durch eigene Leistung erworbener Vermögenswert und deshalb als Eigentum verfassungsrechtlich geschützt. Es entsteht aber nur, wenn die Rechtsgemeinschaft diesen Erwerb möglich macht. Einkommen lässt sich nur erzielen, wenn der Staat als Friedensgarant Schaufensterauslagen und Leistungsangebote gegen Raub und Diebstahl schützt, für die verbindliche Vereinbarung von Leistungstausch und Preis eine Rechtsordnung bietet, Gerichte zur Durchsetzung dieser Vereinbarungen bereit-

stellt, ein Banken- und Währungswesen Preis- und Kredit-
absprachen erlauben, die Arbeitnehmer in öffentlichen
Schulen und Universitäten gut ausgebildet worden sind,
ein gewerblicher Rechtsschutz das geistige Eigentum
sichert und wenn insbesondere Nachfrager das Leistungsangebot annehmen und honorieren. Allein die Qualität
des Leistungsangebotes führt noch nicht zu Einkommen.
Erfinder, Poeten und Komponisten haben glanzvolle Leistungen erbracht, von denen wir noch heute zehren. Sie
sind aber in Armut verstorben, weil ihre Gegenwart nicht
bereit oder nicht in der Lage war, diese Leistung zu erkennen und durch Honorar anzuerkennen.

Auch heute hängt das Entstehen von Einkommen und
seine Höhe vom Markt, von den Nachfragern ab. Wenn
der Autor eines Kriminalromans in einer Nacht seinen
Roman mit einfacher Handlung, einfacher Sprache, ein-
fachem Aufbau schreibt, mag er 2 Millionen Käufer
gewinnen. Ein anderer Autor publiziert nach drei Jahren
intensiver Tag- und Nachtarbeit ein Buch über den
modernen Staat und kann für dieses Werk vielleicht 5.000
Käufer interessieren. Die anspruchsvollere Leistung führt
zu einem geringen, die schlichtere Leistung zu einem
großen Markterfolg, weil die Nachfrager es so wollen.

Wenn nun das Einkommen ganz wesentlich von der
Rechtsgemeinschaft abhängt, ist der Repräsentant dieser
Gemeinschaft, der Staat, berechtigt, einen Teil dieser Mit-
wirkung beim Entstehen individuellen Einkommens durch
Besteuerung zurückzufordern. Wer die rechtlichen, kultu-
rellen und ökonomischen Bedingungen des Erwerbs in
Deutschland genutzt und deshalb ein Einkommen erzielt
hat, muss mit diesem Einkommen zur Finanzierung dieses
Gemeinwesens beitragen.

Gleiches gilt für die indirekten Steuern. Wer heute
einen gewaltigen Durst und einen 500-Euro-Schein in der

Tasche hat, wird sich aus der Kombination von Durst und Bargeld in deutschen Städten einen vergnüglichen Abend gestalten können. Stünde er mit gleichem Durst und gleichem Geld in der Wüste, würde er verdursten. Nicht das Geld allein vermittelt Kaufkraft, sondern das Geld begründet ein Einlösungsvertrauen gegenüber den Anbietern von Waren und Leistungen, die dieses Geld in das gewünschte Wirtschaftsgut eintauschen.

Deswegen legt es der Freiheitsgedanke, insbesondere die Garantie von Berufs- und Eigentümerfreiheit nahe, immer dort steuerlich zuzugreifen, wo der Berechtigte freiwillig etwas Eigenes der Rechtsgemeinschaft und dem Markt zum Tausch anbietet. Der Erwerbende nutzt die Tauschbereitschaft des Marktes und seine Rahmenbedingungen, unterwirft dabei seine Leistungen einer neuen Bewertung und Preisbildung.

Diese rechtfertigenden Gründe für eine Besteuerung von Einkommen und Umsatz folgen einem einfachen Grundprinzip: Jeder, der im Marktgeschehen erfolgreich ist, soll entsprechend seinem Erfolg steuerlich belastet werden. Ist diese Last allgemein und gleich, kann ihr auch durch steuertaktisches Geschick nicht ausgewichen werden. Die allgemeine Last bleibt maßvoll. Die Steuer wird dann die freiheitsdienliche Funktion von Eigentumserwerb und Eigentumsverwendung nicht gefährden.

Wie intensiv dürfen Einkommen und Umsatz besteuert werden?

Hat der Gesetzgeber den Steuergegenstand und dessen Bemessungsgrundlage sachgerecht bestimmt, muss er über die Intensität des Steuerzugriffs entscheiden. Die Einkommensteuer belastet einen Erwerb, aus dem der Berechtigte seinen Lebensbedarf, seine zukünftigen Erwerbsquellen und seine Freiheitsgestaltung im Übrigen finanziert. Das Einkommen dient zunächst dem Unterhalt des Steuerpflichtigen und seiner Familie. Er will sich aus eigener Kraft ernähren und nicht der Rechtsgemeinschaft zur Last fallen. Deswegen verschont die Einkommensteuer den existenznotwendigen Bedarf.

Sodann sichert und erschließt das Einkommen zukünftige Erwerbsquellen. Deswegen darf der Aufwand für die Erwerbsgrundlagen – die Betriebsausgaben und die Werbungskosten – von der einkommensteuerlichen Bemessungsgrundlage abgezogen werden.

Erst das über den existenz- und erwerbssichernden Bedarf hinausgehende Einkommen erweitert das ökonomische Fundament individueller Freiheit und eröffnet den Raum persönlicher Lebensgestaltung. Die Steuer darf erst auf diesen Teil des Einkommens zugreifen. Dabei kann der Steuergesetzgeber bestimmen, dass ein für gemeinnützige Zwecke eingesetzter Einkommensteil, insbesondere seine Verwendung für Kunst und Wissenschaft, Religion und Soziales, von der Besteuerung ausgenommen wird. Dieses wäre keine Ausnahme von der Regelbesteuerung, sondern bestätigte die Sozialpflichtigkeit des Eigentums. Soweit ein Einkommensteil dem gemeinen Nutzen dient, kann der Eigentümer über dieses Einkommen nicht mehr privatnützig verfügen, also in diesem Einkommen auch nicht besteuert werden.

Die Umsatzsteuer belastet den Konsum, bemisst sich nach der entgeltlichen Leistung des Unternehmers an den Endverbraucher. Der Konsum lebensnotwendiger Güter darf aber nicht belastet werden, soweit nicht das einkommensteuerlich verschonte Existenzminimum und die Höhe der Sozialhilfe die Umsatzsteuerlast ausgleichen. Die Steuerlast kann jedoch nicht nach Nachfragern mit hohen und niedrigen Einkommen unterschieden werden, weil der Konsument anonym bleibt, die Umsatzsteuer technisch beim Unternehmer erhoben und dann im Kaufpreis auf den unbekannt bleibenden Konsumenten überwälzt wird. Möglich ist nur eine Differenzierung nach existenznotwendigen Gütern, dem Normalbedarf, dem Luxusbedarf oder auch der Nachfrage des leichten Geldes.

Viele Staaten verschonen lebensnotwendige Güter von der Umsatzsteuer. Das gilt jedoch für das deutsche Umsatzsteuerrecht nicht. Hier sind im Wesentlichen nur die Vermietung und Verpachtung von Grundstücken, medizinische Leistungen und Umsätze des Geld- und Kreditverkehrs befreit. Dadurch kann der Kauf von existenznotwendigen Lebensmitteln, Kleidung und Energie auf eine existenzbedrohende indirekte Steuer treffen. Beim Energieverbrauch tritt zur Umsatzsteuer sogar eine besondere Energiesteuer hinzu. Diese verschont Produktion und Handel, belastet aber den Kleinverbrauch der Haushaltungen[72], kann dadurch existenznotwendiges Geld entziehen und Freiheit bedrohen.

Die Progression lässt sich rechtfertigen

Ist die Bemessungsgrundlage sachgerecht bestimmt, entscheidet über die Intensität der Besteuerung der Steuersatz oder Steuertarif. Die Körperschaftsteuer belastet mit ihrem proportionalen Steuersatz jeden Gewinn in gleichbleibender Höhe. Bei der progressiven Einkommen- und Erbschaftsteuer steigt der Steuersatz mehr als die wachsende Bemessungsgrundlage. Die Verbrauchsteuern wirken eher regressiv, weil zwar jede Leistung mit dem gleichen Steuersatz belastet wird, die indirekte Steuer aber umso weniger auf Konsum trifft, als die Konsumkraft steigt und deshalb gespart und investiert werden kann.

Die Steuerprogression ist markanter Ausdruck des jeweiligen Verfassungsverständnisses. Sie wird als Ausfluss des Sozialstaatsprinzips gelobt, als Instrument der Umverteilung, der Angleichung von Arm und Reich gerühmt, aber auch als Besteuerung von Fleiß, Sparsamkeit und Tüchtigkeit gerügt. Historisch ist der Gedanke einer progressiven Steuer durch die besonderen Verbrauchsteuern (Akzisen) angeregt, die keine Rücksicht auf den familiären Existenzbedarf nahmen, deshalb durch eine progressive Einkommensteuer ersetzt werden sollten. Jean Jacques Rousseau[73] fordert die progressive Besteuerung, weil die Reichen vor allem die Vorteile der staatlichen Gemeinschaft nutzten, eine proportionale Besteuerung hingegen die Armen mit ihrem geringen Einkommen und größeren Erwerbsschwierigkeiten übermäßig belaste. Karl Marx und Friedrich Engels empfahlen 1848 eine intensive progressive Einkommensteuer, durch die nach der ersten Phase der Revolution das Proletariat seine politische Vormacht dazu gebrauchen werde, der Bourgeoisie nach und nach alles Kapital zu entreißen, alle Produktionsmittel in den Händen des Staates zu zentralisieren.[74] Gemäßigtere Sozialisten sehen in der Progression das Mittel ausgleichender sozialer Gerechtigkeit.[75] Das Programm des Zentralkomitees der Berliner Arbeitervereine vom 16.06.1841 forderte die »Aufhebung der indirekten Steuern, Einführung progressiver Einkommensteuern mit Steuerfreiheit derjenigen, die nur das Nötigste zum Leben haben«[76].

Die Gegner der Progression rügten die progressive Steuer als einen Versuch, alle Vermögen im Staat zu nivellieren, den individuellen Erfolg von Erwerbsstreben, Fleiß und Sparsamkeit als Diebstahl der Reichen an den

Armen zu diskreditieren. Die Progression entmutige jede Erwerbsanstrengung, unterlaufe jede Sparsamkeit und Enthaltsamkeit.[77] Noch 1872 prophezeite der Abgeordnete R. v. Gneist, die progressive Einkommensteuer werde das ganze direkte Steuersystem demoralisieren, »in dem sie den Grundsatz der Gerechtigkeit von unten herauf unter den Füßen wegzieht«[78].

Die bis heute andauernde Diskussion über eine progressive Besteuerung ist in diesen Ursprüngen bereits vorgezeichnet. Hat der Staat in einem wirtschaftsliberalen Grundverständnis den eigengesetzlichen Ablauf des Wirtschaftens möglichst zu respektieren, so ist bei allen individuell empfangenen Staatsleistungen eine Gebührenfinanzierung vorzuziehen, die Steuerfinanzierung also auf die nicht individualisierbaren Staatsleistungen der Landesverteidigung, der Rechtspflege, der Güter im Gemeingebrauch, des Unterrichtswesens zu beschränken und äquivalent zu bemessen. Eine progressive Besteuerung bestraft dann letztlich den Tüchtigen. Nimmt der Staat hingegen einen sozialpolitischen Gestaltungsauftrag wahr, wird die Progression zum Instrument der Umverteilung. Der Sozialstaat setzt die progressive Steuer ein, um das Gefälle zwischen Arm und Reich nicht zu groß werden zu lassen. Der innere Zusammenhalt im Staatsvolk soll durch ähnliche ökonomische Grundbedingungen gefestigt werden. Der Rechtsstaat anerkennt eher Einkommensunterschiede als Ergebnis der Verschiedenheit der Menschen; der Sozialstaat drängt eher auf die immer wieder zu erneuernde Chancengleichheit. Der Rechtsstaat rechtfertigt die Verschiedenheiten im Einkommen und Vermögen aus unterschiedlicher Erwerbsanstrengung und Begabung; der Sozialstaat ebnet diese Verschiedenheiten als Ergebnis vorgefundener und missbilligter Chancenungleichheit ein.

Gegenwärtig scheint sich der Hang zu einer proportionalen Besteuerung des Einkommens zu verstärken. Das Körperschaftsteuerrecht neigt zu einem einheitlichen Steuersatz.[79] Die Einkommensteuer in Russland erfasst die Einkommen natürlicher Personen einheitlich mit 13 %; allerdings sind für bestimmte Einkunftsarten Sondersteuern vorgesehen. In Estland beträgt die Privateinkommensteuer grundsätzlich 26 %. Die Einkommensteuer in Lettland belastet das Einkommen natürlicher Personen mit einem linearen Steuersatz von 25 %. Litauen kennt für die Besteuerung natürlicher Personen unterschiedliche Steuersätze je nach Einkunftsart, besteuert aber Einkünfte aus unselbstständiger Tätigkeit linear mit 33 %. Die Slowakei hat eine umfassende Steuerreform ins Werk gesetzt, bei der die Gewinne der Unternehmen wie die Löhne der Arbeitnehmer einheitlich mit 19 % besteuert werden.[80]

Freiheit heißt, sich von anderen unterscheiden zu dürfen. Deswegen bewährt sich tatsächliche Freiheitlichkeit in der Verschiedenheit der Lebensbedingungen. Der eine philosophiert Tag und Nacht und wird reich an Gedanken; der andere arbeitet Tag und Nacht und wird reich an Geld. Diese Unterschiede sind notwendige Folge eines freiheitlichen Systems.

Freiheit heißt auch, vorhandene Unterschiede mehren zu dürfen. Auch der große Erfinder soll mit achtzig Jahren noch einen Anreiz haben, sein elftes Patent zu erwerben und dadurch Wissen und Erneuerungskraft in Deutschland zu mehren. Deshalb ist der freiheitliche Staat keine Umverteilungsagentur, die Verschiedenheiten beobachten und einebnen muss. Zwar wird eine kluge Staatspolitik die Chancengleichheit der Menschen immer wieder erneuern und vor allem individuelle Armut vermeiden. Das Steuerrecht dient dabei aber nicht als Instrument der Anglei-

chung, jedenfalls solange es die Gründe für Einkommensunterschiede nicht zur Kenntnis nimmt, also nicht danach
fragt, ob jemand sein Einkommen unter äußerster Anstrengung in Tag- und Nachtarbeit erzielt oder aber leich-
ter Hand durch einen Zufallsgewinn an der Börse mitge-
nommen hat. Ein Steuerrecht, das nur nach der Höhe des
Einkommens, nicht nach seinen Entstehensgründen fragt,
bietet keinen Anknüpfungspunkt für eine Umverteilung.

Dennoch ist eine Progression heute gerechtfertigt. Die
Höhe des individuellen Einkommens hängt wesentlich
davon ab, inwieweit dessen Bezieher die von Staat und
Markt bereitgestellte Erwerbsstruktur genutzt und für
sein Leistungsangebot einen Nachfrager gefunden hat.
Der glänzend ausgebildete Steuerjurist oder der hervor-
ragend qualifizierte Arzt werden Einkommen nur insoweit erzielen, als Klienten und Patienten ihre Leistung in
Anspruch nehmen. Ein wachsendes Einkommen geht auf
eine steigende Mitwirkung der Marktgemeinschaft zurück. In dieser Abhängigkeit des individuellen Einkommens von Marktgemeinschaft und Rechtsordnung liegt
der tiefere Grund für die Steuerprogression.

Allerdings stößt der Progressionsverlauf auf die verfassungsrechtliche Obergrenze, dass die Gesamtsteuerlast
das Einkommen nicht höher als bis zur Nähe der hälftigen
Teilung belasten darf. Geht man von einer gleichgewich-
teten Belastung mit direkten und indirekten Steuern aus,
so verläuft die Obergrenze für die Besteuerung des Einkommens in der Nähe von 25 bis 30 %. Diese Obergrenze
bezieht sich auf das Gesamteinkommen. Wird dieses
durch Ausnahme- und Sondertatbestände nur teilweise
erfasst, könnte der Steuertarif härter zugreifen. Vorher
stellt sich jedoch die Gleichheitsfrage, warum einzelne
Einkommen durch Ausnahmen entlastet, dafür andere
durch höhere Tarife belastet werden dürfen.

Der Zugriff soll merklich und sichtbar sein

Steuergerechtigkeit setzt die sichtbare und merkliche Steuerlast voraus, die dem betroffenen Bürger bewusst ist und von ihm kritisch beobachtet wird. Zu Beginn der parlamentarischen Demokratie übte das Parlament sein Steuerbewilligungsrecht am wirksamsten bei den direkten Steuern aus. Heute wird die indirekte, überwälzbare Steuer oft als die unmerkliche, keinen Steuerwiderstand provozierende Last empfohlen. Merklichkeit ist Spürbarkeit für den Betroffenen, macht den Steuereingriff bewusst und setzt damit eine wichtige Bedingung für den Grundrechtsschutz. Nur die merkliche Steuer kann auch auf die individuellen Lebensverhältnisse des Pflichtigen zugeschnitten, also individualgerecht bemessen werden. Die indirekte Steuer belastet Vorgänge des allgemeinen Wirtschaftsgeschehens, bei denen der Steuerträger als Individuum nicht erkennbar wird. Die Einkommensteuer zahlt der Unternehmer nach Erklärung seiner Einnahmen, Aufwendungen und persönlichen Verhältnisse in einem individuellen Veranlagungsverfahren. Die Umsatzsteuer führt er für seine Leistungen ab und überwälzt sie in einem gleichbleibenden Satz auf jeden beliebigen Nachfrager.

Die Steuer muss so ausgestaltet werden, dass deren Ermittlung nicht unverhältnismäßig in den Schutz des Privateigentums eindringt und persönliche Erklärungen nur verlangt werden, wenn sie zur Besteuerung unerlässlich sind. Diese Erfordernisse gelten bereits für das materielle Steuerrecht, nicht erst für sein Verfahren und seine Durchsetzung. Was steuererheblich ist, muss ermittelt werden. Was nicht ermittelt werden darf, bleibt außerhalb des Steuergesetzes.

Dieses Anliegen begleitet die Entwicklung des deutschen Steuerrechts. Als die preußische Regierung im Jahre

1847, dem englischen Beispiel folgend, eine Einkommensteuer auf alle Einkommen von mehr als 400 Thalern
jährlich und einen Steuersatz von 2 % auf das nichtfun-
dierte, von 3 % auf das fundierte Einkommen vorschlug,
sollte diese Steuer auf eine Einkommensteuererklärung
gestützt werden. Das Gesetz scheiterte jedoch wegen des
»inquisitorischen Verfahrens«, das mit dieser Erklärungs-
pflicht verbunden sei.[81] Die preußische Einkommensteuer
des Jahres 1851 verlangte deshalb vom Steuerpflichtigen
keine Steuererklärung. Die Steuer musste ohne »tieferes
Eindringen« in die Lebenssphäre des Steuerpflichtigen
geschätzt, Wohnung und Betrieb durften nicht betreten
werden. Eine Steuer, die sich auf die Erklärung des Pflichtigen stütze, aber kaum staatliche Prüfungen zulasse,
bleibe ein »Lug- und Trugsystem«[82]. Erst die Miquelsche
Preußische Steuerreform des Jahres 1891 sieht eine Steuererklärung und ihre Prüfung durch die Steuerbehörden vor.
Für falsche Angaben waren Geldstrafen bis zum Zehn-
fachen der hinterzogenen Steuer angedroht. Auch die
nunmehr mögliche Steuerprüfung wurde zwar weiterhin
als »Spionage-System« kritisiert, das Zusammenwirken
zwischen konkreter Ermittlung und Schätzung als fiskalis-
tisch beanstandet. »Was sich nicht anders finden lässt, das
stellt man leicht durch Schätzung fest« (Fuisting[83]). Dennoch setzte sich das System einer deklarierten, aber er-
mittelten und überprüften Einkommensteuer durch.[84]

Die Erzbergersche Finanzreform ergänzte nunmehr
das reichseinheitliche Steuergesetz durch den Steuerabzug
an der Quelle; insbesondere für Löhne und Gehälter
wurde so »ein zuverlässiges Steueraufkommen« gesichert.[85]

Gegenwärtig wächst der verfassungsrechtliche Schutz
von Privatsphäre und Besteuerungsgewalt. Das Steuerrecht verpflichtet den Betroffenen, allein für die Besteue-

rung Angaben zu machen. Diese stehen dann aber unter der Schutzglocke des Steuergeheimnisses. Der grundrechtliche Datenschutz beschränkt die Weitergabe an Dritte. Dieses galt selbst für das parlamentarische Kontrollrecht des Flick-Untersuchungsausschusses, der zwar die Herausgabe der Akten verlangen, dabei aber keine parlamentarische Öffentlichkeit herstellen durfte und hinreichende Vorkehrungen für den Geheimnisschutz treffen musste. Im Übrigen war die Weitergabe von Informationen mit streng persönlichem Charakter ausgeschlossen.[86]

Im Zinsurteil[87] unterscheidet das Bundesverfassungsgericht, ob der steuerliche Informationszugriff einen Vorgang des marktoffenbaren Erwerbs oder ein Geschehen mit persönlichkeitsgeprägtem Gehalt betreffe. Jedenfalls sei ein – amtshilfefester – Schutz gegen Zweckentfremdung durch Weitergabe und ein Verwertungsverbot erforderlich.[88] Diese Sensibilität für Daten- und Persönlichkeitsschutz trifft allerdings auf eine erstaunliche Bereitschaft der Steuerpflichtigen, auch Vorgänge ihrer Intim- und Privatsphäre zu offenbaren, wenn sich dadurch ihre Steuerlast mindern lässt. Wenn die Kosten für Krankheiten[89] wie Aids, für die künstliche Befruchtung[90], für eine Frischzellenbehandlung[91] oder für eine Ehescheidung[92] als außergewöhnliche Belastungen geltend gemacht werden[93], so scheint der Wille zur Steuerersparnis das Grundrecht auf Datenschutz gänzlich leer laufen zu lassen. Anlass dieser Gefährdung von Privatheit und Datenschutz ist das Gesetz. Jeder gesetzlich vorgesehene Informationseingriff muss grundsätzlich um der Belastungsgleichheit willen vollzogen werden. Der Steuerpflichtige ist also zu vollständigen Angaben verpflichtet. Selbst wenn er um des Datenschutzes willen auf Informationen verzichten kann, darf das Steuerrecht ihn nicht zu Erklärungen drängen, die er nicht abgeben sollte. Das

Recht der Krankenversicherung, nicht das Steuerrecht hat den existenziellen Gesundheitsbedarf zu finanzieren und den Weg zurück in die medizinische Normalität zu ebnen.

Verfahren sichert Freiheit

Das Besteuerungsverfahren trägt die Steuergerechtigkeit im Verfahrenserfolg wie in der Verfahrenslast. Das Besteuerungsverfahren muss so gestaltet werden, dass es den Besteuerungsanspruch verlässlich verwirklicht, also gewährleistet, dass jede gesetzliche Steuerforderung auch tatsächlich erfüllt wird. Die Mitwirkungspflichten des Bürgers im Verfahren sind so zu bemessen, dass sie erfüllbar und maßvoll sind, der Steuerpflichtige also die von ihm erwarteten Erklärungen abgeben kann, die Belastung mit Erklärungs-, Auskunfts- und Entrichtungspflichten zumutbar bleibt. Das Verfahren muss so durchsichtig und verständlich sein, dass der Bürger seine Pflichten erfüllen, seine Rechte und Rechtsbehelfe wahren kann.

Viele Menschen hoffen darauf, dass bei einem vereinfachten Steuersystem aus den gegenwärtig zwölf Samstagen, an denen sie sich bemühen, aus ihren Schuhkartons mit Rechnungen eine Steuererklärung zu machen, ein Samstag im Jahr werde, ihnen also elf Samstage in Freiheit zurückgegeben werden. Der Gesetzgeber kann diesem Wunsch entsprechen und den Menschen elf Samstage, dreiundzwanzig Stunden und fünfzig Minuten zurückgeben. Für den Normalsteuerzahler, der Lohn bezieht und Kapitaleinkünfte hat, genügen zehn Minuten für eine Erklärung. 90 % der Steuerzahler brauchen in einem reformierten Steuersystem überhaupt keine Erklärung mehr abzugeben.

Das Besteuerungsverfahren begründet oft Erklärungs-, Berechnungs- und Entrichtungspflichten, die einer Selbstveranlagung nahe kommen. Die Lohnsteuerbüros der Arbeitgeber berechnen die Lohnsteuer der Arbeitnehmer und führen sie an die Finanzbehörden ab. Ein ähnliches Quellenabzugsverfahren gilt für Kapitalerträge. Die gleiche Erhebungsform könnte auch für die Altersbezüge im zukünftigen System einer nachgelagerten Besteuerung vorgesehen werden.[94] Der Aufwand für die Finanzbehörden betrug 1997 zwischen 14 und 19 Milliarden Mark[95], der Aufwand für die private Verwaltungshilfe bei der Besteuerung war schon 1995 höher und wurde auf 20 Milliarden Mark geschätzt.[96] Je komplizierter das Steuerrecht wird und je vielfältiger die Mitwirkung von Steuerpflichtigen, Arbeitgebern und Banken ist, desto mehr stellt sich die Frage nach dem Belastungsübermaß im Verfahren, nach dem gemäß Art. 12 Abs. 2 GG verbotenen Zwang zu einer bestimmten Arbeit, der zwar die Mitwirkung in einem Verwaltungsverfahren nicht untersagt, wohl aber verbietet, dass ein Erwerbstätiger, der privatnütziges Einkommen erzielen will, durch Gesetz zum unentgeltlichen Steuererheber gemacht wird. Steuerermittlungs- und Steuererhebungspflichten wirken bei einer erwerbswirtschaftlichen Tätigkeit weniger belastend, wenn der Verwaltungsaufwand entgolten wird. Der Staat lässt sich die Erhebung der Kirchensteuer durch die Kirchen mit 2,5 bis 4,0 % des durch die Finanzkasse vereinnahmten Aufkommens entgelten.[97] Ähnliches wäre bei einer privaten Verwaltungshilfe für den Steuerstaat zu erwägen.

Das Steuerrecht vollendet sich deshalb in einem verlässlichen und maßvollen Verfahren. Ein gutes Steuergesetz ohne gutes Verfahren ist wie ein gutes Recht ohne einen guten Staat. Der Rechtsstaat braucht beides.

Recht soll einfach und verständlich sein

Eine gesetzliche Regel kann nur als recht und gerecht verstanden werden, wenn sie dem Adressaten in klarer Sprache einen einleuchtenden Rechtsgedanken vermittelt. Das Gesetz muss im Bundesgesetzblatt verkündet werden, damit der Adressat seine Rechte und Pflichten dort lesen und in der Lektüre begreifen kann. Ein unverständlicher Text ist nicht ordnungsgemäß verkündet, begründet also kein verbindliches Recht des Staates.

Das geltende Steuerrecht leidet an Unverständlichkeit, Widersprüchlichkeit und Kompliziertheit. Diese Gesetzgebungsmängel haben ihre Ursache vielfach darin, dass dem Gesetzgeber eine klare Vorstellung von dem die Besteuerung rechtfertigenden Belastungsgrund fehlt, dass er oft einen bestimmten Einzelfall und nicht das Regelungsprinzip vor Augen hat, dass ihm in der zeitlichen Bedrängnis kurzfristiger Gesetzgebung Formulierungs- und Systemfehler unterlaufen. Gelegentlich mag ihm an der Klarheit seiner Aussage auch nicht gelegen sein, weil sie Privilegien und Bevorzugungen sichtbar machen würde.

Wenn das Einkommensteuergesetz den Gewerbebetrieb und damit den Anknüpfungspunkt für die Gewerbesteuer sowie eine bestimmte Gewinnermittlungsmethode als »Einkünfte aus gewerblichen Unternehmen« definiert, § 21 die Einkünfte aus Vermietung und Verpachtung als »Einkünfte aus Vermietung und Verpachtung von unbeweglichem Vermögen« bestimmt, so zeigen diese Zirkeldefinitionen, dass der Gesetzgeber den rechtfertigenden Grund für seine tatbestandlichen Unterscheidungen nicht benennen kann. Dementsprechend irrt die Anwendungspraxis ratlos durch die Wüste der Maßstabslosigkeit. Die Rechtsprechung sucht Kriterien, um die land- und forstwirtschaftlichen Einkünfte durch Nutzung des Bodens von den gewerblichen bei Zukauf fremderzeugter landwirtschaftlicher Produkte abzugrenzen.[98] Sie will den eher mit Kapital arbeitenden Gewerbetreibenden von dem mit dem Kopf arbeitenden Freiberufler danach unterscheiden, ob die gewerbliche Tätigkeit dem Handeln »das Gepräge«[99] gebe. Der einkommensteuerlich unerhebliche private Verkauf eines Grundstücks soll zum gewerblichen Grundstückhandel werden, wenn innerhalb von fünf Jahren mehr als drei Objekte veräußert werden.[100]

Der Einkommensteuergesetzgeber hatte in § 2 Abs. 3 in acht Sätzen den Verlustausgleich so beschränkt, dass niemand den Text des Gesetzes verstehen konnte.[101] Diese Mindestbesteuerung war auch unsystematisch – der Verlust wurde vom Gesamtbetrag der Einkünfte, nicht der Summe der Einkünfte abgezogen –, so dass sie nicht mehr zu handhaben war. Die Praxis half sich mit einer Auslegung gegen das Gesetz, richtete sich an Computerprogrammen und nicht am Gesetzestext aus. Die Finanzpraxis folgte einem Computervorbehalt, nicht mehr einem Gesetzesvorbehalt.

Das Einkommensteuergesetz regelt in § 20 einen langen Katalog der Einkünfte aus Kapitalvermögen, in dem der Gesetzgeber versucht, die immer wieder neuen Formen der Kapitaleinkünfte auf dem Kapitalmarkt verlässlich in einem Gesetzestatbestand zu erfassen. Dieser Versuch muss scheitern, weil das Gesetz bereits veraltet ist, wenn es ein neues Bankenprodukt tatbestandlich erfasst hat, die Berater des Kapitalmarktes aber schon wieder etwas Neues erdacht haben. Das Gesetz kann eine gleichmäßige Belastung aller Kapitaleinkünfte nur erreichen, wenn es den Belastungsgrund einheitlich regelt und alle Einkünfte aus Kapital besteuert, also auf einen Einzelkatalog verzichtet. Auch hier erweist sich das verfassungsrechtliche Verbot der Einzelfallgesetze als gesetzespoliti-

sche Klugheit. Je detaillierter ein Gesetz den Einzelfall
regelt, desto größer werden die Ungleichheiten. Je klarer
es den Belastungsgrund definiert, desto verlässlicher trifft
die Steuerlast jeden Leistungsfähigen.

Das Steuerrecht verliert aber vor allem seine Verständlichkeit und Einsichtigkeit, weil es nicht einfache
Belastungsprinzipien in einer einheitlichen Bemessungsgrundlage regelt, sondern von einer Fülle von Ausnahmen
und Details überwuchert wird. Der Steuerpflichtige sieht
kaum noch den prinzipiellen Grund seiner Belastung,
sondern lediglich die kleinräumige Einzelvorschrift, deren
Beachtung von ihm verlangt wird. Der Finanzbeamte verweist deshalb auf die Vorschriften, die ihn binden, kann
aber den Sinn dieser Bestimmungen nicht erklären.

Schauen wir ein Vierteljahrhundert zurück, so beobachten wir auch manche Gesetzesänderung, insbesondere bei der Einführung des körperschaftsteuerlichen
Anrechnungssystems im Jahr 1977, deren Kompliziertheit
nicht unerwünscht schien. In Expertenkreisen wurde
augenzwinkernd festgestellt, dass das Recht nunmehr
deutlich »anspruchsvoller« geworden sei. Die Kompli-
zierung schafft Expertenwissen, das dem kundigen Ministerialrat politische Macht gegenüber Parlament und
Steuerzahlern gibt, dem Steuerberater zusätzlichen Bera-
tungsbedarf und Ertrag sichert. Diese Zeiten einer still-
schweigend konzertierten Aktion der Komplizierer sind
allerdings vorbei. Die Ministerialverwaltung verheddert
sich heute im wachsenden Normendschungel. Der Steuerberater steht ratlos vor Fülle und Widersprüchlichkeit der
Neuregelungen. Die Haftungsfälle wachsen. Dem Unternehmer fehlt der gediegene Rat, er muss sich mit einem
steuerlich richtigen Rat begnügen, der aber ökonomisch
oft unvernünftig ist. Gerade in einer komplizierter werdenden Welt muss das Recht einfacher werden.

Das Gesetz hat allgemein zu sein

Entstehens- und Erkenntnisgrund für gerechtes Recht ist das allgemeine Gesetz. Die Philosophie erhofft sich von dem allgemeinen Gesetz, dass es Ergebnis einer notwendigen Übereinstimmung aller Vernunftwesen sei (Kant), die kollektive moralische Anstrengung aller freien Staatsbürger ausdrücke (Rousseau), die gemeinsame Absicht bei der Gesellschaftsgründung bekunde (Locke).[102]

In der repräsentativen Demokratie stützt sich das Gesetz auf das parlamentarische Gesetzgebungsverfahren, baut also auf die Vertretung der Steuerpflichtigen durch ihre Abgeordneten. Es beruht auf öffentlicher Debatte, erschließt dort den Ausgleich gegenläufiger Interessen und führt so zu maßvoller und gleichmäßiger Last.

Daneben sichert die Gesetzesallgemeinheit einen bestimmten Geltungsumfang, der Privilegien und eine Klassengesetzgebung zurückweist, jedermann in gleicher Weise dem Gesetz unterwirft und damit Gleichheit und Sachgerechtigkeit der Regelung erleichtert. Die Allgemeinheit des Gesetzes ist aber unverzichtbare Bedingung, nicht Garant der Gerechtigkeit. Zwar ist schon im 19. Jahrhundert bewusst, dass die Allgemeinheit einer Vorschrift allein den Gerechtigkeitsanspruch des Gesetzes ebenso verfehle, wie eine Definition der Sonne als »eines runden gelben Kreises mit Zacken« deren wärmende und lebenserhaltende Kraft verschweige.[103] Für das Steuerrecht wird aber seit dem Ende des 18. Jahrhunderts immer wieder hervorgehoben, dass die staatsbürgerliche Rechtsgleichheit ein Gesetz fordere, das für alle Einwohner eines Staates gleichermaßen gelte und dem sich kein Stand und keine Person entziehen könne.[104]

Das Gesetz begründet eine Regel von einer gewissen Dauerhaftigkeit und erstreckt seine Anwendung auf eine unbestimmte Vielzahl künftiger Fälle.[105] In einem zeitlichen Modell der Gewaltenteilung[106] ist die Gesetzgebung die mit der Zukunft befasste Gewalt, während sich die Verwaltung der Gegenwart, die Rechtsprechung der Vergangenheit widmet. Eine dauerhafte gesetzliche Regel begründet Vertrauen, erfasst in der generell abstrakten Norm auch den heute noch nicht voraussehbaren Fall und löst den Blick des Gesetzgebers von den Anliegen aktuell Betroffener.

Die Allgemeinheit des Gesetzes, frei von partikularer Zwecksetzung und prinzipiell von unbegrenzter Dauer, ist eine Forderung des politischen Liberalismus.[107] Das allgemeine Gesetz ist ein programmatisches Leitbild in der Epoche unmittelbar nach der Französischen Revolution, hat aber in dem leistenden, verteilenden und intervenierenden Staat der Moderne einen Teil seiner Gestaltungskraft verloren. Der Gesetzgeber glaubt heute ohne das Einzelfallgesetz, das Maßnahmegesetz und das Zeitgesetz nicht auszukommen. Dennoch verstärkt das Verfassungsgebot des allgemeinen und nicht nur den Einzelfall regelnden Gesetzes im Steuerrecht den Gleichheitssatz und das rechtsstaatliche Kontinuitätsgebot. Es steht der Flüchtigkeit eines eiligen, ständig geänderten Steuergesetzes entgegen und schließt die Ausnahmeregel für die einzelne Gruppe oder den besonders Gestaltungskundigen aus.

Das Gesetz ist zu verstetigen

Der Mensch handelt in der Gegenwart, nicht in der Zukunft. Wollte er nur einen Tag in die Zukunft vorgreifen, etwa heute die Börsendaten von morgen lesen oder schon heute die Totoergebnisse von morgen auf seinen Tippzettel eintragen, würde ihm die tatsächliche Begrenztheit menschlicher Freiheit lebhaft bewusst. Deswegen kann er auch heute nur nach Maßstäben handeln, die bereits gelten, also schon gestern gesetzt und veröffentlicht worden sind. Wollte der Gesetzgeber den Gesetzesadressaten für die Vergangenheit anweisen, so würde er Unmögliches verlangen. Vergangenes Verhalten – das beleidigende Wort, die Verursachung eines Unfalls, die Wahl der falschen Therapie – ist nicht mehr rückgängig zu machen.

Auch für das Steuerrecht ist selbstverständlich, dass der Gesetzgeber nur zukünftiges Verhalten des Steuerpflichtigen anordnen, also von ihm nur in der Zukunft Zahlungen oder Steuererklärungen erwarten kann. Das Problem der Steuergesetzgebung liegt jedoch darin, dass oft Zahlungen von morgen mit Sachverhalten von gestern begründet werden. Wer gestern in den Schiffsbau investiert hat, um dadurch die gesetzlich angebotene Steuersubvention entgegenzunehmen, wäre heute vom Gesetzgeber enttäuscht, wenn dieser diese Subvention für die morgige Veranlagung der gestrigen Investitionsentscheidung zurücknehmen würde. Wer hingegen 1977 eine GmbH gegründet hat, um die Vorzüge des Anrechnungsverfahrens zu genießen, wird im Jahre 2000 nicht darauf pochen können, dass diese Anrechnung ihm weiterhin erhalten bleibt. Individuelle Dispositionen im Vertrauen auf das geltende Recht können eine Gesetzeslage nicht versteinern, insbesondere nicht einem prinzipiellen Systemwechsel – der Körperschaftsteuer 1977 und auch der Umsatzsteuer 1968 – entgegentreten.

Das Parlament hat den Auftrag, das Gesetz stetig zu überprüfen und zu erneuern. Die Novellierung des Einkommensteuergesetzes begann aber schon am Tag nach seiner Verkündung 1920, es ist danach fast jährlich teilweise mehrmals geändert, gelegentlich sogar fast monatlich mit Ausnahmen und Sonderregelungen bestückt worden. Damit stellt sich die Frage nach dem stetigen Gesetz, nach Kontinuität und Vertrauensschutz im Steuerrecht.

Eine stetige, verlässliche Rechtsordnung ist eine Grundbedingung freiheitlicher Verfassungen. Die Freiheitsrechte stützen sich auf kontinuierliches Recht, das ihnen langfristige Dispositionen erlaubt und ihnen Sicherheit im gewohnten Recht gibt. Der Bürger handelt nach dem ihm vertrauten Gesetz. Die Allgemeinheit der Gesetzesadressaten befolgt die Gesetze nach gefestigter Gewohnheit, nicht durch tägliche Lektüre des Bundesgesetzblattes. Gesetzesänderungen bedürfen deshalb eines schonenden Übergangs zur Neugewöhnung.

Dieser rechtliche Elementarbefund wird vom Grundgesetz bestätigt und bekräftigt. Die Verfassung ist das Gedächtnis der Demokratie und gibt erprobte Werte, bewährte Institutionen und gefestigte politische Erfahrung an die Gegenwart und Zukunft weiter. Auf dieser Grundlage von Beständigkeit und Dauerhaftigkeit wird das Parlament zu einem Instrument der Erneuerung, das die alte Regel durch eine bessere ersetzen soll, dabei aber zwischen Tradition und Erneuerung, zwischen Stetigkeit und Anpassungsfähigkeit zu vermitteln hat. Gerade der Finanzstaat hat im Haushaltsplan ein Instrument des planenden Vorgriffs auf die Zukunft entwickelt, baut in der mehrjährigen Finanzplanung auf die Stetigkeit des Steuerrechts als eine Grundlage der Budgetplanung, gibt damit aber zugleich dem Rechtsvertrauen des Steuerpflichtigen eine normative Grundlage. Das individuelle Vertrauen des planenden Menschen in die steuerliche Gesetzeslage wird zum Zeitpunkt seiner Dispositionen geschützt.[108] Freiheitlicher Vertrauensschutz sichert bei der Erneuerung des Steuerrechts schonende Übergänge.

Die Art und Intensität des Vertrauensschutzes allerdings ist je nach Lebenssituation und Freiheitsrecht grundverschieden. Wenn der Raucher beim langfristigen Planen seines täglichen Genusses von einer erhöhten Tabaksteuer überrascht wird, hat er diese wie den plötzlichen Schnee oder Regen hinzunehmen. Wer sich hingegen im Rahmen eines Dauerschuldverhältnisses der Einkommensteuer darauf eingerichtet hat, dass Wirtschaftsgüter auf null und nicht nur auf den Wiederverkaufswert abgeschrieben werden dürfen, wird für seine auf diese gesetzliche Regelung gestützten Dispositionen schonende Übergangsvorschriften erwarten dürfen. Wer durch die Gründung einer Familie langfristige Unterhaltspflichten übernommen hat, beansprucht eine längere Übergangszone als derjenige, der sich auf einen Abschreibungsraum für Flugzeuge von 15 Jahren eingerichtet hat und nunmehr erlebt, dass dieser Zeitraum verlängert wird. Im Rahmen eines vertragsähnlichen Subventionsprogramms, in dem ein Steuerpflichtiger vom Gesetz Steuervergünstigungen zugesagt erhalten hat, wird mehr Anpassungsbereitschaft des Bürgers erwartet als im Rahmen einer Regelbesteuerung, in der ein Mensch in freiheitlicher Distanz zum Staat von der steuerlichen Regel das Regelmäßige erwarten darf.

Grundsätzlich begründet nur Vertrauensschutz ein vertrauenswürdiges, also verfassungsgemäßes und verständliches Gesetz. Widersprüchliche, verworrene und ersichtlich verfassungswidrige Regelungen verdienen kein Vertrauen und schaffen keinen Vertrauensschutz. Wer im Rahmen des ehemaligen körperschaftsteuerlichen Anrechnungsverfahrens Eigenkapital gebildet hat und dieses nun nach der Systemänderung weiterhin steuerlich nutzen will, darf sein Vertrauen auf die Gesetzeslage zum Zeitpunkt seiner Disposition geltend machen. Wer hingegen auf die Mehrfachkompensation der Gewerbesteuer bei Personengesellschaften baut, wird in seiner Erwartung enttäuscht werden müssen, weil das Verfassungsrecht die Bevorzu-

gung einer Rechtsform nicht erlaubt, die Mehrfach-
berücksichtigung der Gewerbesteuer im Übrigen ersichtlich gleichheitswidrig ist. Vertrauen verdient stets nur der
steuergesetzliche Handlungsrahmen, der das Freiheitsrecht stützt und definiert und insoweit das stetige Rechts-
fundament der Freiheit trägt.[109]

Unabhängig von diesem freiheitsrechtlichen Vertrauensschutz ist die Stetigkeit eines Gesetzes auch Teil allgemeiner Rechtsstaatskultur und Inhalt moderner Staatsgrund-
lagenbestimmungen. Der Gesetzgeber erreicht seinen
Adressaten nur, wenn dieser sich auf die gesetzlichen
Regeln einlassen kann, sie vorhersehen, berechnen und
seinem Verhalten zugrunde legen kann. Autorität gewinnt
der Gesetzgeber nur, wenn die Gesetzesunterworfenen
erleben, dass Gesetzeskonzeptionen langfristig, folgerichtig und beharrlich verfolgt werden[110] und dadurch eine
allgemeine Rechtsüberzeugung gepflegt und gefestigt wird.
Eine sprunghafte und widersprüchliche Gesetzgebung erwartet blinden Gehorsam, ein stetiges Gesetz fördert Ein-
sicht und Rechtsverständnis.

Grundrechte schützen den Steuerpflichtigen

Der freiheitliche Rechtsstaat lässt sich daran messen, ob sein Wirken den Grundrechten des einzelnen Menschen entspricht. Er ist also auf das Individuum und seine Einzelbelange ausgerichtet. Der Rechtsstaat bewährt sich in dem, was er für den Einzelnen tut.

Deshalb ist auch das Steuerrecht an den Grundrechten des Steuerpflichtigen zu messen. In der Entwicklung der Menschenrechte ist die Freiheit vor unangemessenen Abgaben seit den frühen Vorläufern der Menschenrechte, der Magna Charta Libertatum vom 12.06.1215, und der Verfassung der Menschen- und Bürgerrechte von 1791 stets eine der wichtigsten Gewährleistungen. Die Weimarer Reichsverfassung vom 11.08.1919 bekräftigt diese Entwicklung und begründet eine besondere steuerrechtliche Garantie der Gleichheit und des Maßes: »Alle Staatsbürger ohne Unterschied tragen im Verhältnis ihrer Mittel zu allen öffentlichen Lasten nach Maßgabe der Gesetze bei.« Ein steuerrechtlicher Gleichheitssatz verbindet das Erfordernis der gleichmäßigen mit dem der maßvollen Last, begründet also ein Grundrecht auf mäßigende Gleichheit.[111]

Das Grundgesetz schweigt beim Schutz des Steuerpflichtigen

Demgegenüber trifft das Grundgesetz keine ausdrückliche
Aussage über das Maß und Ziel der Steuerlast. Es be-
stimmt lediglich in der Finanzverfassung an entlegener
Stelle, dass bei der Verteilung der Umsatzsteuer »eine
Überbelastung der Steuerpflichtigen« zu vermeiden sei.
Dieser Grundsatz für die Verteilung des Steueraufkom-
mens unter Bund und Ländern berechtigt aber nur die
staatlichen Gebietskörperschaften, nicht den einzelnen
Grundrechtsträger.

Der Verzicht auf eine ausdrückliche Garantie von
Gleichheit und Maß im Steuerrecht folgt der Konzeption
eines allgemeinen Grundrechtschutzes, der alle staatliche
Gewalt bindet und nicht danach unterscheidet, ob ein Eingriff von den Polizeibehörden, den Gesundheitsbehörden
oder den Steuerbehörden ausgeht. Die Grundrechte schützen den Berechtigten gegenüber dem Steuereingriff in
gleicher Weise wie gegenüber jeder anderen durch Gesetz
oder Verwaltungsakt angeordneten Maßnahme.

Das anfängliche Zögern, den Grundrechtsschutz gegenüber der Besteuerungsgewalt kraftvoll zur Wirkung zu
bringen, hat seinen Grund aber auch in den rechtlichen
und tatsächlichen Verhältnissen der Nachkriegszeit. Als
die Alliierten den Gesetzgeber in den Jahren 1946 bis
1951, wie bereits erwähnt, zwangen, im Einkommensteuerrecht einen Spitzensteuersatz von 95 % zu erheben[112], fiel es bei dieser Rechtswirklichkeit eines extrem
überhöhten Steuersatzes schwer, im neu geschaffenen
Grundgesetz das Maß der Besteuerung sachgerecht zu
bestimmen.

Der zweite, ein klares Steuerverfassungsrecht hin-
dernde Befund war die Teilung der deutschen Nachkriegs-

gesellschaft in zwei Gruppen, die unterschiedlich von den Kriegsfolgen betroffen waren. Die einen hatten durch Vertreibung und Kriegsschäden ihr Vermögen verloren, die anderen wesentliche Teile ihres Vermögens retten können. Der Gesetzgeber nahm diesen Befund zum Anlass, um eine Lastenausgleichsabgabe einzuführen, die 50 % der am 31.07.1948 registrierten Vermögen für den Lastenausgleichfonds beanspruchte. Diese Abgabe war in 30 Jahresraten von 4 bis 6 % zahlbar. Die Ausgleichsabgabe verheißt eine solidarische Teilung des erhalten gebliebenen Vermögens, hat allerdings ebenfalls den hohen Abgabensatz durch Verminderung der Bemessungsgrundlage aufgefangen. Die Abgabe wurde nicht nach der Vermögenssubstanz, sondern nach ihren Erträgen bemessen.[113] Auch dieser kriegsbedingte Umverteilungsanspruch dürfte den Blick des Verfassunggebers bestimmt haben. Das Bedürfnis, eine gleichmäßige und maßvolle Steuerlast verfassungsneutral zu gewährleisten, tritt gegenüber den besonderen Aufgaben der Nachkriegszeit zurück.

Die Not der Kriegsfolgen und der Auftrag des Wiederaufbaus haben so eine ausdrückliche verfassungsstaatliche Bindung der Steuergewalt verhindert und den Staat in eine Umverteilungsaufgabe gedrängt, die jede Besteuerungsgewalt enthemmt und die Steuerintervention ermutigt. Richard Thoma hatte noch vorgeschlagen, das Privateigentum »unbeschadet der staatlichen Besteuerungs- und Sozialisierungsgewalt« zu gewährleisten[114], sich mit dieser Anregung aber nicht durchsetzen können. Ein späterer Versuch, das Steuererhebungsrecht im Text der Finanzverfassung an den Maßstab einer Dringlichkeit des Finanzbedarfs zu binden, ist gescheitert.[115]

Steuerrechtliche Prinzipien scheinen konturenarm

Verfassungsrechtliche Antworten sind vielfach bereits in den Anfragen an das Verfassungsrecht, in den in der Wirklichkeit angelegten Gerechtigkeitsprinzipien enthalten. Wenn das Gesetz Maßstäbe für die Eignung eines Berufsbewerbers oder die Tauglichkeit eines Arzneimittels zu regeln hat, ergibt sich das Qualifikationserfordernis im Wesentlichen aus der vorgefundenen Wirklichkeit. Der Chirurg muss operieren, der Architekt ein standfestes Gebäude planen, der Handwerker das Auto reparieren können. Ist eine Gefahr vorbeugend zu vermeiden oder ein Schaden abzuwehren, bestimmt das tatsächliche Risiko einer Lawine, einer Straßenverkehrsgefährdung oder einer feuergefährlichen Bauweise die Maßstäbe gesetzlicher Gegenwehr. Hat das Gesetz über die Bedürftigkeit eines Armen, Kranken oder Arbeitslosen zu befinden, ermittelt es den tatsächlichen Bedarf und die Möglichkeiten seines Ausgleichs. Die wichtigsten Prinzipien des Grundrechtsschutzes, insbesondere die Verhältnismäßigkeit und die Gleichheit, gewinnen ihre Konturen in der tatsächlichen Geeignetheit, Erforderlichkeit und Zumutbarkeit.

Das Steuerrecht hingegen wird in der Wirklichkeit kaum vorgefunden. Die Steuer ist eine Idee des Rechts, sie wird durch den Gesetzgeber in die Wirklichkeit hineingetragen. Sie stattet den Staat mit Finanzmitteln aus, verfolgt also einen allgemeinen Zweck, der durch jede Steuer erreichbar erscheint. Selbst eine Besteuerung des Körpergewichts oder der Haarfarbe würde das Ziel, dem Staat Finanzmittel zuzuweisen, nicht verfehlen. Das Steuerrecht scheint so in die Maßstablosigkeit und damit letztlich in die Maßlosigkeit zu entgleiten.

Der Besteuerungszweck ist nicht unscharf

Die Aussagen des Gleichheitssatzes und des Übermaßverbotes scheinen in dieser Allgemeinheit des Finanzierungszwecks verloren zu gehen. Der Gleichheitssatz fordert einen Vergleich jeweils mit Blick auf das Regelungsziel. Mann und Frau sind gleich mit Blick auf das Wahlrecht, ungleich beim Mutterschaftsschutz. Alt und Jung sind gleich im Erbrecht, ungleich im Recht, Verträge zu schließen. Inländer und Ausländer sind gleich im Vertragsrecht, ungleich aber im Wahlrecht. Arm und Reich sind gleich im Wahlrecht, aber ungleich in der steuerlichen Leistungsfähigkeit.

In ähnlicher Weise wird das Übermaßverbot vom Ziel staatlichen Handelns bestimmt. Dieses Verhältnismäßigkeitsprinzip fordert ein für den jeweiligen Regelungszweck geeignetes, erforderliches und zumutbares Mittel. Das Verhältnismäßigkeitsprinzip findet in einem konkreten Zweck sein sinnstiftendes und sinnbegrenzendes Leitmotiv: Das Polizeirecht bestimmt das geeignete, erforderliche und zumutbare Mittel nach der jeweiligen Gefahr. Es anerkennt bei einer Lawinengefahr die Räumung eines Dorfes als sachgerechte Maßnahme, während eine gleiche Räumungsverfügung bei ruhestörendem Lärm offensichtlich unverhältnismäßig wäre. Das Berufsrecht bemisst die Anforderungen der Berufsqualifikation nach dem konkreten Berufszweck, die Heilung durch den Arzt, die Bauplanung durch den Architekten und die Reparaturleistung durch den Kfz-Mechaniker. Das Strafrecht bestimmt die Strafe nach der individuellen Schuld des Täters, findet also in dem persönlich zu verantwortenden Unrecht sein Maß. Demgegenüber scheint der Besteuerungszweck der Steuergesetzgebung kein klares Leitmotiv zu bieten, weil jede – auch eine abwegige –

Steuer den Zweck erfüllt, der öffentlichen Hand Einnahmen zu verschaffen.

Diese vermeintliche Unschärfe des Besteuerungszwecks lässt sich jedoch überwinden, wenn der Zweck konkreter definiert wird, die Steuer sich also nicht aus dem allgemeinen Ziel, den Staat mit Finanzmitteln auszustatten, rechtfertigt, sie vielmehr als staatliche Teilhabe am konkreten Erfolg privaten Wirtschaftens verstanden wird. Die Einkommensteuer findet ihren rechtfertigenden Grund dann nicht in dem staatlichen Steuerertrag, sondern in der staatlichen Teilhabe am individuellen Einkommen, das der Einzelne nur erzielen kann, weil Staat und Markt den Leistungstausch ermöglicht haben. Die Umsatzsteuer ist nicht verfassungsgemäß, weil sie das Steueraufkommen mehrt, sondern weil der Staat am Erfolg des Umsatzes teilhat, der Konsument das Leistungsangebot der Rechtsgemeinschaft verdankt. Wird die Steuerlast so auf das individuelle Einkommen oder den Konsum bezogen, lassen sich die Gruppen der Einkommensbezieher und der Einkommenslosen, auch die mit großem und kleinem Einkommen, aussagekräftig vergleichen. Ebenso lässt sich feststellen, ob die Belastung eines Einkommens oder eines Umsatzes geeignet, erforderlich und zumutbar ist, um jeweils eine staatliche Teilhabe an Einkommen oder Umsatz, nicht seine Konfiskation zu erreichen.

Belastungsunterscheidungen scheinen fast beliebig

Die steuerliche Belastungsfolge scheint auch deshalb weitgehend dem Willen des Gesetzgebers ausgeliefert und damit einer besonderen Willkürgefahr ausgesetzt zu sein, weil dem Steuergesetzgeber so viele Differenzierungseinheiten zur Verfügung stehen, als eine Geldsumme in Euro teilbar ist. Der Besteuerungsgegenstand wird im Geldwert bemessen, die Steuerrechtsfolge in Euro ausgedrückt. Damit sieht sich der Steuergesetzgeber in eine Politik des vielpoligen Ausgleichs gedrängt, zu einem Kompromiss veranlasst, der vor allem auf die gut organisierten stets hörbaren Sprecher, weniger auf die Stimme der Wählermehrheit hört, der auch einmal das leicht Durchsetzbare gegenüber dem Prinzip bevorzugt, die kurz- statt die langfristige Regel wählt. Diese Scheu vor dem Prinzipiellen und der Hang zum Vorläufigen gefährden die Verständlichkeit und Einsichtigkeit des Steuerrechts, seine Berechenbarkeit und gestaltende Kraft.

Deswegen muss der deutsche Verfassungsstaat gerade im Steuerrecht beweisen, dass er seine Entscheidungs- und Erneuerungsfähigkeit nicht in Konsenszwängen verloren hat. Das prinzipienarme und in der Teilbarkeit seiner Tatbestände und Rechtsfolgen anfällige Steuerrecht darf nicht den Interessengruppen ausgeliefert und nicht in den Kompromisszwängen einer Koalition zersplittert werden. Es darf nicht durch Zustimmungserfordernisse zwischen Bundestag und Bundesrat in Widersprüchlichkeiten getrieben und für die indirekten Steuern auch nicht im Einstimmigkeitserfordernis des Europäischen Rates zu einem Stückwerk erkaufter Zustimmungen zusammengeflickt werden. Ein nicht in der Wirklichkeit vorgefundenes, in der Vielfalt der Zahlenwerke variables Steuerrecht muss auf Prinzipien, langfristige Folgerichtigkeit und Vertrauen in den einsichtigen Belastungsgrund bauen. Andernfalls geriete das Steuerrecht zu einer Ordnung verminderten Schutzes. Es verkäme zu einem »Ozonloch des Rechtsstaates«[116], der die Steuergegenstände und die Steuerschuldner der sengenden Kraft der Steuerlast schonungslos preisgibt und dadurch zu zerstören droht.

Steuerrecht ist Recht in Zahlen

Wenn das Steuerrecht seine Tatbestände und Rechtsfolgen in einer Geldsumme ausdrückt, die Einkommensteuer also das steuerbare Einkommen, die Umsatzsteuer den Preis in Euro erfasst, begründet dieses Recht in Zahlen zwei weitere Unsicherheitsfaktoren: Der erste beruht auf der Relativität jedes Geldwertes. Geld wirkt wie ein Passepartout für Waren und Dienstleistungen, ist Ausdruck eines Generationenvertrages, bei dem heute der Sparer einen wirtschaftlichen Wert in Geld aufbewahrt und die nachfolgende Generation morgen die Einlösung dieses Wertes in wertähnliche Waren und Dienstleistungen verspricht. Der Geldwert schwankt mit der Leistungskraft und Leistungsbereitschaft der nachfolgenden Generationen. Der Wert eines Euro hängt von den zukünftigen Preisen, Löhnen, Sozialleistungen und Abgaben, auch von der internationalen Bewertung der Währung und von der Geldmenge ab und ist nur befristet verbindlich. So werden die Steuertatbestände des Wertes und der Bewertung zu einem Ergebnis von Einschätzung und Entscheidung. Der gesetzliche Versuch, einen objektiven Wert vom schwankenden Marktpreis abzuheben oder zumindest nach der generellen Nützlichkeit und Ergiebigkeit eines Gutes zu bemessen, braucht den vereinfachenden, vergröbernden Bewertungsmaßstab im Typus. Der Steuertatbestand ist deshalb nur in dieser Relativität des Wertes fassbar. Sand als Baumaterial ist ein Wirtschaftsgut, Sand in der Düne Gemeingut, Sand im Getriebe ein Ärgernis. Das Glas Wasser ist für den Mitteleuropäer im Alltag fast wertlos, für den Durstenden in der Wüste hingegen ein Millionenwert. Die Eintrittskarte ist vor dem Spiel ein Wertpapier, nach dem Spiel ein Papier ohne Wert. Diese Abhängigkeit des steuererheblichen Wertes von

Lebenssituationen, Bedürfnissen und zeitbedingten Gepflogenheiten hat die Steuerpflichtigen daran gewöhnt, in
der steuerlichen Bemessungsgrundlage nicht die wirtschaftliche Realität zu begreifen, sie vielmehr als willent-
lich steuerbare Größe zu verstehen. Die Steuerbilanz und
die steuerliche Bewertung werden zu einem Rechenwerk,
das nicht strikt das tatsächliche wirtschaftliche Geschehen
wiedergibt, sondern auch als legalisiertes Instrument der
Verschleierung dient. Die Zahlen versprechen Genauig-
keit und Empirie, vermitteln oft aber nur grobe Schätzungen, gegriffene Größen, auch fiktive Daten.

Der Grenzfall wird zum Regelfall

Das Steuerrecht scheint auch deshalb für eine freiheitliche
Struktur und eine gleichheitsrechtliche Unausweichlichkeit schwer zugänglich, weil der Steuerzugriff nicht den
gesetzlich gemeinten Regelfall, sondern den steuerbewusst
gestalteten Grenzfall trifft. Der Steuerpflichtige bemüht
sich durch willentliche Sachverhaltsgestaltung, den Belas-
tungtatbestand formal zu meiden, ohne den wirtschaftlichen Erfolg von Einkommen, Vermögen oder Konsum
zu verlieren. Mit Witz und Geschick sucht er im Steuergesetz Nischen und Ausweichmöglichkeiten, um in einer
formalen Legalität der ihm zugedachten Steuerlast zu ent-
kommen. Gegenwärtige Techniken der Baufinanzierung
oder Lebensversicherung, die Bereitschaft zum steuerlichen Verlust und zum größtmöglichen Wertverzehr,
die Investition bei garantierter Ertraglosigkeit, die Ver-
schränkung von Kapital- und Personengesellschaft, die
durchlässigen Übergänge zwischen Betriebs- und Privatsphäre, die formale Sitzverlegung in ein Niedrigsteuerland
trotz Wirtschaftens im Hochsteuerland oder die Verrech-
nungspreise beanspruchen die privatrechtliche Vertrags-

freiheit, um eine Besteuerung nach formalen Erklärungs-
zeichen und nicht nach wirtschaftlich realer Leistungskraft zu erreichen und damit eine Besteuerungsungleich-
heit herzustellen.

Bei dieser Unterwerfung des Steuerpflichtigen unter
steuervermeidende Gesten und Formen verkümmert der
die Steuer rechtfertigende Gedanke. Der Gehorsam des
Steuerpflichtigen gegenüber dem Steuergesetzgeber wird
zu einer Gefolgschaft gegenüber einer Ordnung ohne
Rechtsgedanken. Ein solches Steuerrecht bedroht die
Autorität des Rechts, mindert die Sicherheit und den
grundrechtsgestützten Stolz des Rechtsunterworfenen in
einer verlässlichen Legalität, nimmt der Steuerrechtsordnung ihre Überzeugungskraft. Es schwächt die freiheitliche Distanz des Einzelnen zum Steuerstaat in einem
Geflecht steuervermeidender Arrangements und einer die
Steuersubvention suchenden Kooperation, wirkt auch als
Einladung, sich in die Grauzonen des Rechts vorzuwagen.
Der Maßstab des Steuerrechts aber ist nicht verhandelbar,
nicht gestaltbar, unausweichlich.

Der Eigentümer ist nicht schutzlos

Nestroy stellte die berühmte Frage: Die Phönizier haben
das Geld erfunden. Aber warum so wenig? Der Staat
könnte seinen Finanzbedarf bequem decken, wenn er sich
sein Geld selbst druckte. Er würde dadurch aber den
Geldwert zerstören, der gerade darin liegt, dass Geld ein
rares Gut ist, dessen Wert gerade in dem »so wenig« angelegt ist.

Die begrenzte Verfügbarkeit von Wirtschaftsgütern –
der Grundstücke, der Nahrungsmittel oder der sozialver-
sicherungsrechtlichen Anwartschaften auf ärztliche Leis-

tungen – ist auch der Grund für den rechtlichen Schutz des Eigentums. Wären die Grundstücke beliebig vermehrbar, hätten sie keinen Wert und bedürften nicht des Schutzes. Jeder stellte sich das Eigentum her, das er brauchte. Nur weil das Eigentum rar ist, entstehen Begehrlichkeiten, die eine rechtliche Regelung erfordern, wem das Eigentum gehört. Für das Verhältnis von Staat und Bürger gibt die Verfassung die Wirtschaftsgüter grundsätzlich in private Hand und schirmt dieses Privateigentum gegen staatlichen Zugriff ab.

Die Steuer nimmt dem Eigentümer Eigenes weg und führt es dem Staatshaushalt zu. Diese Wegnahme ist an der grundrechtlichen Eigentumsgarantie zu messen, die das Privateigentum gegen staatlichen Zugriff abschirmt und eine Enteignung nur in Ausnahmefällen gegen Entschädigung zulässt. Eine steuerliche Wegnahme von Geld gegen Entschädigung in Geld allerdings wäre sinnlos, weil Steuern als Abgaben ohne eine Gegenleistung[117] den Staatshaushalt finanzieren sollen.

Eigentum schützt auch Forderungseigentum

Gelegentlich wird behauptet, der verfassungsrechtliche Eigentumsschutz sichere nur das Recht an körperlich greifbaren Sachen, nicht auch geldwerte Forderungen oder das Vermögen als Ganzes. Diese These hat ihren Ursprung im deutschen Bürgerlichen Gesetzbuch, das strikt zwischen Forderungen und Eigentum unterscheidet und nur das Eigentum an Sachen anerkennt. Dieses Eigentumsverständnis ist allerdings eine Besonderheit des deutschen Rechts und widerspricht der europäischen Entwicklung der Eigentumsgarantie. Seit dem Wiener Kongress 1815 und der allgemeinen Verbreitung der Geldwirtschaft galt auch das Forderungseigentum als ge-

schütztes Eigentum.[118] Zudem erlauben es die Schutzbe-
dürfnisse der Gegenwart nicht, das verfassungsrechtliche
Eigentum auf das Sacheigentum zu beschränken. Während der Mensch im 19. Jahrhundert die ökonomische
Grundlage seiner individuellen Freiheit im Grundbesitz –
dem landwirtschaftlichen und gewerblichen Betrieb –
gefunden hat, stützt er nunmehr seine Freiheit vor allem
auf seinen Lohnanspruch, seinen Sozialversicherungsan-
spruch und seinen Kapitalertragsanspruch, also auf Forderungen. Deswegen ist heute anerkannt, dass auch geldwerte Forderungen, die der Berechtigte durch Einsatz von
Arbeitskraft oder Kapital erworben hat und die ihm ausschließlich zustehen, verfassungsrechtlich als Eigentum
geschützt werden.[119] Geld ist geprägte Freiheit[120], erlaubt
dem Freiheitsberechtigten, Werte aufzubewahren und
später gegen Sachgüter und Dienstleistungen einzu-
tauschen.

Ein Aufeinandertreffen von Eigentumsschutz und
steuerlicher Wegnahme von Eigentum soll auch durch die
Behauptung vermieden werden, das verfassungsrechtliche
Eigentum schütze nicht »das Vermögen als solches«.[121]
Diese These ist verfassungsrechtlich falsch, trifft im Übrigen die Problematik des Steuerrechts nicht. Würde einem
Eigentümer sein Gesamtvermögen aberkannt, etwa weil
er wegen seiner Staatsangehörigkeit oder seines Alters
nicht mehr Eigentümer sein dürfte, so wäre selbstverständlich sein Gesamtvermögen verfassungsrechtlich gesichert. Die Eigentumsgarantie würde gewährleisten, dass
der Eigentümer sein Gesamtvermögen behalten darf und
jedes diesem Gesamtvermögen zugehörige Wirtschaftsgut
sein Eigen bleibt.

Außerdem greift das Steuerrecht nicht auf das Vermögen als solches zu. Die Einkommensteuer belastet das
konkrete individuelle Jahreseinkommen, die Umsatzsteuer

die im Preis ausgewiesene Kaufkraft, die Grundsteuer das
jeweilige Grundstück, die Kraftfahrzeugsteuer das Halten
eines Kraftfahrzeugs, die Zölle und Verbrauchsteuern die
jeweiligen Waren[122]. Auch die frühere Vermögensteuer
ermittelte das Gesamtvermögen in der Summe der einzelnen, gesondert zu bewertenden Vermögensgegenstände.
Dieses jeweilige konkrete Eigentum rechtfertigt den
Steuerzugriff und ist Gegenstand der Steuerhaftung.

Die Ausweichthesen suchen einen bequemen Weg aus
dem vermeintlichen Dilemma, dass die verfassungsrechtliche Eigentumsgarantie dem Eigentümer seinen jeweiligen Vermögensbestand sichert, das Steuerrecht hingegen
einen Teil dieses Bestandes wegnimmt. Der Steuerstaat ist
jedoch nicht Gegner, sondern Garant privaten Eigentums
und privaten Wirtschaftens. Die Finanzierung des Staates
durch Steuern setzt den Rahmen, innerhalb dessen Eigentum und Erbrecht sich entfalten können. Dieser Befund bestimmt die Geschichte der Eigentumsgarantie in
Deutschland. Im mittelalterlichen Feudal- und Lehen-
system galt ein geteiltes Eigentum; das Untereigentum war
mit Dienstleistungs- und Abgabepflichten belastet.[123] Mit
der Französischen Revolution setzte sich zwar das unbe-
schränkte Eigentum an Sachen durch.[124] Das Besteuerungsrecht war aber schon damals Bedingung dieses privaten Sacheigentums. Würde der Staat sich nicht durch
Steuern finanzieren, müsste er sich mit staatlichen Unternehmen in den Markt drängen und dem privaten Konkurrenten möglichst viel von seinem Gewinn nehmen,
beim Tod eines Eigentümers dessen Eigentum möglichst
vollständig übernehmen und nach und nach privates
durch Staatseigentum ersetzen. Die Steuer schirmt die privatnützige Erwerbswirtschaft des Eigentümers und des
Berufstätigen gegen Verstaatlichung ab und verweist den
Staat in die Rolle eines stillen Teilhabers. Ihm steht der

Anspruch auf einen Anteil am privaten Gewinn und Umsatz zu, der Zugriff auf die Erwerbsgrundlagen Privatkapital und Arbeitskraft ist ihm jedoch versperrt. Dieser Substanzschutz des Privateigentums im Prinzip der Steuerfinanzierung ist seit Friedrich dem Großen geläufig: Der Staat darf die Gans rupfen, aber nicht schlachten.[125]

Die Verpflichtung des Staates, privates Wirtschaften in Freiheit zu gewährleisten und staatliches Erwerbsstreben allein auf die steuerliche Teilhabe am Erfolg privaten Wirtschaftens zu beschränken, ist damit eine der wichtigsten, notwendigen Rechtsfolgen der Eigentumsgarantie. Der Staat findet seine Finanzbasis nicht im Staatsunternehmen, sondern im Erfolg privaten Wirtschaftens. Dieses Finanzierungssystem weckt auch das gemeinsame Interesse von Privatwirtschaft und Steuerstaat, die Wirtschaft möge florieren und stetig wachsen. Die Steuerfinanzierung begründet gemeinsame Erwerbshoffnungen von privater und öffentlicher Hand und folgt damit auch einer Idee wirtschaftlicher Klugheit.

Dem vorsichtigen folgt der entschiedene Eigentumsschutz

Das Bundesverfassungsgericht sagt bereits in seiner frühen Rechtsprechung, dass die Eigentumsgarantie zwar nicht vor der Auferlegung von Abgaben schütze, den Steuerpflichtigen aber vor einem enteignenden Eingriff bewahre und seine Einkommens- und Vermögensverhältnisse durch die Besteuerung nicht grundlegend verändert werden dürften.[126] Die Eigentumsgarantie fordert das Finanzierungsinstrument der Steuer und begrenzt den Steuereingriff auf eine maßvolle Teilhabe am Erfolg privaten Wirtschaftens.

Die Steuerrechtsprechung des Bundesverfassungsgerichts beginnt mit der Frage nach der enteignenden Wirkung einer Steuer[127] und anerkennt von Anfang an, dass die Eigentumsgarantie den Steuerpflichtigen vor einem »erdrosselnden« Eingriff schütze.[128] Dieses drastische Sprachsignal soll sicherstellen, dass die Besteuerung im Ergebnis nicht zu einer – auch schrittweisen – Konfiskation führt, die den Steuerpflichtigen übermäßig belasten und in seiner Eigentümerfreiheit grundlegend beeinträchtigen würde.[129]

In neuerer Rechtsprechung verdeutlicht das Gericht diesen Gedanken und betont, dass die Steuern in die Verfügungsgewalt und Nutzungsbefugnis des Eigentümers eingriffen und ihn gerade dann träfen, wenn er sich in seiner vermögensrechtlichen Freiheit entfalten wolle.[130] Dem Steuerpflichtigen müsse aus seiner wirtschaftlichen Betätigung ein Kernbestand des privatnützigen Erfolges verbleiben. Der Eigentumsgarantie komme auch gegenüber der Besteuerungsgewalt die Aufgabe zu, dem Grundrechtsträger einen Freiraum im vermögensrechtlichen Bereich zu sichern und ihm dadurch eine eigenverantwortliche Gestaltung seines Lebens zu ermöglichen.[131]

Diese Freiheitsgarantie stellt nur bestimmte Einkommensteile für eine Besteuerung zur Verfügung. Zunächst muss der Gesetzgeber respektieren, dass der Erwerbende sein Einkommen erzielt, um daraus den Lebensbedarf für sich und seine Familie zu bestreiten. Deshalb muss zumindest der existenznotwendige Unterhalt steuerlich verschont werden.[132] Sodann darf die Gesamtsteuerlast allenfalls auf die Hälfte des Einkommens zugreifen; Eigentum dient prinzipiell dem privaten Nutzen und allenfalls zugleich – gleichrangig – dem Gemeinwohl.[133]

Gegenüber der Umsatzsteuer schützt die Eigentumsgarantie die in Geld angelegte privatnützige Nachfragekraft. Die Umsatzsteuer darf ein Wirtschaftsgut oder eine Dienstleistung nicht so verteuern, dass sie die eigenver-

antwortliche Lebensgestaltung durch Nachfrage bedroht
oder gar verhindert. Dabei kann die indirekte und deshalb
anonyme Umsatzsteuer die unterschiedliche Art der Eigentumsverwendung nur in der besteuerten Leistung, nicht in
den Lebensverhältnissen des Konsumenten aufnehmen.
Deswegen liegt es nahe, den existenznotwendigen Eigentumsgebrauch, den Erwerb von Lebensmitteln, Kleidung,
Wohnung oder medizinischer Leistung, von der Steuer zu
verschonen, Luxusgüter hingegen höher zu besteuern.
Möglich bleibt aber auch eine gleichmäßige Besteuerung
allen Eigentumsgebrauchs. Der durch die Umsatzsteuer
verteuerte Existenzbedarf muss dann allerdings durch
Sozialleistungen und das einkommensteuerlich verschonte
Existenzminimum befriedigt werden.

Umverteilung ist problematisch

Der gegenwärtige Steuerzugriff ist intensiv und erschließt
der öffentlichen Hand jährlich mehr als 479 Milliarden
Euro Steuererträge[134], nimmt insoweit privates Geldeigentum weg. Zugleich nutzt der Staat diese Finanzmacht, um
Finanzmittel neu zu verteilen und auch den Steuerzugriff
umverteilend zu differenzieren.

   Wenn der Eigentumsschutz früher eher vorsichtig
gegen die Besteuerungsgewalt eingesetzt worden ist, mag
diese Zurückhaltung auch in dem Anliegen begründet
sein, die Steuer als ein Instrument der Umverteilung ein-
zusetzen[135]. Eine umverteilende Steuer kennt kaum Grenzen für die Belastungsintensität, solange das Steuerrecht
die individuellen Einkommens- und Vermögensverhältnisse nicht weitgehend eingeebnet hat. Umverteilung
verfehlt aber den Gedanken der Freiheit, bietet deshalb
keinen Anlass, das Eigentum weiterhin nur zurückhaltend
zu schützen.

Freiheit heißt, sich von anderen unterscheiden und vorhandene Unterschiede mehren zu dürfen. Der eine folgt ständig seinem Erwerbsdrang und bildet Eigentum, der andere genießt seine Zeit zu Sport und Spiel und vermindert sein Eigentum. Der eine lässt das ererbte Vermögen brachliegen, der andere mehrt es durch Arbeitsanstrengung. Die daraus erwachsenden Verschiedenheiten sind Ausdruck der Freiheit und in einem freiheitlichen System grundsätzlich gerechtfertigt. Eine freiheitliche Wirtschaft fördert ihre Prosperität auch dadurch, dass sie dem Erfolgreichen weitere Erwerbsanreize bietet, dem regionalen Branchenführer den überregionalen Markt erschließt oder dem nationalen Spitzenreiter den Weltmarkt öffnet.

Wer seine Erwerbsfreiheit genutzt hat, um durch eigene Anstrengung ein höheres Einkommen zu erzielen oder mehr Kaufkraft einsetzen zu können, braucht sich deshalb von dem grundrechtsgebundenen Rechtsstaat nicht entgegenhalten zu lassen, sein freiheitlich erzielter Erfolg sei zu hoch und müsse deshalb umverteilt werden. Zwar wird staatspolitische Klugheit darauf bedacht sein, das Gefälle in den Einkommens- und Vermögensverhältnissen der Menschen nicht zu groß werden zu lassen. Daraus ergibt sich aber ein sozialstaatlicher Angleichungsauftrag, der bei den Ursprüngen der Einkommensteuer ansetzt und Chancengleichheit in der Ausbildung, im Zugang zu einem Arbeitsplatz, in der Gewährleistung von Gesundheit, in der sozialstaatlichen Stütze des im Marktwettbewerb Erfolglosen vermittelt.

Das Steuerrecht in seiner gegenwärtigen Ausgestaltung bietet keinen geeigneten Ausgangsbefund, um die Einkommensverteilung zu korrigieren. Das Steuerrecht fragt nur, wie viel Einkommen jemand erzielt hat, interessiert sich aber nicht für das Warum. Ob jemand sein Einkommen dank eines jahrelangen Studiums oder aus ererbtem Vermögen erzielt hat, ob er es durch stetige Arbeit erworben oder es ihm beim einmaligen Verkauf eines Betriebsgrundstücks zugefallen ist, bleibt für die Besteuerung unerheblich. Deshalb könnte eine Umverteilung nur bei einem gänzlich veränderten Steuerrecht ansetzen, das nicht nur ermittelt, wie viel Einkommen jemand erzielt hat, sondern vorrangig danach fragt, warum ihm ein Erwerb möglich gewesen ist.

Die Steuer beansprucht deshalb einen Teil des Einkommens für den Staat, verteilt aber nicht Einkommen unter den Bürgern neu. Auch eine progressive Steuer stellt nicht die Einkommensverteilung in Frage; diese ist freiheitlich gerechtfertigt. Die Progression folgt aus der Tatsache, dass beim Vertrieb derselben Automarke der eine Händler einen großen, der andere einen kleinen Gewinn erzielen konnte, die Rechtsgemeinschaft also bei gleichem Leistungsangebot durch Nachfrage unterschiedliche Gewinne ermöglicht hat.

Die Eigentumsgarantie strukturiert das gegenwärtige Steuerrecht

In dieser Eigentumsgarantie, die nunmehr verfassungsrechtlich auch gegenüber der Besteuerungsgewalt zur Wirkung gebracht wird, finden die gegenwärtigen Steuern ihren wesentlichen verfassungsrechtlichen Maßstab. Der Eigentumsschutz sichert dem Menschen in seinem jeweils Eigenen die ökonomische Grundlage seiner Freiheit. Diese freiheitstützende Funktion des Eigentums und des Eigentumserwerbs ist auch vom Steuergesetzgeber zu achten. Er darf deshalb auf das ruhende Einkommen kaum, auf das hinzuerworbene Einkommen oder die eingesetzte Kaufkraft nur maßvoll zugreifen. Die Steuer beansprucht einen

Teil des Geldeigentums, über das der Eigentümer verfügen kann, und findet in diesem Steuergegenstand sein Maß. Der Komiker Fernandel beobachtet diesen Befund in gegenläufiger Blickrichtung: »Bei der Steuererklärung merkt man, wie viel Geld man sparen würde, wenn man keins hätte.«

Der Steuergegenstand »Einkommen« dient zunächst der persönlichen Lebensführung. Das zum Lebensunterhalt benötigte Einkommen (Existenzminimum) ist für eine Besteuerung nicht verfügbar und muss deshalb von der steuerlichen Bemessungsgrundlage ausgenommen werden. Staat und Bürger ist gleichermaßen an der Eigenfinanzierung des Lebensbedarfs gelegen, um die finanzielle Existenz der Staatsbürger zu sichern und den Sozialstaat von den Sozialhilfeleistungen zu entlasten. Selbst eine defizitäre Haushaltslage oder ein besonderer staatlicher Finanzbedarf rechtfertigten keine Durchbrechung dieses Prinzips.[136]

Zudem sind Bürger und Staat darauf angewiesen, dass der Steuerpflichtige seine zukünftige Erwerbsgrundlage sichert und erweitert, er also auch in Zukunft über eine eigene Einkommensquelle verfügt und der Staat eine Steuerquelle vorfindet. Deshalb liegt es nahe, neben dem existenzsichernden Bedarf auch den erwerbssichernden Aufwand (Betriebsausgaben und Werbungskosten) von der Einkommensteuer auszunehmen.

Jenseits dieses existenz- und erwerbssichernden Einkommens hat der Gesetzgeber einen maßvollen Einkommensteil zu bestimmen, den der Einkommensbezieher dem Staat zur Finanzierung der Gemeinschaftsanliegen schuldet. Auch hier muss der Steuerpflichtige einen Kernbestand des Erworbenen zum privaten Nutzen behalten dürfen.[137]

Die Belastungsobergrenze in der Nähe der hälftigen

Teilung[138] darf auch bei hohen Einkommen nicht ausge-
schöpft werden, wenn das Eigentum bereits außerhalb des
Steuerrechts besonders gemeinwohlgebunden ist. Wurde
ein Unternehmen schon durch das Wirtschaftsverwaltungsrecht, das Umweltrecht und das kollektive Arbeitsrecht besonders in die Pflicht genommen, bleibt für eine
weitere Sozialbindung durch Steuern kaum noch Raum.
Deswegen ist insbesondere die Erbschaftsteuer so zu bemessen, dass der Erbe die in der Unternehmenswidmung
gebundene Wirtschaftseinheit weiterführen kann.[139] Seine
finanzielle Leistungsfähigkeit bleibt – unabhängig von
seinem Verwandtschaftsverhältnis zum Erblasser – wegen
der beschränkten Verfügbarkeit seines Betriebsvermögens
hinter dem rechnerischen Wert der angefallenen Erbmasse
zurück. Diese verminderte Leistungsfähigkeit des Erben
und neuen Betriebsinhabers ist beim erbschaftsteuerlichen
Zugriff zu beachten. Es macht einen Unterschied, ob
jemand ein Geldvermögen von einer Million Euro oder
einen Betrieb im Wert von einer Million Euro erbt. Wird
beim Geldvermögen 25 % weggesteuert, bieten die verbleibenden 750.000 Euro einen wertvollen, freiheitsför-
derlichen Vermögenszuwachs. Die Substanzbesteuerung
des betrieblichen Vermögens mit 25 % würde aus dem
erbenden Unternehmer aber vielfach einen in die Insolvenz
gedrängten Gemeinschuldner machen, also privatnütziges
Eigentum in seinem konkreten Bestand zerstören.

In ähnlicher Weise schützt die Eigentumsgarantie
gegen indirekte Steuern. Das Privateigentum wird hier als
Kaufkraft zum Erwerb von Waren und Dienstleistungen
eingesetzt. Deshalb darf die indirekte Steuer existenznotwendige Güter wie Lebensmittel, Mietwohnungen oder
medizinische Leistungen nur insoweit belasten, als das
einkommensteuerlich freigestellte Existenzminimum und
der sozialstaatliche Ausgleich beim Existenzbedarf auch

die Umsatzsteuer und die anderen indirekten Steuern berücksichtigt. Die Grundrechte fordern, dass direkte und indirekte Steuern in ihrer Gesamtbelastungswirkung aufeinander abgestimmt werden[140].

Andererseits dürfen die indirekten Steuern härter auf Leistungen zugreifen, die der Gesetzgeber in vertretbarer Weise als Luxus oder aber als unerwünscht qualifiziert. Viele Staaten kennen deshalb eine höhere Umsatzsteuer und besondere Verbrauchsteuern auf Luxusgüter.[141] Die Vielzahl der deutschen indirekten Steuern allerdings lässt sich, wenn überhaupt, nur historisch erklären:[142] Die Kraftfahrzeugsteuer ist aus den mittelalterlichen Wege- und Brückenzöllen erwachsen, die als Straßenbenutzungsgebühr nach der Zahl der Fahrzeugräder, sodann auch als Luxusbesteuerung auf Pferde und Equipagen, nach Erfindung des Kraftfahrzeugs als Stempelsteuer für stempelpflichtige Erlaubniskarten erhoben worden ist. Das Kfz-Dreirad verdankt seine Erfindung der vorübergehenden Bemessung der Kfz-Steuer nach der Zahl der Fahrzeugräder.

Andere Steuern sind zur Finanzierung konkreter Aufgaben entstanden: Die Vergnügungsteuer war ursprünglich eine Zwecksteuer zur Finanzierung des Armenwesens, erfasste zunächst Rennwetten und Lotterien, wurde später zur Luxussteuer auf öffentliche Belustigungen erweitert und wird heute durch die Spielbankenabgabe und durch Sportwettsteuern ergänzt. Hier wirken eine anfängliche Gegenwehr gegen den Spieltrieb, eine spätere öffentliche Teilhabe am leichtfertigen Luxus, schließlich ein Zugriff auf das locker sitzende Geld zusammen.

Die Besteuerung der Getränke, von Bier, Wein, Sekt, Branntwein, Mineralwasser, seit 1781 auch des Kaffees, geht auf eine mittelalterliche Getränkebesteuerung der Städte und Territorien zurück, die Umgeld, Akzisen, Torzölle, Schank- und Trankaufschläge erhoben. Verwandt ist die Schankerlaubnissteuer, die sich aus mittelalterlichen Schank- und Zapfgeldern entwickelt hat. Nach dem 1. Weltkrieg wurde zeitweilig auch eine Hockersteuer für nächtliche Wirtshaushocker erhoben.

Wie sich die Rechtfertigungsgründe im Laufe der Jahrhunderte ändern können, zeigt die Tabaksteuer. Sie löste als Prohibitivsteuer nach Ausbreitung des Tabakgenusses im Dreißigjährigen Krieg ein Tabakverbot ab. Später nutzte der Staat den Tabakgenuss in Staatsmonopolen oder durch Luxussteuern (Tabakakzisen) fiskalisch, bevor die Tabaksteuer schließlich in der Formalität einer Banderolensteuer die Unauffälligkeit des Gewohnten und Üblichen suchte. Auch die Frage, warum Hunde, nicht aber Katzen besteuert werden, lässt sich nur schwer begründen, allenfalls im historischen Wechsel der Rechtfertigungserwägungen anschaulich machen. Die Hundesteuer war um 1500 eine Ausgleichszahlung, mit der die Bauern ihre Pflichten ablösten, Hunde zur Jagd bereitzustellen. Im 19. Jahrhundert wurde diese Steuer dann aus polizeilichen Gründen als Luxussteuer oder aber als Nutzungsgebühr ausgestaltet. Heute hat sie sich verfassungsrechtlich hinter den Schleier einer »Aufwandsteuer« zurückgezogen.

Üblichkeit und Gewohnheit der Steuern haben sich bisher auch im Verfassungsstaat durchsetzen können. Die Eigentümerfreiheit wehrt aber jede Steuer ab, die sich nicht aus einem einsichtigen Grund rechtfertigt. Ein solcher Grund mag in einem Luxus und in einem besonderen Genussmittel liegen, auch in der Leichtigkeit des lockeren Geldes, ist für die übrigen Steuern aber in der Gegenwart eines freiheitlichen Staates mit dominierender Umsatzsteuer nicht erkennbar. Kleine Verbrauchsteuern auf Salz, Zucker, Leuchtmittel und Tee sind deshalb zum

01.01.1993 abgeschafft worden.[143] Weitere steuerpolitische Flurbereinigungen müssen folgen. Die indirekte
Steuer sollte sich allein auf die Umsatzsteuer stützen, die
in Fällen besonderer Nachfrage erhöht werden mag.

Auch andere Freiheitsrechte schützen den Steuerpflichtigen

Die Steuer greift auf das Erworbene, nicht schon auf den
Erwerb zu. Erst wenn der Lohn gezahlt, die unternehmerische Forderung begründet, der Umsatz vereinbart worden ist, entsteht die Steuerschuld. Der grundrechtliche
Eigentumsschutz bewahrt den Steuerpflichtigen vor einem
übermäßigen Zugriff auf sein erworbenes Eigentum. Er
hat daher Vorrang vor der Berufsfreiheit oder sonstigen
Freiheitsrechten.

Der Beruf darf frei ausgeübt werden

Dennoch ist die Steuer auch Teil der Berufsordnung. Sie
vermindert Arbeitslohn und Arbeitshonorar, verringert
also den Freiheitsraum beruflichen Erwerbs. Der Beruf
ermöglicht Einkommenserwerb durch Arbeit, so dass eine
Besteuerung des Einkommens auf die Berufsfreiheit zu-
rückwirkt. Berufs- und Eigentümerfreiheit wirken zusammen und begrenzen den Steuerzugriff.

Dies gilt auch für die Umsatzsteuer, hier allerdings
zugunsten verschiedener Grundrechtsträger. Die Umsatzsteuer belastet den Endverbraucher in seiner Kaufkraft
und damit in seinem Eigentum. Sie betrifft hingegen den
Unternehmer in seiner Berufsfreiheit, wenn die Umsatzsteuer seine Preise verteuert und damit seine Erwerbstätigkeit belastet.

Der Schutz von Berufs- und Eigentümerfreiheit hat aber vor allem zur Folge, dass das Arbeitseinkommen genauso geschützt ist wie das Kapitaleinkommen. Wenn gegenwärtig rechtspolitische Erwägungen einer konsumorientierten Besteuerung die Kapitaleinkommen vor den Arbeitseinkommen bevorzugen wollen[144] oder wenn eine Ökosteuer den Belastungsschwerpunkt auf die indirekten Steuern verlagert, so verbietet die Verfassung, Arbeit stärker zu belasten, um Kapitalerträge zu entlasten. Der tradierte Gedanke des »fundierten Einkommens«[145] will das Arbeitseinkommen entlasten, weil es aus persönlicher Arbeitsanstrengung und nicht aus der Produktivität von Kapital entsteht. Dieses Prinzip wird heute aus guten Gründen mit Wegfall der Vermögensteuer und der Gewerbekapitalsteuer weitgehend aufgegeben. Nun darf die Rechtspolitik allerdings nicht ins Gegenteil verfallen und das Arbeitseinkommen im Vergleich zum Kapitaleinkommen höher belasten.

Wenn eine »duale« Einkommensteuer die Kapitalerträge gegenüber dem sonstigen Einkommen entlasten will, kommt es zu einer Spaltung unter den Steuerpflichtigen. Das in persönlichem Einsatz und Risiko erzielte Einkommen aus einem Handwerksbetrieb würde höher besteuert als die Erträge aus langfristigen risikolosen Staatsanleihen; der Vermieter eines Wohnhauses würde trotz Baukosten- und Vermieterrisiko höher belastet als der Pfandbriefgläubiger, der Arbeitnehmer zu höheren Zahlungen verpflichtet als der Inhaber eines Sparkontos. Das Steuerrecht beschritte den Weg zur Privilegiengesellschaft. Wer Kapital bilden konnte, wird wegen dieses Erfolges steuerlich bevorzugt. Wer durch Arbeit Kapital bildet, wird benachteiligt und findet erschwert Zugang in den Kreis der Privilegierten.

Die Berufsfreiheit schützt den Zugang zum Beruf oder

das Verbleiben in dem gewählten Beruf. Zielt die Schankerlaubnissteuer[146] gerade auf einen bestimmten Beruf oder schränkt die Spielautomatensteuer insbesondere durch ihre erhöhten Steuersätze bei jugendgefährdenden Automaten[147] eine Berufstätigkeit ein, ist diese Steuer sowohl in ihrer Ertrags- wie auch in ihrer Lenkungswirkung zu rechtfertigen. Sie stellt den Adressaten vor die Wahl, entweder durch Steuerzahlung die Berufsfreiheit zurückzukaufen oder der Steuerlast, damit aber auch dem Beruf, auszuweichen. Bei dieser Wahlschuld wird die Wegnahme von Eigentum an der Eigentumsgarantie, der Einfluss auf die Wahl und Ausübung eines Berufs an der Berufsfreiheit gemessen. Je weniger die Steuer allerdings lenkend wirkt und je mehr sie zur alltäglichen und selbstverständlichen staatlichen Ertragsquelle wird, desto weniger berührt sie die Berufsfreiheit. Wenn das steuerliche Lenkungsprogramm weitgehend gescheitert ist und das Finanzierungsziel verlässlich erreicht wird, übernimmt die Eigentumsgarantie wieder den Schutz des Steuerpflichtigen.

Die Vereinigungsfreiheit gilt auch im Steuerrecht

Auch der Vereinigungsfreiheit kommt die Aufgabe zu, die Steuer in ihre Funktion als Finanzierungsinstrument zurückzuführen und ihren Einfluss auf die Wahl von Organisations- und Rechtsform zu beschränken. Die Freiheit, privatrechtliche Vereinigungen zu gründen, ihnen beizutreten oder fernzubleiben[148], ist beeinträchtigt, wenn die Steuerlast davon abhängt, ob jemand als Einzelkaufmann, als Personengesellschaft oder als Kapitalgesellschaft erwerbswirtschaftlich tätig ist. In der Fülle der von der Rechtsform abhängigen Belastungsunterschiede sticht hervor, dass die juristische Person ihre Gewinne steuerbegünstigt im Betrieb nutzen kann, die Personengesellschaft ihre Gewinne als Gewinne ihrer Gesellschafter erzielt, die Einzelperson ihre persönlichen Abzugsbeträge erleichtert in ihrem Erwerbsbetrieb zur Wirkung bringt. Deshalb sucht die Steuerberatung die Vorzüge für die thesaurierten und die konsumierten Gewinne zu kombinieren und gründet die GmbH & Co. KG. Wer die Firmenschilder in den Straßen unserer Städte liest, wird kaum eine KG und kaum eine GmbH, sondern immer nur eine GmbH & Co. KG finden. Das Steuerrecht hat die Erwerbsgemeinschaften in eine Rechtsform gedrängt, die im Gesellschaftsrecht nicht vorgesehen ist und auch den Organisationsbedürfnissen der Beteiligten nicht entspricht. Es treibt den zur Vereinigungsfreiheit Berechtigten in die Unfreiheit.

Dies belegt die Geschichte der GmbH & Co. KG. Diese Gesellschaftsform – die Personengesellschaft mit beschränkter Haftung – ist im Jahre 1912[149] ausschließlich aus steuerrechtlichen Gründen entstanden. Damals wurden die ausgeschütteten Gewinne doppelt – einmal bei der GmbH und später beim Gesellschafter – belastet. Deshalb wurde die GmbH & Co. KG als Ersatzform der reinen GmbH ersonnen: Die GmbH wurde Komplementärin und verpachtete ihr Betriebsvermögen an die KG zu einem Preis, der gerade ihre eigenen Aufwendungen deckte. Im Ergebnis fiel damit der Unternehmensgewinn bei der KG an, die Doppelbelastung war – mit Ausnahme des eigenen Gewinnanteils der GmbH als Gesellschafter der KG – vermieden, die bisherige Unternehmensverfassung aber weitgehend erhalten.

Heute hat die GmbH & Co. KG vor allem die Aufgabe, die Vorteile eines Personenunternehmens mit denen einer Kapitalgesellschaft zu vereinen, ohne die Rechtsform wechseln zu müssen. Je nach wirtschaftlicher Lage der beteiligten Gesellschafter können Gewinne von der KG auf die Komplementär-GmbH verlagert und erst dann an die Gesellschafter ausgeschüttet werden, wenn sie einem günstigen Einkommensteuersatz unterliegen oder Verluste erwirtschaftet haben.[150] Auch die unterschiedlichen Steuersätze der Einkommensteuer und der Körperschaftsteuer, ebenso eine Gewerbesteuerbelastung erzielter Gewinne können Anlass für eine flexibel gestaltbare GmbH & Co. KG sein. Die GmbH & Co. KG ist auch von Vorteil, wenn ihre Anteile vererbt werden sollen. Die Anteile an der Komplementär-GmbH werden nach dem so genannten »Stuttgarter Verfahren« mit ihrem gemeinen Wert bewertet, der auch den künftigen Ertrag des Unternehmens berücksichtigt. Für die Anteile an der KG ist hingegen der – meist niedrigere – Steuerbilanzwert maßgeblich. Verfügt die Komplementär-GmbH über kein wesentliches Vermögen, wird die GmbH & Co. KG praktisch wie ein Personenunternehmen besteuert, obwohl sie die Struktur einer Kapitalgesellschaft hat. Das Erbschaftsteuergesetz bevorzugt damit diese Rechtsform gegenüber anderen Kapitalgesellschaften.

Darüber hinaus wurde früher ein Unternehmen auch aus gewerbesteuerlichen Gründen aufgespalten. Eine GmbH übertrug ihr Betriebsvermögen auf eine von ihren Gesellschaftern begründete Personengesellschaft und pachtete das Vermögen von dieser zur Betriebsfortführung zurück. Die Höhe des großzügig bemessenen Pachtentgelts sollte so Gewerbesteuer sparen.[151] Die Rechtsprechung setzte aber schon im Jahr 1939 dem Gestaltungsmittel der Betriebsaufspaltung ein Ende und erhob auch auf das Pachtentgelt Gewerbesteuer.[152] Das Bundesverfassungsgericht hat diese veränderte Sicht in seiner ständigen Rechtsprechung gebilligt und in einer steuerjuristischen Betrachtungsweise den Gewerbebetrieb nach seinem wirtschaftlichen Handeln, nicht nach seiner rechtlichen Formalität beurteilt.[153]

Dennoch bietet die Kombination der Personengesellschaft mit einer Kapitalgesellschaft dem Steuerpflichtigen auch heute noch Gestaltungsmöglichkeiten. Der Gesellschafter kann sich als Geschäftsführer bei der Betriebskapitalgesellschaft anstellen lassen und damit deren Gewerbesteuerlast senken, oder aber Gewinne über einen Pachtzins in die Besitzpersonengesellschaft verlagern und so von einer für ihn günstigen Anrechnung der Gewerbesteuer auf die Einkommensteuer profitieren. Zivilrechtlich wird das Instrument der Betriebsaufspaltung häufig gewählt, um den Zugriff der Gläubiger in der Insolvenz zu vermindern. Gerät die zumeist produzierende Betriebskapitalgesellschaft in eine Insolvenz, können deren Gläubiger nicht auf das Grundvermögen des Besitzunternehmens zurückgreifen.

Das Bundesverfassungsgericht[154] tritt der gesellschaftsrechtlichen Verfremdung des Steuerrechts entgegen und betont, dass die Rechtsform eines Unternehmens für sich genommen keine steuerlichen Belastungsunterschiede rechtfertigt. Das Verfassungsrecht gibt den entscheidenden Anstoß, die Forderung nach einer rechtsformneutralen Besteuerung[155] nunmehr energisch zu verwirklichen. Dabei hat die Rechtsformneutralität je nach Steuer unterschiedliche Folgen: Bei der Einkommensteuer sollte jeder wirtschaftliche Organismus einer Erwerbsgemeinschaft gleich besteuert werden. Die Umsatzsteuer behandelt jeden Betrieb als vorsteuerabzugsberechtigten Steuerschuldner, also als Nichtkonsumenten. Im Erbschaftsteuerrecht dient die juristische Person dem törichten Versuch einer Unsterblichkeit. Im jeweiligen Binnensystem dieser Steuern muss unabhängig von der Rechtsform besteuert werden.

Ehe und Familie genießen besonderen Schutz

Auch der besondere verfassungsrechtliche Schutz von Ehe und Familie schützt die Freiheit der Menschen gegen steuerliche Eingriffe. Die Ehe ist eine Lebens- und Beistandsgemeinschaft der Ehegatten, daneben aber auch eine Gemeinschaft des Erwerbs, in der sich die Ehegatten die Aufgaben geteilt und eine Arbeitsteilung vereinbart haben.[156] Das in der Ehe erzielte Einkommen wird deshalb bei der Besteuerung ebenso aufgeteilt – gesplittet – wie bei jeder anderen Erwerbsgemeinschaft, der OHG oder KG, der GmbH oder AG.

Wenn Steuerpflichtige mit hinreichend großem Vermögen und juristischem Geschick untereinander Gesellschafts- und Arbeitsverträge schließen und damit ein »Familiensplitting« organisieren können, muss innerhalb der Ehe zumindest ein Ehegattensplitting möglich sein. Dies ist ein Gebot der Besteuerungsgleichheit, die Ehe wird dadurch noch nicht besonders geschützt.

Das Ehegattensplitting ist deshalb keine beliebig veränderbare Steuervergünstigung, sondern ein sachgerechtes Besteuerungsprinzip, das der Ehe als Erwerbsgemeinschaft entspricht.[157] Dabei hat das Steuerrecht wiederum die Freiheit der Ehepartner zu achten, wie sie ihre Ehe intern gestalten, die Erwerbs- und Familienarbeit untereinander aufteilen und die Verfügung über ihr Einkommen regeln wollen. Ein Steuergesetz, das einen der Ehegatten in das Erwerbsleben drängen würde, wäre verfassungswidrig[158]. Auch ein eheliches Gemeinschaftskonto, über das der Ehemann »oder« die Ehefrau gleichermaßen verfügungsberechtigt sind, darf nicht zu steuerlichen Nachteilen führen. Der Bundesfinanzhof[159] hatte ein solches »Oder-Konto« bei der Prüfung eines Arbeitsverhältnisses unter Ehegatten als Indiz dafür gewertet, dass ein Arbeitsentgelt nicht ernstlich vereinbart worden sei. Die Ehepartner betrieben zwei Gaststätten. Jeder von ihnen leitete einen der Erwerbsbetriebe. Die Ehefrau arbeitete aufgrund eines Arbeitsverhältnisses mit ihrem Mann. Der Bundesfinanzhof sah in dem Oder-Konto ein Zeichen dafür, dass die Arbeit der Frau vom Mann nicht angemessen entgolten worden sei, der Mann vielmehr wegen seiner Verfügungsbefugnis über das Konto gleichsam an sich selbst gezahlt habe. Das Bundesverfassungsgericht[160] hat dem entgegengehalten, dass die Verfügungsberechtigung jedes Ehegatten über ein gemeinsames Konto der ehelichen Lebens- und Erwerbsgemeinschaft entspreche, deshalb nicht zu steuerlichen Nachteilen führen dürfe. Würde das Oder-Konto zu einem negativen Tatbestandsmerkmal verselbstständigt, seien die Ehegatten in ihrer eheinternen Lebensführungsfreiheit verfassungswidrig benachteiligt.

Die Familie ist anders als die Ehe keine Erwerbsgemeinschaft, sondern eine Unterhaltsgemeinschaft. Die Kinder tragen heute kaum zum Unterhalt der Familie bei, beanspruchen vielmehr selbst Unterhalt durch die Eltern. Das Einkommensteuerrecht erfasst das Kind deshalb nicht als Steuerpflichtigen, der einen Teil des Familieneinkommens mitverdient hätte, sondern als Unterhaltsberechtigten, der Anspruch auf einen Teil des elterlichen Einkommens erhebt und das steuerbare Einkommen der Eltern mindert. Deshalb ist dieses Einkommen zumindest in Höhe des existenznotwendigen Bedarfs der Kinder von der Einkommensteuer auszunehmen.[161]

Das Grundgesetz schützt Ehe und Familie in einem Atemzug als zusammenwirkende Freiheiten. Die Ehe ist potenzielle Elternschaft, bietet die besten Voraussetzungen für die körperliche, geistige und seelische Entwicklung des Kindes[162], begründet auch eine wechselseitige Beistands-

und Unterhaltsgemeinschaft von Eltern und Kindern in Krisenzeiten.[163] Dieses einheitliche Grundrecht darf deshalb nicht in seine Teileelemente Ehe und Familie aufgespalten und gegeneinander ausgespielt werden. Wenn die Europäische Charta der Grundrechte[164] den Schutz der Ehe zurücknehmen und dafür den Schutz der Familie verstärken wollte, ist dies ein Irrweg. Die Familie ist nicht zu Lasten der Ehe, sondern zu Lasten der Kinderlosen zu stärken. Der einheitliche Schutz von Ehe und Familie muss insbesondere zwei Entwicklungslinien unserer Gesellschaft mäßigen, die eine Bereitschaft zum Kind und damit die Zukunft von Staat und Gesellschaft bedrohen: den ausgeprägten Hang zum Erwerbsstreben, der die jungen Menschen in die Berufstätigkeit drängt und ihnen kaum noch Zeit lässt, sich in Ehe und Familie zu entfalten; zudem den missverstandenen Gleichberechtigungsanspruch, der die berufliche Gleichheit überbetont und damit den Schutz von Kind und Mutter trotz ihrer besonderen Schutzbedürftigkeit schwächt. Auch im Steuerrecht brauchen wir deshalb eher eine Gleichberechtigung der Mütter als eine Gleichberechtigung der Frauen.

Nur eine gleiche Besteuerung ist erträglich

Wenn die Steuer in den verschiedenen Freiheitsrechten des Eigentümers, des Berufstätigen, der Ehe, der Familie oder der Vereinigung verschiedene Maßstäbe findet, rechtfertigen sich diese Belastungsunterschiede auch vor dem Gleichheitssatz. Das Steuergesetz greift auf die finanzielle Leistungsfähigkeit des Eigentümers zu[165], unterscheidet damit den steuerpflichtigen Eigentümer vom nichtsteuerpflichtigen Nichteigentümer. Der Schutz der Ehe erfasst die Ehegatten als Erwerbsgemeinschaft, gewährt Unverheirateten aber kein entsprechendes Splittingverfahren.[166] Die Familien werden rechtlich als Unterhaltsgemeinschaften geschützt; freiwillige Unterhaltszahlungen an andere nahe stehende Personen oder Freunde können nicht in gleicher Weise von der einkommensteuerlichen Bemessungsgrundlage abgezogen werden.[167] Die Obergrenze der Besteuerung folgt aus der Sozialpflichtigkeit des Eigentums.[168] Der Schutz von Ehe und Familie schirmt auch das Familiengut in der ehemaligen Vermögensteuer[169] und der Erbschaftsteuer[170] gegen den Steuerzugriff ab, begründet die unterschiedliche Belastbarkeit von Eltern und kinderlosen Steuerpflichtigen im Rahmen einer progressiven Einkommensteuer[171] und benennt den Kindesunterhalt, der beim Elterneinkommen steuerfrei bleiben muss.[172] Die Vereinigungsfreiheit fordert die Besteuerung unabhängig von der Rechtsform eines Unternehmens (Rechtsformneutralität).[173] Die Berufsfreiheit untersagt eine steuerliche Lenkung, die den Steuerpflichtigen hindert, einen Beruf zu wählen oder auszuüben.

Neben diesen konkreten, in den Freiheitsrechten angelegten Gleichheitssätzen behält aber auch der allgemeine Gleichheitssatz eine eigenständige Bedeutung für das Steuerrecht. »Alle Menschen sind vor dem Gesetz gleich«: Dieser verfassungsrechtliche Grundsatz meint nicht, dass jeder Mensch – der Millionär wie der Habenichts – pro Jahr den gleichen Steuerbetrag zu zahlen hätte. Vielmehr verlangt der Gleichheitssatz, dass die Menschen jeweils in ihrer Ähnlichkeit oder Verschiedenheit sachgerecht belastet werden. Die Besteuerungsgleichheit stützt sich auf den Unterschied zwischen Arm und Reich. Arme und Reiche haben die gleiche Menschenwürde, als Deutsche das gleiche Wahlrecht und bei gleicher Qualifikation den gleichen Zugang zum öffentlichen Dienst. Für die Besteuerung allerdings sind sie grundverschieden. Der Steuerstaat beansprucht Teilhabe am Erfolg privaten Wirtschaftens[174], belastet also den Erwerbserfolg, knüpft an Einkommen, Vermögen oder Nachfragekraft an[175]. In dieser Verschiedenheit verpflichtet das Steuerrecht den Menschen, »von dem Seinigen etwas abzugeben«[176]. Der Gleichheitssatz unterscheidet die Menschen nach ihrer Zahlungsfähigkeit, zieht deren Einkommen und Kaufkraft zur Finanzierung der Gemeinlasten heran.

Die Gleichheit aller Menschen begründet eine elementare Statusgleichheit und gewährleistet damit vor allem ein einkommensteuerliches Existenzminimum für den Einzelnen[177] und seine Familie[178]. Sie schützt darüber hinaus auch die aus Einkommen gebildeten Grundlagen der individuellen Lebensgestaltung[179] und mäßigt insoweit die Einkommensteuer in ihrer Zugriffsintensität.[180] Die Statusgleichheit wirkt sich auch auf Institutionen und Organisationen aus: Der Steuergesetzgeber darf die Gleichheit der politischen Parteien[181] und kommunalen Wählervereinigungen[182] nicht in einer Weise verändern, die den Wettbewerb unter ihnen beeinflussen könnte.

Jenseits dieser Statusgleichheit eröffnet sich dem Gesetzgeber ein steuerpolitischer Gestaltungsraum. Je intensiver sich der Mensch im Erwerbsleben betätigt und den Markt nutzt, desto mehr handelt er in dem demokratisch gestaltbaren Lebensbereich und unterliegt dem Steuerzugriff.

Ob die Art und Intensität der jeweiligen Besteuerung dem Gleichheitssatz entspricht, bemisst sich nach dem Vergleichsziel. Die Einkommensteuer findet in dem Zugriff auf das individuelle Einkommen, die Umsatzsteuer in der staatlichen Teilhabe an der jeweils eingesetzten Kaufkraft ihr Maß. Diese Besteuerungszwecke bieten ein legitimes Vergleichsziel: Die Steuer darf jeweils an Einkommen und Kaufkraft nach gleichem Maß teilhaben.

Eines der wichtigsten Gleichheitserfordernisse der Besteuerung verlangt, dass der Steuerertrag an die Allgemeinheit der Steuerpflichtigen zurückgegeben und nicht einer einzelnen Gruppe vorbehalten wird. Würde der Gesetzgeber das Steueraufkommen der Erfüllung einer einzelnen Staatsaufgabe widmen, stünde dem die strikte Trennung zwischen Steuerrecht und Haushaltsrecht, zwischen staatlicher Steuerpolitik und einer davon unabhängigen Ausgabepolitik entgegen. Wenn das Absatzfondsgesetz eine Abgabe vorsieht, deren Ertrag ausschließlich der Finanzierung landwirtschaftlicher Strukturpolitik dienen soll[183], verstößt diese Zweckbindung gegen den Grundsatz der Gleichheit aller Bürger bei der Auferlegung öffentlicher Lasten. Das gesamte Aufkommen aus der steuerlichen Gemeinlast muss für die Allgemeinheit verwendet werden, eine Zweckbindung für Einzelaufgaben und Einzelgruppen ist verboten. Auch der Kohlepfennig, der den Strom belastet und aus dem Aufkommen dieser Abgabe die Kohle subventioniert, verstößt in dieser Zweckbindung gegen die Budgethoheit des Parlaments und ist deshalb verfassungswidrig.[184] Befreit das Gesetz eine Stellenzulage für Beamte von der Einkommensteuer, so sucht das Steuerrecht Leistungen aus öffentlichen Haushalten zu ersetzen, umgeht damit Entscheidungen des Haushaltsgesetzgebers. Auch im Bundeseinkommensteuergesetz gewährte Befreiungen zu Lasten der Länderhaushalte sind verfassungswidrig.[185] Durch die strikte Trennung von Steuererhebung und Budgetbewilligung gewinnt der Staat Distanz und Unabhängigkeit gegenüber seinen Finanziers. Das Parlament ist bei der Haushaltsentscheidung allen Bürgern – mögen sie Steuerzahler sein oder nicht – in gleicher Weise verantwortlich.

Dem Steuerzahler ist jeder Einfluss auf die Verwendung des Aufkommens aus seiner Steuerzahlung verwehrt. Lehnt ein Steuerpflichtiger die Organisation und Finanzierung der Bundeswehr ab, berührt diese Gewissensentscheidung nicht Grund und Höhe seiner Steuerzahlungspflicht, mag der Steuerertrag auch anteilig der Finanzierung der Verteidigung dienen. Über die Verwendung des Steueraufkommens entscheidet allein das Parlament bei der Budgetbewilligung. Hierbei sind die Abgeordneten ausschließlich ihrem Gewissen verantwortlich, an Weisungen und Vorstellungen anderer nicht gebunden.[186]

Noch nicht abschließend geklärt ist, ob der Staat steuerlich an Erträgen partizipieren darf, die von der Rechtsordnung missbilligt werden. Grundsätzlich ist jedes Einkommen steuerbar, mag es auch ein Dieb oder ein Räuber durch eine Straftat erworben haben. Würde der Staat hier auf eine Steuer verzichten, um nicht selbst zum Hehler zu werden, begründete die Strafbarkeit des Erwerbs das Privileg der Steuerfreiheit. Strafwürdiges Verhalten wird aber mit Sanktionen – Freiheitsentziehung und Geldstrafe –, nicht mit Steuervorteilen bedacht.

Auch die Sittenwidrigkeit des Einkommenserwerbs entlastet nicht von der Einkommensteuer. Greift die Steuer auf die Erträge eines Zuhälters zu, begründet dieses keinen Wertungswiderspruch[187]. Wenn die Rechtsordnung die Erwerbstätigkeit des Betreibers missbilligt, den daraus erzielten wirtschaftlichen Erfolg aber nicht steuerlich entlastet, sind beide Entscheidungen folgerichtig: Das Berufsrecht erklärt ein Verhalten für unerwünscht, das Steuerrecht vermeidet seine Privilegierung.

Allerdings hat das Steuerrecht für missbilligte Wirtschaftsvorgänge noch keine einheitliche Antwort gefunden. Das Einkommensteuergesetz lässt den Staat an einem durch Bestechungs- und Schmiergelder erzielten Einkommen teilhaben, schließt aber den gewinnmindernden Abzug dieser Gelder als Betriebsausgaben aus. Wer Bestechungsgelder bezahlt hat, muss deshalb Gewinne versteuern, die er nicht erzielt hat. Teilweise übersteigt die Höhe der Schmiergelder sogar diese formalen Gewinne. Die betriebliche Praxis hilft sich deshalb mit Ausweichreaktionen: Das Geschäft wird in einen ausländischen Betrieb verlegt, der Gewinn nur im Ausland verbucht. Gelegentlich veranlasst die rechtswidrige Handlung der Bestechung auch eine weitere, nunmehr steuerliche Illegalität.

Strafrecht und Steuerrecht wirken zusammen, wenn der Strafrichter das rechtswidrig Erlangte einzieht und seinen Verfall anordnet, das Steuerrecht hingegen einen dem Täter aus der Straftat dennoch verbleibenden wirtschaftlichen Vorteil besteuert. Hier steht der strafrechtliche Zugriff auf den Erfolg einer Straftat folgerichtig neben dem steuerlichen Zugriff auf danach verbliebene Früchte der Tat. Das Steuerrecht belastet auch nach dem strafrechtlichen Zugriff den Gewinn, soweit er dem Täter noch verblieben ist.[188]

Selbstverständlich darf eine Lenkungssteuer den Pflichtigen nicht zu einem illegalen oder sittenwidrigen Verhalten verleiten. Aber auch die steuerliche Zusatzbelastung eines missbilligten Verhaltens, die den Adressaten zum Unterlassen drängen will, erscheint verfassungsrechtlich fragwürdig. Sie lässt die ertragsberechtigte Körperschaft auf Zukunftserträge hoffen. Die öffentliche Hand begegnet dann dem missbilligten Handeln mit mehr Wohlwollen, als nach der Gesamtrechtsordnung erlaubt ist. Das Bundesverfassungsgericht[189] hat deshalb die Frage gestellt, ob eine erhöhte Besteuerung von Gewaltspielautomaten und damit die finanzwirtschaftliche Teilhabe der öffentlichen Hand an staatlich missbilligten Veranstaltungen gerechtfertigt oder das Lenkungsziel allein durch ordnungsrechtliche Verbote durchgesetzt werden könne.

Darüber hinaus fordert der Gleichheitssatz eine realitätsgerechte und folgerichtige Besteuerung. Nimmt die steuerliche Bemessungsgrundlage die Wirklichkeit nicht so auf, wie sie tatsächlich vorgefunden wird, verfehlt die Steuer die Gleichheit der Last je nach tatsächlicher Leistungsfähigkeit. Das Einkommensteuergesetz ist fehlerhaft, wenn es das Existenzminimum entgegen den tatsächlichen Bedürfnissen zu niedrig bemisst[190] oder einen großen Teil der tatsächlich erzielten Zinseinkünfte nicht erfasst.[191] Die Vermögensteuer und die Erbschaftsteuer sind verfassungswidrig, wenn die Bewertung von Wirtschaftsgütern nicht die tatsächlichen Vermögenswerte abbildet[192] oder die Werte nicht an die Veränderungen der Verhältnisse anpasst.[193]

Hat der Steuergesetzgeber eine bestimmte Grundsatzentscheidung getroffen, muss er diese für die Dauer ihrer Geltung folgerichtig umsetzen. Belastungsunterschieden, die einander widersprechen, fehlt der rechtfertigende Grund; sie sind deshalb gleichheitswidrig. Zugleich widersprechen sie den Freiheitsrechten, weil die widersprüchliche Last der Freiheitsbeschränkung ihre Einsichtigkeit und Plausibilität nimmt. Dieses Gebot der Widerspruchsfreiheit ist in der jüngeren Steuerrechtsprechung des Bundesverfassungsgerichts zu einem zentralen Prüfungsmaßstab geworden. Stützt das Einkommensteuergesetz die Besteuerung der Kapitaleinkünfte auf die Steuererklärung des Pflichtigen, wird dessen Erklärung aber wegen des Bankgeheimnisses nicht überprüft, so ist diese Regelung widersprüchlich. Da kein Steuerpflichtiger gerne Steuern zahlt, bietet eine Erklärung ohne Kontrolle keine tragfähige Grundlage für eine gleiche Belastung.[194] Hat der Gesetzgeber (1992) den existenznotwendigen Lebensbedarf des Menschen im Sozialrecht mit 12.407 Mark pro Jahr bemessen, für das Einkommensteuerrecht hingegen auf 5.616 Mark festgesetzt, ist diese Regelung in ihrer

Widersprüchlichkeit mit dem Grundgesetz unvereinbar.[195] Der existenzielle Mindestbedarf des Erwerbenden ist nicht geringer als der des Erwerbslosen. Besteuert der Gesetzgeber grundsätzlich alle Erwerbseinnahmen, stellt er aber bestimmte Stellenzulagen von öffentlich Bediensteten von der Steuer frei, widerspricht diese Steuerfreiheit dem Prinzip einer Besteuerung aller Löhne und schafft ein gleichheitswidriges Steuerprivileg.[196] Erfasst die Vermögensteuer die verschiedenen Vermögensarten nicht annähernd mit gleichen Ausgangswerten – das Grundvermögen wurde in den Vergangenheitswerten von 1964, das Geldvermögen hingegen zu Gegenwartswerten ermittelt –, begründet der Bewertungswiderspruch eine verfassungswidrige, ungleiche Belastung.[197] Außerdem verlangt das Folgerichtigkeitsgebot, dass die Vermögensteuer auf die Vorbelastung des Vermögens durch Ertragsteuern und durch indirekte Steuern abgestimmt wird. Soweit ein Vermögen schon durch Einkommensteuer und durch Umsatzsteuer vorbelastet ist, verbleibt für eine ergänzende Besteuerung nur noch ein enger Raum.[198]

Bei den Lenkungssteuern fordert das Folgerichtigkeitsgebot eine widerspruchsfreie Anleitung des Gesetzesadressaten durch das Verwaltungsrecht wie durch das Steuerrecht. Setzt der Bundesgesetzgeber im Bundesumweltrecht auf das Kooperationsprinzip, der Landesgesetzgeber hingegen in den Landesabfallgesetzen[199] und eine Gemeinde mit einer kommunalen Verpackungsteuer[200] auf eine Lenkung durch steuerlichen Zwang, so widersprechen die landesrechtlichen und die kommunalrechtlichen Regelungen den bundesrechtlichen Vorgaben, verstoßen damit gegen das Folgerichtigkeitsgebot und müssen weichen. Es ist daher konsequent, eine Steuersubvention aufzuheben, wenn der damit verfolgte Lenkungszweck erreicht wurde.[201]

Sieht das Steuergesetz eine Steuersubvention vor und erlaubt es deshalb einen Abzug von der Bemessungsgrundlage einer progressiven Steuer, so entstehen in der Regel ebenfalls widersprüchliche, also gleichheitswidrige Entlastungswirkungen. Darf der Steuerpflichtige einen Euro, den er für ein Umweltprogramm eingesetzt hat, von der Bemessungsgrundlage der Einkommensteuer abziehen, erhält der Bezieher hoher Einkommen höhere Subventionen als der Bezieher niedriger Einkommen. Einziger Grund für diese Unterscheidung ist die unterschiedliche Einkommenshöhe, die eine unterschiedliche Subvention nicht rechtfertigen kann. Das Bundesverfassungsgericht hat diese umgekehrte Progressionswirkung bisher für die streng formale Parteiengleichheit beanstandet: Die steuerliche Abzugsfähigkeit von Mitgliedsbeiträgen und Spenden an politische Parteien – damals bis zur Höhe von 60.000 Mark und bei Zusammenveranlagung bis zu 120.000 Mark im Kalenderjahr – konnte verfassungsrechtlich nicht gerechtfertigt werden[202]. Deshalb ist grundsätzlich nur noch ein Abzug von der Steuerschuld zulässig, so dass jeder Parteispender unabhängig von der Höhe seines Einkommens in gleicher Weise entlastet wird.

Die Steuer auf das Einkommen ist erneuerungsbedürftig

Das deutsche Einkommensteuerrecht ist reformbedürftig. Das Gesetz wird nicht von einem rechtfertigenden Grund für die Belastung des Einkommens geprägt, sucht vielmehr in einem Katalog von sieben Einkunftsarten den Belastungsgrund annähernd zu skizzieren. Die Besteuerungsgrundregel wird sodann von vielen Ausnahmen durchbrochen. Das Einkommensteuergesetz lädt im Bemühen um Einzelfallgerechtigkeit zu steuervermeidenden Gestaltungen ein, grenzt die Erwerbssphäre nicht immer folgerichtig von der Privatsphäre ab, ermittelt die Einkünfte teilweise unsystematisch, berücksichtigt den Familienbedarf nicht ausreichend, verfehlt die Lastengleichheit bei den Altersbezügen, entwickelt keinen allgemeinen Maßstab für eine gegenwartsnahe Besteuerung – die Gleichheit in der Zeit –, ist im Übrigen terminologisch und systematisch unübersichtlich und widersprüchlich.

Warum wird Einkommen besteuert?

Das Einkommensteuergesetz baut bisher nicht auf ein klares Belastungsprinzip, sucht vielmehr zwei eher gegenläufige Prinzipien – die Besteuerung des zugegangenen Reinvermögens oder der Erträge aus dauernden Quellen – pragmatisch zu kombinieren. Die Reinvermögenszugangssteuer[203] erfasst die wirtschaftliche Kraft einer Person in einer bestimmten Periode in dem Vermögen, das ihr in diesem Zeitraum zugegangen ist. Dabei wird nur das Reinvermögen belastet, die erwerbssichernden Aufwendungen werden vorher abgezogen. Die Einkommensteuer wird so zu einer Bereicherungssteuer, die das dem Steuerpflichtigen im jeweiligen Jahr zugeflossene, zum Konsum verfügbare Vermögen belastet.

Demgegenüber erfasst die Quellensteuer[204] die Gesamtheit der Sachgüter, die dem Einzelnen in einem Jahr als Erträge aus dauernden Quellen der Gütererzeugung zugeflossen sind. Besteuert wird also nicht schon derjenige, der während des Jahres reicher geworden ist, sondern nur derjenige, der seinen Zuwachs an Leistungsfähigkeit einer bestimmten Erwerbsquelle am Markt verdankt. Wer in seinem Privatgarten eigene Früchte erntet, als Student vom elterlichen Monatswechsel lebt, eine staatliche Subvention für seinen Betrieb empfängt oder auch ein Darlehen aufnimmt, steigert zwar seine gegenwärtige finanzielle Leistungsfähigkeit, verdankt diese aber nicht der Bereitschaft von Markt und Rechtsgemeinschaft, ein Leistungsangebot zu entgelten und damit zum Entstehen individuellen Einkommens beizutragen. Lebt der Wohnungseigentümer im eigenen Haus, fließt ihm – anders als bei der Vermietung des Hauses – kein Einkommen aus dieser Quelle zu. Die Quellensteuer setzt auch eine ständig fließende Quelle voraus, belastet also nicht Einnahmen aus einem einmaligen Vorgang. Vermietet ein Student seinem Kommilitonen sein Auto für eine Ferienreise gegen ein Entgelt von 1.000 Euro, so ist diese Einmaleinnahme nicht aus einer ständig fließenden Quelle erzielt, muss also nicht besteuert werden, obwohl die vereinbarten 1.000 Euro sein verfügbares Vermögen offensichtlich mehren. Die Reinvermögenszugangssteuer hingegen erfasst auch das einmalige Einkommen und belastet den Nutzungswert der Wohnung im eigenen Haus. Schließlich müsste der Nobelpreisträger seinen Preis als Reinvermögen versteuern, weil seine Leistungsfähigkeit durch den Preis gewachsen ist, brauchte ihn hingegen nicht als Ertrag einer dauernden Erwerbsquelle der Steuer zu unterwerfen, weil die Auszeichnung einmalig und auch nicht Entgelt für eine konkrete Leistung ist.

Das geltende Einkommensteuerrecht kombiniert die beiden Besteuerungsgründe in sieben Einkunftsarten und besteuert den Gewinn aus Land- und Forstwirtschaft, aus Gewerbebetrieb und aus freiberuflicher Tätigkeit als Reinvermögenszugang, die Überschüsse aus Arbeitslohn, aus Kapitalvermögen, aus Vermietung und Verpachtung und sonstigen Einkünften hingegen als Zufluss aus einer ständigen Quelle. Dieser pragmatischen Kombination verschiedener Besteuerungsmaßstäbe fehlt der rechtfertigende Belastungsgrund. Der Zugriff auf ein unterschiedlich definiertes Einkommen erscheint widersprüchlich.

Das Einkommen wird nicht besteuert, weil jemand reicher geworden ist, er eine Erbschaft gemacht, eine Schenkung erhalten, Unterhaltszahlungen empfangen, sich sein eigenes Haus gebaut, für eine Ehrverletzung Schmerzensgeld erhalten hat oder ihm ein Ehrenpreis zugesprochen worden ist. Die bloße Bereicherung rechtfertigt noch keine Einkommensteuer, weil der Bereicherte seinen Zuwachs dem Erblasser, dem Schenker, dem Unterhaltszahlenden, einer Jury oder sich selbst, nicht aber dem Staat und der Rechtsgemeinschaft verdankt. Auch die ständig sprudelnde Geldquelle allein legitimiert noch keine Steuer.

Die Einkommensteuer rechtfertigt sich aus der Mitwirkung der Rechtsgemeinschaft an der Entstehung von Individualeinkommen. Weil die Gemeinschaft das individuelle Leistungsangebot annimmt und entgilt, der Staat die Rechts- und Währungsordnung für die Vereinbarung verbindlicher Verträge bereitstellt, die Gesellschaft gut ausgebildete Arbeitskräfte und ein Bankensystem anbietet, dieser Markt sich auf eine durch den Verfassungsstaat garantierte Friedensordnung und solide Rahmenbedingungen stützen kann, entsteht individuelles Einkommen. Die Rechtsgemeinschaft, repräsentiert durch den Steuerstaat, fordert ihren Anteil am Entstehen des Individualeinkommens in der Einkommensteuer zurück.

Der rechtfertigende Grund und Ausgangstatbestand der Einkommensteuer liegt deshalb in der erfolgreichen Nutzung einer den Markt beanspruchenden Erwerbsgrundlage. Wer mit seiner Arbeitskraft oder seinem Kapital am Markt eine Einkunftsquelle gefunden hat, diese Erwerbsgrundlage nutzt und dabei Erfolg hat, muss einen Teil dieses am Markt gewonnenen Erfolges zur Finanzierung der Rechtsgemeinschaft beitragen. Nur das am Markt erwirtschaftete Einkommen ist steuerbar.

Dieser Tatbestand nimmt die Schenkung, die Unterhaltszahlung, die Eigenleistung, das Almosen, die Entschädigung oder den Schadensersatz von der Einkommensteuer aus, weil sie nicht am Markt erwirtschaftet sind. Dementsprechend sind Aufwendungen, die nicht einer Erwerbsgrundlage dienen, auch nicht abziehbar. Der Privatmaler, der seine Bilder nicht verkauft, kann den Aufwand für Farben und Pinsel nicht absetzen. Der Berufsmaler, der aus den Erträgen seiner Kunst lebt, darf die Kosten seiner Malerei von seiner einkommensteuerlichen Bemessungsgrundlage abziehen. Wer ein Pferd zu seinem persönlichen Reitvergnügen hält, finanziert sich eine Liebhaberei; die Kosten sind nicht absetzbare Kosten persönlicher Lebensführung. Wird aus dem Reitstall hingegen ein Ertrag erwirtschaftet, mindern dessen Kosten das steuerpflichtige Einkommen. Gleiches gilt für die Bienenzucht, die Brieftauben, die Privatjacht, die Ferienwohnung, den Blumenladen, die Galerie oder die Vortragsreisen: Sind diese Tätigkeiten nicht zur Vermögensmehrung bestimmt und geeignet, sondern dienen sie der privaten Lebensgestaltung, sind sie für die Einkommensteuer unerheblich.

Einnahmen und Aufwendungen sind dem zuzurechnen, der die Erwerbsgrundlage nutzt. Hat ein Handwerker eine Kundenforderung seinem studierenden Sohn abgetreten, damit nicht er, sondern sein Sohn diese Einkünfte unter Nutzung seiner Freibeträge und eines niedrigeren Progressionssatzes versteuern kann, wird diese Gestaltung misslingen. Der Handwerker ist Inhaber seines Handwerksbetriebes und damit der Erwerbsgrundlage. Er nutzt diese durch den Erwerb der Kundenforderung und verfügt durch die Abtretung über diese Forderung, nachdem seine Steuerschuld bereits entstanden ist. Der Vater muss die Forderung versteuern, der Sohn empfängt versteuertes Einkommen. Verpachtet der Vater hingegen den Handwerksbetrieb an seinen Sohn, der den Betrieb nunmehr bewirtschaftet, so hat der Vater die Erwerbsgrundlage, den Handwerksbetrieb, auf den Sohn übertragen.[205] Der Gewinn wird ihm zugerechnet. Veräußert ein Unternehmen ein Grundstück an die Ehefrau eines vorzüglichen Angestellten zum Vorzugspreis und wird dadurch die Leistung des Angestellten anerkannt, ist der Preisvorteil Lohn des Angestellten. Er hat diesen Vorteil durch seine Arbeitsleistung erworben. Der Ehemann muss den Vorteil versteuern, die Ehefrau bleibt insoweit außerhalb des Steuerschuldverhältnisses. Tritt der Vater dem Sohn den Dividendenanspruch aus einer Aktie ab, bleibt der Vater Inhaber der Erwerbsgrundlage, der Aktie, nutzt diese und schenkt seinem Sohn den Aktienertrag, nachdem er ihn versteuert hat. Überträgt er hingegen das Wertpapier auf seinen Sohn, so erwirbt dieser eine Erwerbsgrundlage, die er bei der Dividendenzuteilung erfolgreich nutzt.

In gleicher Weise lassen sich absetzbare Erwerbsaufwendungen und steuerunerhebliche Kosten persönlicher Lebensführung voneinander trennen. Zerstört jemand das Auto eines Polizisten, um ihm als erfolgreichem Nebenbuhler zu schaden, bezieht sich die Zerstörungshandlung auf die private Lebensführung, ist also nicht absetzbar. Schädigt er hingegen das Privateigentum des Polizisten, um eine vorausgehende polizeiliche Verfügung zu rächen, so sind die Schäden durch die Erwerbstätigkeit des Polizisten veranlasst und deswegen als erwerbsbedingte Aufwendungen absetzbar. Finanziert ein Freund dem jungen Anwalt eine Praxiseinrichtung, wendet er etwas für eine fremde Erwerbsgrundlage auf, kann diese deshalb prinzipiell nicht absetzen.

Die Höhe der Aufwendungen bestimmt allerdings der Aufwendende selbst. Zählt der Bäcker seine kleinen Brötchen mit einem Großcomputer oder fährt der junge Anwalt statt mit dem Fahrrad mit dem Ferrari zum Gerichtstermin, sind die dadurch entstandenen Aufwendungen durch seinen Erwerb veranlasst, können also in voller Höhe abgesetzt werden. Die Finanzverwaltung darf grundsätzlich nicht die Angemessenheit der Kosten beanstanden.

Die Steuer auf das Markteinkommen erfasst nur das erwirtschaftete Einkommen, erstreckt den Zugriff also grundsätzlich nur auf das liquide Einkommen. Hat ein Unternehmer Waren auf Vorrat gekauft und könnte er dieses Vorratsvermögen nunmehr für einen höheren Preis verkaufen, muss er die Wertsteigerung erst versteuern, wenn er die Ware verkauft und damit den höheren Wert realisiert hat. Erst der Markterfolg durch Nutzung einer dem Markt angeschlossenen Erwerbsgrundlage rechtfertigt die Besteuerung.

Statt sieben genügt eine Einkunftsart

Wenn ein erneuertes Einkommensteuerrecht nicht mehr auf sieben Einkunftsarten aufbaut, sondern den Belastungsgrund in einer Einkunft – dem Zustandstatbestand der Erwerbsgrundlage, dem Handlungstatbestand von deren Nutzung und dem Erfolgstatbestand von Gewinn und Überschuss – erfasst, so wird das Steuerrecht vereinfacht und die Gleichheit der Belastung im Ausgangstatbestand sichergestellt. Es macht keinen Unterschied, ob der Landwirt, der Gewerbetreibende oder der Arbeitnehmer ein Einkommen von 1.000 Euro verdient. Jeder muss sein erzieltes Einkommen nach gleichen Maßstäben versteuern. Deshalb ist die Unterscheidung dieser Einkunftsarten nicht sinnvoll. Das Recht trifft nur Unterschiede, wenn sich an seine Verschiedenheit unterschiedliche Rechtsfolgen knüpfen. Dem Grundtatbestand des neuen Einkommensteuerrechts genügt eine Einkunftsart. Das Gesetz wird erst dann differenzieren, wenn es auf die Unterschiede in der Rechtsfolge ankommt. Dies gilt insbesondere für die Frage, ob die Steuer – beim Lohn, beim Kapitalertrag, bei der Alterssicherungsleistung – erhebungstechnisch an der Quelle abgezogen und ob das Einkommen nach unterschiedlichen Methoden ermittelt werden muss.

Der Gewerbebetrieb ist eine Erwerbsquelle wie jede andere

Der Verzicht auf die sieben Einkunftsarten stellt vertraute Gepflogenheiten in Frage und ist rechtspolitisch von besonderer Bedeutung. Wenn das Gesetz keinen »Gewerbebetrieb« mehr kennt, kann es an einen solchen Betrieb auch keine besondere Rechtsfolge knüpfen. Die Gewerbesteuer entfällt. Damit ist eine Steuer verabschiedet, die seit langem nicht mehr zu rechtfertigen ist. Die Gewerbesteuer wurde als Gegenleistung für kommunale Infrastrukturleistungen eingeführt, die von der Gemeinde durch Straßen- und Wegebau, Kanalisation, Schulen und öffentliche Fürsorge erbracht worden sind.[206] Die Gewerbebetriebe sollten über einen pauschalierten Beitrag zur Deckung der von ihnen verursachten Lasten herangezogen werden (Äquivalenzprinzip).[207] Dieser Rechtfertigungsversuch war von Anfang an unrichtig. Die Leistungen der Gemeinde dienen allen Einwohnern, nicht nur den Gewerbebetrieben. Auch der »Kapitalist, der Beamte, der Künstler, Privatangestellte, Arbeiter hat ein ebenso großes Interesse als der Grund-, Hausbesitzer und Gewerbetreibende, dass gute Ordnung in der Gemeinde herrsche, sein Eigentum und seine Person geschützt seien, dass die Gemeinde die wirksamsten und besten hygienischen Einrichtungen habe, die Straßen gut und möglichst staub- und lärmfrei, die Gehsteige möglichst bequem sind, dass die Feuerlöscheinrichtungen gut funktionieren«[208]. Wenn die Gemeinden ihr Leistungsangebot heute zusätzlich um Kindergärten, Schulen, Theater, Bibliotheken, Krankenhäuser, Badeanstalten, Grün- und Sportanlagen, sozialstaatliche Leistungen und Kulturförderung erweitern, richten sich diese an alle Einwohner, nicht nur an eine Gruppe von Erwerbstätigen. Auch eine Gemeinde, in der kaum Gewerbebetriebe tätig sind, erbringt diese Leistungen. Deswegen ist die These, die Gemeindelasten seien vorrangig durch Gewerbebetriebe verursacht, unzutreffend.

Daneben wird die Sonderbelastung der gewerblichen Einkünfte damit erklärt, dass diese »fundierten« Einkünfte besonders sicher und ertragreich seien.[209] Auch diese Erklärung trägt heute die Gewerbesteuer nicht mehr, weil andere Einkünfte, insbesondere Lohn, Gehalt und Rente, nach Gesetz und Tarifvertrag deutlicher verstetigt sind als der risikoanfällige Gewerbeertrag, außerdem der Arbeitseinsatz beim Gewerbetreibenden eher höher ist.

Schließlich wird ein Grund für die Besteuerung von Betrieben in der Unterscheidung zwischen dem Einkommen natürlicher Personen und dem Ertrag von Unternehmen gesehen.[210] Die Unternehmen als selbstständige Organismen des Wirtschaftslebens nutzten öffentliche Güter in anderer Weise als Personen und seien dementsprechend anders leistungsfähig. Diese Sichtweise hätte allerdings eine Steuerpflicht aller Unternehmen – der Land- und Forstwirte, der Gewerbetriebe und der Freiberufler – zur Folge und wäre nicht auf die gewerbliche Tätigkeit beschränkt. Ein Unternehmen stellt jedoch nur die Organisationsform dar, in der Menschen Einkommen erwerben und in der Gewinne der Unternehmer und Beteiligten verlässlich erfasst werden können. Eine Zusatzbelastung des Unternehmens und des dahinter stehenden Unternehmers ist deshalb nicht gerechtfertigt. Die Verselbstständigung einer wirtschaftlichen Organisation zu einem Unternehmen begründet keine Doppelbelastung mit Einkommensteuer und Gewerbesteuer und ebenso nicht mit einer Einkommensteuer für Menschen und einer Körperschaftsteuer für Körperschaften.

Zudem hat die Gewerbesteuer ihren Charakter im Laufe der vergangenen Jahrzehnte grundlegend geändert. Mit Wegfall der Gewerbekapitalsteuer und der Lohnsummensteuer[211] ist die Gewerbesteuer eine reine Gewerbeertragsteuer geworden. Nachdem nunmehr der Gewerbeertrag von natürlichen Personen und Personengesellschaften bis zu einem Freibetrag von 24.500 Euro von der Steuer ausgenommen wird[212], dürften heute nur noch etwa 30 % aller Gewerbebetriebe von der Gewerbesteuer betroffen sein[213]. Die Gewerbesteuer wird zu einer Großbetriebssteuer. Außerdem kann die Gewerbesteuer des Einkommensteuerpflichtigen auf die im jeweiligen Veranlagungsjahr entstandene Einkommensteuer angerechnet werden. Damit wird diese Steuer von der Individuallast zu einem Instrument des Finanzausgleichs. Die Steuerlast wird nicht vom Steuerpflichtigen, sondern von Bund, Ländern und Gemeinden als Ertragsberechtigten der Einkommensteuer getragen. Eine solche Verteilungswirkung ist auch innerhalb des Finanzausgleichs absurd, soweit die Gewerbesteuer als Finanzierungsinstrument für die Gemeinden teilweise aus deren Anteil an der Einkommensteuer finanziert wird. Sie bleibt für den Steuerpflichtigen eine widersprüchliche Last, wenn sie nicht oder nicht vollständig angerechnet werden kann, weil der Steuerpflichtige im jeweiligen Jahr kein zu versteuerndes Einkommen erzielt hat, ihm also die Leistungsfähigkeit fehlt. Zudem kann die geleistete Gewerbesteuer weiterhin als Betriebsausgabe abgezogen und damit mehrfach berücksichtigt werden. Kapitalgesellschaften hingegen bleibt eine Anrechnung der Gewerbesteuer auf die Körperschaftsteuer verwehrt.

Eine Gewerbesteuer, die teilweise mehrfach entlastet, bei Wegfall der einkommensteuerlichen Leistungsfähigkeit aber belastet, die Anrechenbarkeit nach der Organisationsform unterscheidet und damit ein sachgerechtes Zusammenwirken von Gewerbesteuer und Einkommensteuer prinzipiell verfehlt, hat ihre innere Autorität verloren. Der Gesetzgeber bestätigt mit seinen Änderungen, dass für eine besondere Belastung des Gewerbebetriebes der rechtfertigende Grund fehlt. Der Belastungstatbestand »Gewerbebetrieb« muss entfallen.

Arbeit darf nicht zugunsten des Kapitals höher belastet werden

Der Verzicht auf sieben Einkunftsarten wehrt sich andererseits gegen Bestrebungen, das Einkommen aus Kapital zu entlasten und dafür das Einkommen aus Arbeit höher zu belasten. Vorschläge zu einer dualen Einkommensteuer[214] oder zu einer konsumorientierten Besteuerung[215] wollen Kapitalerträge zumindest in Höhe der marktüblichen Verzinsung von der Besteuerung ausnehmen. Eine Begründung für dieses Kapitalprivileg gibt es nicht. Dementsprechend werden diese Vorschläge auch mit vielfältigen, häufig wechselnden Argumenten gerechtfertigt: Zunächst wird behauptet, die Verzinsung des Kapitals sei bereits versteuertes Einkommen. Diese These ist unrichtig. Wer aus einem versteuerten Einkommen (Kapital) von 1.000 Euro Zinsen von 100 Euro erzielt, hat diese weiteren 100 Euro als zusätzliches Markteinkommen empfangen und noch nicht versteuert. Der Zuwachs an Markteinkommen ist kein anderer als bei einem Arbeitseinkommen.

Soweit gesehen wird, dass Kapitaleinkommen gegenüber Arbeitseinkommen steuerlich nicht begünstigt werden darf, wird dem Privilegierungsvorwurf entgegengehalten, die zinsbereinigte Besteuerung erfasse die steuerliche Leistungsfähigkeit überperiodisch gleichmäßig. Sie sichere eine gleiche Last für das Lebenseinkommen. Die Zinsen würden in dem Jahr, in dem sie erzielt werden, nicht besteuert, ihre Besteuerung aber beim Konsum des gesparten Vermögens nachgeholt. Eine solche nachgelagerte Besteuerung greift jedoch nur, wenn der Kapitaleigner sein Kapital zu Lebzeiten tatsächlich konsumiert. Im Regelfall wird er ständig mehr Kapital bilden, also trotz wachsender, durch Markteinkommen vermehrter Leistungsfähigkeit keine Steuern zahlen, während der Empfänger von Arbeitseinkommen jährlich zur Finanzierung des Gemeinwesens beitragen muss. Selbst wenn der Kapitaleigner aber kurz vor seinem Lebensende sein gesamtes Kapital konsumieren oder der Steuergesetzgeber mit dem Todesfall einen Gesamtkonsum unterstellen würde, wäre auch dieses Ergebnis ungereimt: Das steuerbare Einkommen wäre dann spätestens beim Erbfall zusätzlich zur Erbschaftsteuer auch mit einer Einkommensteuer auf die Substanz des noch unversteuerten Kapitalzuwachses belastet. Dadurch würde jede gewachsene privatnützige Kapitalstruktur – des eigenes Unternehmens, des Kapitalfonds oder einer privaten Kunstsammlung – steuerlich zerstört. Deshalb ist die Mitfinanzierung des Staates aus dem jährlichen Markterfolg nicht nur von der Gleichheit in der Gegenwart geboten, sondern auch vom verfassungsrechtlichen Schutz des Privateigentums. Wer gegenwärtig über seine Kapitalerträge verfügen kann, wird sie privatnützig anlegen und damit die ökonomischen Grundlagen seiner persönlichen Freiheit gestalten. Verzichtet der Staat über Jahrzehnte auf die Besteuerung dieser Erträge, lastet auf dem Privateigentum der Schatten eines noch nicht verwirklichten Steueranspruchs. Das Privateigentum steht unter dem Vorbehalt wachsender Steuernachholung.

Die praktische Folge zeigt ein Beispiel[216]: Legt ein Sparer im Alter von 25 Jahren 10.000 Euro zu 6 % an, und werden seine Zinsen gegenwartsgerecht mit einem Steuersatz von 30 % zur Finanzierung des gegenwärtigen Staatshaushaltes belastet, so verfügt der 65-jährige Sparer über ein Sparguthaben von 36.292 Euro. Dieses Guthaben ist versteuertes Einkommen, also Vermögen, das er beliebig verwenden kann. Er mag es anlegen oder konsumieren, investieren oder brachliegen lassen, seine Eigentümerfreiheit ist steuerlich nicht beeinträchtigt. Würde der Staat hingegen die jährlichen Zinsen nicht besteuern, betrüge das Sparguthaben im Alter von 65 Jahren 102.857 Euro. Der Sparer wähnt weitere 66.565 Euro sein Eigen, obwohl er über diesen Betrag eigentlich nicht hätte verfügen und ihn auch nicht zum privatnützigen Zinserwerb hätte einsetzen können. Würde der Staat die gestundete Steuer einschließlich ihrer Verzinsung im Alter nachholen, müsste er den Alterskonsum zu deutlich mehr als der Hälfte belasten. Die Steuerstundung wirkte als Konfiskation. Die Gleichheit der Besteuerung in der Zeit wäre verfehlt, die Mäßigung der Steuerlast gänzlich misslungen.

Gelegentlich wird auch behauptet, eine Entlastung der Kapitaleinkommen diene dem Umweltschutz[217]. Die nachgelagerte Besteuerung fördere den durch Sparen ermöglichten Zukunftskonsum und wirke deshalb dem Gegenwartskonsum entgegen. Ob aber der Gegenwarts- oder der Zukunftskonsum die Umwelt mehr schont, ob die Gegenwartsinvestition im Vergleich zum Gegenwartskonsum umweltfreundlicher wirkt, ist durchaus offen. Hier werden vage Lenkungszwecke für eine konsumorientierte Besteuerung herangezogen, die als gleichmäßige und maßvolle Regelsteuerlast nicht gerechtfertigt werden kann.

Schließlich wird für die steuerliche Entlastung der Kapitaleinkommen auf die Erfordernisse eines weltoffenen Marktes verwiesen, die für den Kapitalstandort Deutschland Vorteile brächten. Gleiches müsste allerdings auch für Arbeitseinkommen gelten. Würden Arbeitseinkommen steuerlich entlastet, böte Deutschland einen besonderen Anreiz für hochqualifizierte und deswegen leistungsfähige Arbeitskräfte. Im Rahmen eines solchen Lenkungskonzepts wäre zunächst zu prüfen, ob unser Wirtschaftsstandort dringlicher hochqualifizierte Arbeit oder aber zusätzliches Kapital benötigt. Diese Fragen können jedoch im Ergebnis offen bleiben. Wenn alle Einkommen ohne

Unterscheidung einzelner Einkunftsarten gleich besteuert werden, verteilt sich die Steuerlast auf viele Menschen und kann deshalb maßvoll bleiben. Ein Spitzensteuersatz von 25 % genügt. Mit diesem Steuersatz wird Deutschland ein Niedrigsteuerstaat und bietet dem Weltmarkt einen Anreiz zur Investition in Kapital und Köpfe im Inland.

Mit der einen, einheitlichen Einkunftsart entfallen auch steuerliche Gestaltungsmöglichkeiten. Wird die Arbeit steuerlich bevorzugt, wird der Unternehmer sich von seinem Unternehmen einen Arbeitslohn zahlen lassen. Ist das Kapital begünstigt, wird er seine Mitarbeit im Unternehmen gering bewerten und sein Einkommen allein durch Ausschüttungen aus dem Unternehmensertrag bestreiten. Solange das Einkommensteuergesetz ein Gefälle zwischen Kapital- und Arbeitseinkommen kennt, bietet es Gestaltungsmöglichkeiten zur Steuervermeidung. Die Belastungsgleichheit wird zerstört, der zivilrechtliche Vertrag zur Herstellung steuerlicher Ungleichheiten genutzt, das Steuerrecht komplizierter.

Deswegen müssen alle Einkünfte gleich belastet werden. Ein Steuervorteil für eine Einkunftsgruppe geht stets zu Lasten der übrigen Steuerzahler. Ein erneuertes Einkommensteuerrecht muss in seinem Ausgangstatbestand seinen Anspruch auf ein Belastungsgleichmaß gewährleisten und dadurch die maßvolle Steuerlast sichern.

Auf Ausnahmetatbestände wird verzichtet

Das geltende Einkommensteuerrecht ist von Ausnahme-, Lenkungs- und Privilegientatbeständen so durchsetzt, dass die Grundregel der Einkommenbesteuerung kaum noch erkennbar ist. Diese Entwicklung zum Ausnahmesteuerrecht beruht auf Besonderheiten der Nachkriegslage, dem

Lenkungswillen des Finanzstaates und dem Einfluss privilegiensuchender Gruppen.

Als die Alliierten den Gesetzgeber in Deutschland von 1946 bis 1951 zwangen, Spitzensteuersätze von 95 % zu erheben[218], drängten sie ihn in das Fehlkonzept überhöhter Steuersätze und löchriger Bemessungsgrundlagen. Diese Entwicklung schien dem Finanzstaat jedoch willkommen. Er nutzt die Steuer immer mehr als Lenkungsinstrument. Das Einkommensteuerrecht veranlasst die Steuerpflichtigen, in den Wohnungsbau, Bürobau oder Schiffsbau zu investieren, mögen dadurch auch Überkapazitäten entstehen und nachfolgende Fehlinvestitionen in Bauunternehmen veranlasst werden. Sodann wird der Gewinn aus der Nutzung von Seeschiffen dadurch begünstigt, dass er nicht nach den allgemeinen Regeln des Einkommensteuerrechts ermittelt, sondern nach der Tonnage des jeweiligen Schiffes festgestellt wird.[219]

Das Steuergesetz drängt die Einkommensbezieher in die Filmförderung, auch wenn dadurch eher die ausländische Konkurrenz begünstigt wird.[220] Die Einkommensteuer bietet Anlass, in den Flugzeugbau zu investieren, weil Flugzeuge zum Teil schon in zwölf Jahren voll abgeschrieben werden können, jedoch viel länger wirtschaftlichen Nutzen erbringen.[221] Der Steuerschuldner versucht seine Last als Gesellschafter in einer Personengesellschaft zu vermeiden, an der er sich allein in der Hoffnung auf Verluste beteiligt. Hier stellt das Steuerrecht die Wirtschaftswelt auf den Kopf. Es leitet Kapital fehl, vernichtet Einkommen und Vermögen. Leerstehende Büro- und Wohnungsbauten, teilweise auch halbfertige Bauruinen sind oft das Ergebnis von steuerfinanzierten Investitionen und Beteiligungen.

Jede Steuervergünstigung ist von einer bestimmten Interessengruppe veranlasst worden, die dann über den

Fortbestand des Privilegs sorgfältig wacht. Abgeordnete und Ministerien stellen sich in den Dienst der Bauherren, der Autoindustrie, des Gaststättengewerbes, der Landwirtschaft, der Auslandsbeamten, der Zeitungsverleger oder der Vermögensbildung. Der »Aufbau Ost« hat mit Steuervergünstigungen sicherlich anfangs zur inneren Wiedervereinigung Deutschlands beigetragen, bald aber auch in den neuen Ländern manchen nicht benötigten Büropalast oder Wohnpark, daneben Milliardenlöcher in den Haushalten der neuen Bundesländer entstehen lassen.[222] Hauptbegünstigte sind die Verlustmanager, deren Honorare die erhofften Verluste verlässlich organisieren.

Vor einigen Jahren wurden Fälle bekannt, in denen Einkommensmillionäre legal keine oder kaum Einkommensteuer gezahlt hatten. Ein Steuerpflichtiger erzielte 1994 Einkünfte von über 4,3 Millionen Mark. Er investierte rund 3,6 Millionen Mark in eine Mietwohnanlage in den neuen Bundesländern. Daraus entstand ihm ein Verlust von 6,1 Millionen Mark, so dass er für 1994 keine Einkommensteuer zahlen musste. Ein Verlustrücktrag in die Jahre 1992 und 1993 ließ auch die Einkommensteuer für diese Jahre entfallen.[223] So verbreitete sich der Eindruck, die Großverdiener würden durch Steuervergünstigungen verwöhnt, wohingegen Durchschnitts- und Kleinverdiener dementsprechend höhere Steuern bezahlen müssten. Das nachdenkliche Wort vom Verlust des Rechtsgedankens im Steuerrecht[224], auch das dramatische Wort von der »Schacherdemokratie«[225] sowie das Stichwort von der Dummensteuer machen erneut die Runde.

Dennoch entfaltet eine einmal eingeführte Steuerbevorzugung beharrliche Überlebenskraft. Die Begünstigten haben sich auf ihr Privileg eingerichtet, die Täter erleben deren Beifall, die Beratungspraxis hat das Privileg in ihre Planungen und Computerprogramme aufgenommen. Als ich jüngst in einem öffentlichen Vortrag den Abbau einer Steuervergünstigung forderte, fragte mich ein für diese Ausnahme verantwortlicher Ministerialrat aufgebracht, ob ich sein Lebenswerk zerstören wolle.

Inzwischen sind die Entrüstung der Nichtbegünstigten und das Unbehagen der Politik gewachsen. Dennoch reichte die Kraft des Gesetzgebers bisher nicht aus, das Übel bei der Wurzel zu packen und das Entstehen nur formaler Verluste zu unterbinden. Stattdessen versuchte der Gesetzgeber, an den Symptomen zu kurieren. Er führte 1999 eine »Mindestbesteuerung« ein.[226] Diese sollte ursprünglich »ein Sicherheitsnetz für Steuergerechtigkeit schaffen« und die nicht um diese Verluste verminderten Einkünfte mit einem Mindeststeuersatz von 20 % belasten. Das Steuerentlastungsgesetz ging dann einen bescheideneren Weg und beschränkte den Verlustausgleich in der jeweiligen Verlustquelle. So sollte verhindert werden, dass der Steuerpflichtige seine positiven Einkünfte etwa aus freiberuflicher Tätigkeit mit Verlusten aus Abschreibungsmodellen verrechnet. Diese Gegenwehr ist zaghaft und schwach. Sie wird heute auch wieder durch eine Steuergestaltung überspielt, die Gewinne und Verluste in einer Einkunftsart – den gewerblichen Einkünften – zusammenfasst und damit erneut einen Verlustausgleich ermöglicht. Deswegen musste der Gesetzgeber die Mindestbesteuerung jetzt nach wenigen Jahren wieder aufheben. Er startet einen neuen Versuch: Der Verlustvortrag wird auf eine Höhe von 1 Million Euro und 60 % des laufenden Gewinns begrenzt.[227]

Ein freiheitliches Steuerrecht wird dem Steuerpflichtigen seine Freiheit zur ökonomischen Vernunft zurückgeben. Die Berufsfreiheit und die Eigentümerfreiheit setzen darauf, dass über die Verwendung des Einkommens am besten derjenige entscheidet, der dieses Einkommen durch eigene Erwerbsanstrengung erworben und Fehlverwendungen mit eigenem Einkommen auszugleichen hat. Freiheit ist Selbstverantwortung und braucht keine Fremdbestimmung. Die Erwerbsfreiheit zielt auf Geld und Güter, die eigenverantwortlich genutzt und verwendet werden sollen. Der Steuerstaat darf dieses Erwerbsmotiv nicht nutzen, um durch Steueranreize Herrschaft über privatnütziges Einkommen und Vermögen zu gewinnen. Der Finanzstaat ist erst dann ein freiheitlicher Staat, wenn er die Klientelwirtschaft steuerlichen Lenkens aufgibt.

Deshalb sind das Einkommensteuergesetz und das Körperschaftsteuergesetz sorgfältig auf Ausnahme- und Privilegientatbestände zu überprüfen. Jede Regelabweichung muss beseitigt werden. Dabei gilt: Steuerbar ist jedes individuell erzielte Markteinkommen, abzüglich des existenzsichernden Bedarfs, des erwerbssichernden Bedarfs und eines begrenzten Betrages gemeinnütziger Spenden.

Misst man das geltende Steuerrecht an dieser Regel, werden die gleichheitswidrigen Bevorzugungen und Privilegien offenkundig: Die gegenwärtige Steuerfreiheit bestimmter Zuschläge für Sonntags-, Feiertags- und Nachtarbeit sind eine abzuschaffende Ausnahme. Die Regel fordert die Besteuerung aller Einkünfte aus Arbeit. Die Steuerbefreiung geht auf eine Verordnung des Reichsministers der Finanzen aus dem Jahre 1940[228] zurück, der einen Anreiz für zusätzliche Arbeitsleistungen außerhalb der üblichen Arbeitszeiten schaffen wollte. Damals waren die meisten Arbeitnehmer im Krieg, so dass die viele Arbeit zu Hause von wenigen Händen erbracht werden musste. Heute haben wir das gegenläufige Problem: Zu viele Hände für zu wenig Arbeit. Ein arbeitsmarktpolitischer Anreiz ist deswegen nicht geboten. Außerdem soll die Steuerentlastung besondere Arbeitserschwernisse ausgleichen.[229] Diese betreffen aber auch andere Berufe, insbesondere den Landwirt, die Gastronomie, den Pfarrer, Arzt und Künstler sowie andere Freiberufler und Spitzenbeamte, die in der Nacht und an Sonntagen arbeiten. Der Befreiungstatbestand widerspricht deshalb dem Gebot steuerlicher Gleichbelastung aller Einkommen. Damit wird demjenigen, der Sonderarbeit leistet, insbesondere der Nachtschwester, nicht ihr gerechter Lohn vorenthalten. Er wird jedoch im Arbeitsrecht, nicht im Steuerrecht bemessen, vom Arbeitgeber, nicht von den übrigen Steuerzahlern, geleistet.

Die Steuerfreiheit von Aufwandsentschädigungen für nebenberufliche Tätigkeiten lässt sich ebenso wenig rechtfertigen.[230] Es gibt keinen sachlichen Grund, dieses Erwerbseinkommen steuerlich freizustellen, es zudem bei einer progressiven Steuer mit steigendem Einkommen höher zu entlasten. Selbst wenn die nebenberufliche Tätigkeit in einer gemeinnützigen Organisation erbracht wird, erzielt der Empfänger der Zahlungen ein Arbeitsentgelt, das nach allgemeinen Regeln zu besteuern ist. Die Bezeichnung des Arbeitslohns als »Aufwandsentschädigung« ist eine Irreführung; den Leistungen steht ein Arbeitseinsatz, kein Aufwand gegenüber.

Der Gesetzgeber hat in jüngerer Zeit durch Gesetz vom 08.08.2002[231] die Vorteile des Arbeitnehmers aus der privaten Nutzung von betrieblichen Personalcomputern und Telekommunikationsanlagen steuerfrei gestellt. Dieses Steuerprivileg soll die Nutzung des Internets verbreiten und dessen Akzeptanz vergrößern. Doch warum sollte nicht ebenso ein gutes Buch oder ein schönes Spielzeug verbreitet und mehr akzeptiert werden? Außerdem soll das Privileg zur Vereinfachung beitragen, weil die betriebliche von der privaten Nutzung kaum verlässlich abgegrenzt werden kann. In der Tat ist der Vorteil einer privaten Nutzung kaum verlässlich festzustellen und zu bewerten. Deshalb mag eine allgemeine Bagatellregelung erwogen werden, die derartige Marginalvorteile für steuerlich unerheblich erklärt. Ein Befreiungstatbestand ist dann nicht mehr notwendig. Andernfalls müsste die Grenze zwischen privater und betrieblicher Nutzung – ähnlich wie bei Auto und Telefon – typisiert werden. Eine allgemeine Freistellung ist aber nicht gerechtfertigt.

Trinkgelder werden, obwohl nicht vom Arbeitgeber, sondern von den Kunden gewährt, durch Arbeitsleistung erzielt und gelten deshalb als Lohn. Diese Gelder sind gegenwärtig aber von der Steuer befreit, um ihrer Qualifikation als Lohn entgegenzutreten, Arbeitnehmer des Niedriglohnsektors zu entlasten, einem nicht zu behebenden Vollzugsdefizit Rechnung zu tragen und den Verwaltungsvollzug zu vereinfachen.[232] Diese Steuerbefreiung bevorzugt den Lohnempfänger in gleichheitswidriger Weise. Trinkgelder sind grundsätzlich Arbeitseinkünfte wie andere Entgelte auch. Sie werden bei Selbstständigen voll versteuert. Der Niedriglohn wird im Grundfreibetrag und in der Progression schon angemessen berücksichtigt, darf jedenfalls nicht durch eine punktuelle Bevorzugung entlastet werden. Allerdings lässt sich die Höhe der jeweiligen Trinkgelder nur schwer schätzen. Deswegen bleibt nur eine konsequente Besteuerung durch Quellenabzug beim Arbeitgeber, der in seiner Situationskenntnis die Steuer ordnungsgemäß erheben kann und dafür auch haftet. Erhebungsdefizite und Verfahrenserschwerungen führen jedenfalls so lange nicht zum Steuerverzicht, als ernsthafte Abhilfe noch möglich erscheint.

Problematisch ist die Abziehbarkeit von Aufwendungen, die im Grenzbereich zwischen Privatsphäre und Erwerbsphäre entstehen. Das Gesetz versucht hier einen abziehbaren Teilaufwand in bestimmten Beträgen zu typisieren, schafft damit aber auch Vorzugstatbestände. Bewirtungskosten dienen der privaten Lebensführung, sind also steuerlich nicht absetzbar. Auch bei Geschäftsessen erscheint fraglich, ob die Bewirtung der Geschäftsfreunde und Kunden der Erwerbstätigkeit dient, deshalb vom Bewirtenden als Erwerbsaufwand abgezogen, vom Bewirteten als Erwerbszuwendung versteuert werden müsste. Deshalb sind die Bewirtungen aus geschäftlichem Anlass ganz der privaten Lebensführung zuzuordnen. Die Aufwendungen sind nicht absetzbar, die empfangenen Leistungen für die eingeladenen Teilnehmer steuerfrei.

Nach geltendem Recht können Aufwendungen für Fahrten zwischen Wohnung und Arbeitsstätte wie Werbungskosten abgesetzt werden. Allerdings ist die Entfernungspauschale jüngst deutlich verringert worden.[233] Der Absetzbarkeit dieser Fahrtaufwendungen liegt die Vorstellung zugrunde, der Erwerbende fahre von seiner Wohnung zu seinem Erwerbsort und zurück, handele also aus beruflichem Anlass. Die Erwerbssphäre beginnt beim ersten Schritt aus dem Haus, so dass die Fahrtkosten Erwerbskosten sind. Die Verknüpfung der Entfernungspauschale mit dem Erwerbsaufwand ist allerdings aufgegeben worden; sie darf heute auch dann in Anspruch genommen werden, wenn der Erwerbende sein Fahrrad benutzt oder zu Fuß geht, somit kein Aufwand entsteht. Im Übrigen hängt der berufliche Anlass von der Beobachtungsperspektive ab. Fährt der Erwerbende nicht von zu Hause zum Erwerb und zurück, sondern vom Erwerbsort nach Hause und zurück, folgt er privatem Anlass.[234] Er fährt nicht mehr zum Erwerb, sondern zu Wohnort und Familie. Ursprung der Fahrtkosten ist seine Entscheidung, den privaten Wohnsitz entfernt vom Berufsort zu nehmen. Die Fahrtkosten werden bei großen Entfernungen häufig durch günstigere Kauf- und Mietpreise im ländlichen Raum, durch die Freude am Wohnen im Grünen und die Lebensqualität eines stadtfernen Wohnens auf dem Lande, also durch private Lebensvorteile aufgewogen. Auch dieser Sondertatbestand kann deshalb entfallen. Dadurch können mehr als 2 Millionen Veranlagungen eingespart werden.

Wer das gesamte Einkommensteuerrecht in dieser Weise – von den Abfindungen und Aufwandsentschädigungen bis zum Wehrsold und den Zulagen – kritisch durchforstet, wird auf 163 Ausnahmetatbestände stoßen, die zu beseitigen sind. Dadurch verbreitert sich die Bemessungsgrundlage der Einkommensteuer um mehr als 50 Milliarden Euro und erhöht so das Steueraufkommen. Der staatliche Mehrertrag ist durch Absenkung der Steuersätze auf Euro und Cent an die Allgemeinheit der Steuerpflichtigen zurückzugeben. Die Steuerlast trifft dann jeden je nach erwerbswirtschaftlichem Erfolg gleichmäßig und ist in einem vereinfachten Steuerrecht für jedermann verständlich. Im Ergebnis wird die Einkommensteuer mit einer steuerlichen Entlastung des Grundbedarfs von 10.000 Euro pro Steuerpflichtigem, bei Ehegatten also von 20.000 Euro, auskommen. Sie beginnt danach mit einer Progression von 15 % für die nächsten 5.000 Euro, steigert sich auf 20 % für die folgenden 5.000 Euro und erreicht schließlich einen Spitzensteuersatz von 25 %. Dieses System einer gleichmäßigen und maßvollen Steuer gibt dem Steuerpflichtigen wieder das Recht, seinen existenznotwendigen Bedarf aus eigener Erwerbskraft zu finanzieren und jedenfalls drei Viertel seines Einkommens zur privatnützigen Verwendung zu behalten. Der Verzicht auf einen Freiheitseingriff durch Lenkungsnormen und Steuerprivilegien sichert zugleich die überwiegende Privatnützigkeit des Erwerbs. Besteuerungsgleichheit stützt so die Berufsfreiheit und die Eigentümerfreiheit.

Die Besteuerung ist rechtsformneutral zu gestalten

Die juristische Person ist im Steuerrecht bis heute ein Geheimnis. Der Steuergesetzgeber hat bisher keine Grundsatzentscheidung getroffen, ob eine Körperschaft neben dem Anteilseigner ein eigenes Rechtssubjekt sei, das seinen Gewinn eigenständig besteuern müsse, so dass eine Doppelbelastung des Körperschaftseinkommens und des Anteilseignereinkommens gerechtfertigt sei. Das Körperschaftsteuergesetz hatte 1920[235] dieses Doppelbelastungssystem eingeführt, es dann allerdings in der Zeit von 1958 bis 1976 durch eine Mäßigung des Steuertarifs auf 15 % für Ausschüttungen abgeschwächt.[236] Das Körperschaftsteuergesetz 1977[237] hatte sich für die Vollanrechnung der Körperschaftsteuer auf die ausgeschütteten Gewinne entschieden, so dass die Körperschaftsteuer nur die nicht ausgeschütteten Gewinne bei der Körperschaft belastete, für die ausgeschütteten Gewinne hingegen als Vorauszahlung auf die Einkommensteuer des Anteilseigners wirkte. Seit 2001[238] gilt nunmehr das Halbeinkünfteverfahren: Der Gewinn von Körperschaften wird einheitlich mit einer Körperschaftsteuer von 25 % belastet, den ausgeschütteten Gewinn muss der Ausschüttungsempfänger sodann nur zur Hälfte als Einnahme aus Kapitalvermögen seiner Einkommensteuer unterwerfen. Durch dieses Verfahren entsteht für die thesaurierten Gewinne der Körperschaften im Vergleich zur Personengesellschaft eher ein Steuervorteil, für die ausgeschütteten Gewinne eher ein Nachteil.

Für die Erbschaftsteuer ist die juristische Person letztlich der rechtlich untaugliche Versuch der Unsterblichkeit, der zwar für das Unternehmen die Erbschaftsteuer weitgehend vermeidet, den Unternehmer aber mit seinen

Anteilen und Beteiligungen weiterhin dieser Steuer unterwirft. Für die Umsatzsteuer ist die juristische Person zwar Unternehmer und Steuerpflichtiger, wird aber als Nichtkonsument durch den Vorsteuerabzug von der Steuer freigestellt, also in die Rolle des Erhebungspflichtigen verwiesen.

Das Bundesverfassungsgericht fordert in der Entscheidung zur Schwarzwaldklinik[239] die rechtsformneutrale Besteuerung. Allein die Rechts- und Organisationsform eines Unternehmens rechtfertige keine Belastungsunterschiede. Zudem verbietet die Vereinigungsfreiheit, die freie Wahl unter den Gesellschaftsformen steuerlich zu beeinflussen.

Mit dieser Entscheidung nimmt das Bundesverfassungsgericht eine Entwicklungslinie auf, die Personengesellschaften und Kapitalgesellschaften gleich behandelt. Wenn das Grundgesetz den Grundrechtsschutz auch auf »juristische Personen« erstreckt, gelten nach ständiger Rechtsprechung des Bundesverfassungsgerichts auch die Personengesellschaften als juristische Personen[240]. Das Europarecht gewährt die Grundfreiheiten Personengesellschaften und Kapitalgesellschaften nach gleichen Prinzipien.[241] Der Bundesgerichtshof hat selbst die Gesellschaft des Bürgerlichen Rechts als Außengesellschaft auch gesellschaftsrechtlich einer juristischen Person angenähert[242]. Die Wissenschaft fordert deshalb folgerichtig, auf die Unterscheidung zwischen Personengesellschaften und Kapitalgesellschaften zu verzichten.[243]

Diese Entwicklung legt es nahe, auch im Steuerrecht Mitunternehmerschaften und Kapitalgesellschaften gleich zu belasten. Dafür ist allerdings die gesellschaftsrechtliche Unterscheidung zu überwinden, wonach bei Personengesellschaften der Gewinn den Gesellschaftern zugerechnet wird, während bei der Kapitalgesellschaft der Gewinn der juristischen Person von dem Gewinn der Anteilseigner getrennt wird. Die Personengesellschaft begründet eine Mitunternehmerschaft der Gesellschafter; der Unternehmensgewinn gehört unmittelbar den Unternehmern. Bei der Kapitalgesellschaft sind Unternehmen und Beteiligte jeweils eigenständige Rechtssubjekte, die jedes für sich Gewinn erzielen.

Um diesen Gegensatz nicht in das Steuerrecht zu tragen, wird bisher erwogen, sämtliche Unternehmensgewinne unabhängig von der Rechtsform steuerlich direkt den Anteilseignern zuzuordnen, mit dieser Teilhabersteuer[244] also die gesellschaftsrechtliche Trennung der Kapitalgesellschaft von den Anteilseignern zu überspielen, oder aber umgekehrt die einbehaltenen Gewinne bei Personenunternehmen wie bei Kapitalgesellschaften eigenständig zu besteuern, mit dieser Inhabersteuer[245] also auch die Personenunternehmen an den niedrigeren Körperschaftsteuersätzen teilhaben zu lassen.

Die Verschiedenheit zwischen einer Personen- und einer Kapitalgesellschaft zeigt sich in der unterschiedlichen Mitwirkung und Mitverantwortlichkeit der Beteiligten in ihrer Gesellschaft. Wenn zwei Freunde in einer BGB-Gesellschaft gemeinsam ein Taxi betreiben und der eine tags, der andere nachts fährt, lenken sie unmittelbar die Geschicke ihrer Gesellschaft des Bürgerlichen Rechts, arbeiten höchstpersönlich in der Gesellschaft und verantworten Erfolg und Misserfolg dieser Gesellschaft in ihrem persönlichen Einkommen und Vermögen. Wer hingegen Aktionär einer Publikumsaktiengesellschaft ist, gewinnt keinen Einfluss auf die Verwaltung und Leitung dieser Gesellschaft, darf die Vorstandsräume nicht einmal betreten, trägt das Unternehmensrisiko nur zu einem minimalen Teil in seiner Aktie, ist im Übrigen auf einen Ertragsanteil in seinem fremdbestimmten Dividendenanspruch verwiesen. Zwar ist das Wort eines Beobachters, die Aktionäre einer Gesellschaft seien dumm, weil sie der Gesellschaft ihr Kapital überließen, und sie seien dreist, weil sie dafür noch Erträge beanspruchten, eine dumme und dreiste Übertreibung. Sie skizziert aber in der Entgegensetzung von Vorstand und Aktionär die Distanz des Anteilseigners zu seiner Kapitalgesellschaft.

Je mehr ein wirtschaftlicher Organismus von den Unternehmern bestimmt wird, desto eher erscheint der Unternehmensgewinn als Unternehmergewinn. Je weniger die Anteilseigner Einfluss auf den von ihnen finanzierten Gewinn nehmen können, desto mehr erscheint der Unternehmensgewinn als ein Vermögenszuwachs des Betriebes und nicht der Anteilseigner. Dabei vermindert die Haftung eines Gesellschafters für Schulden der Gesellschaft allerdings noch nicht seine steuerbare Leistungsfähigkeit. Wer haftet, muss für fremde Schulden einstehen, ist aber noch nicht als Schuldner belastet. Im Übrigen definiert heute die Unterscheidung zwischen Kapitalgesellschaft und Personengesellschaft nicht mehr die Grenze persönlicher Haftung. Die Rechtswirklichkeit kennt die personalistische Kapitalgesellschaft, insbesondere die Kommanditgesellschaft auf Aktien, aber auch die Bürgschaft des GmbH-Gesellschafters, die heute bei einer Kreditvergabe an die GmbH die Regel ist. Andererseits ist die kapitalistische Personengesellschaft üblich, vor allem in der steuerlich veranlassten Form der GmbH & Co. KG, bei der der persönlich haftende Gesellschafter eine GmbH ist, also keine natürliche Person haftet. Die Betriebsaufspaltung sichert zudem das Grundvermögen der Besitzpersonengesellschaft gegen den Zugriff der Gläubiger der Betriebskapitalgesellschaft. Im Übrigen lässt sich manches Haftungsrisiko versichern, so dass das Risiko nicht beim Haftungsschuldner, sondern beim Versicherer liegt.

Bei der Verschiedenheit von Personengesellschaft und Kapitalgesellschaft kann der Gewinn eines Wirtschaftsbetriebes nur dann unabhängig von der Rechtsform gleichmäßig besteuert werden, wenn jeder rechtlich greifbare wirtschaftliche Organismus allein für Zwecke der Besteuerung zu einem Steuersubjekt verselbstständigt und sodann der von diesem Subjekt erzielte Gewinn bei diesem abschließend besteuert wird. Der Gewinn jedes Steuersubjekts wird gegenwartsgerecht im Jahr seiner Entstehung für das Steuersubjekt ermittelt und dort belastet, also nicht erst verspätet erfasst, wenn er den Unternehmern zugerechnet oder an sie ausgeschüttet wird. Ist der Gewinn bei der steuerjuristischen Person abschließend besteuert worden, wird dieser Gewinn als schon versteuertes Einkommen, als Vermögen an die Beteiligten weitergegeben, so dass bei den Beteiligten eine weitere Steuerschuld nicht entsteht. Der Gewinn wird am Ort der Wertschöpfung steuerlich erfasst, am Ort der Buchführung ermittelt, am Ort der steuerlichen Beratung als Bemessungsgrundlage festgestellt.

Auf dieser Grundlage können Einkommensteuer und Körperschaftsteuer in einer vereinheitlichten Einkommensteuer zusammengefasst werden. Diese Vereinheitlichung setzt allerdings einen einheitlichen Steuersatz voraus. Deshalb gilt als Regel, dass die Einkommensteuerschuld ein Viertel des Einkommens beträgt. Bei natürlichen Personen wird die Progression sodann von dem gestaffelten Tarif in die Bemessungsgrundlage verlegt: Nach Gewährung des Grundfreibetrags werden die ersten 5.000 Euro nur zu 60 % ihrer Bemessungsgrundlage erfasst, der Steuersatz also von 25 % auf 15 % verringert. Von den nächsten 5.000 Euro werden nur 80 % in der Bemessungsgrundlage erfasst, der Steuersatz also von 25 % auf 20 % vermindert. So entsteht ein gestufter Progressionstarif von 0 %, 15 %, 20 % und 25 %, der in der Bemessungsgrundlage vermittelt wird.

Entstehen Verluste, so besteht bei der persönlichkeitsgeprägten steuerjuristischen Person das Bedürfnis, diese Verluste zwischen natürlicher und steuerjuristischer Person auszugleichen. Betreibt ein Handwerker seinen Betrieb in der Form einer GmbH, hat aber aus einem vermieteten Haus Verluste, so wird es ihm kaum einleuchten, dass er die Gewinne aus dem Handwerksbetrieb voll versteuern muss und seine Verluste nicht geltend machen kann. Umgekehrt wird er Gewinne aus der Vermietung nicht voll versteuern wollen, wenn sein Handwerksbetrieb Verluste gemacht hat. Deswegen muss die steuerjuristische Person Verluste eines Beteiligten übernehmen können, soweit ihre Gewinne auf einen Beteiligten im selben Veranlagungszeitraum entfallen. Die steuerjuristische Person muss Verluste an den Beteiligten übergeben können, wenn der Beteiligte für die Verbindlichkeiten der steuerjuristischen Person gesellschaftsrechtlich unbeschränkt haftet. Voraussetzung für die Verlustübernahme und die Verlustübergabe ist allerdings die Zustimmung der steuerjuristischen Person und des Beteiligten. So wird vermieden, dass die Verlustübernahme für einen Gesellschafter andere Gesellschafter gegen deren Willen benachteiligt oder ein Aktionär einer Publikumskapitalgesellschaft seine Verluste aufdrängen kann.

Im Übrigen können Verluste in die Zukunft vorgetragen, also mit Einkünften künftiger Veranlagungszeiträume ausgeglichen werden. Allerdings beschränkt sich der Ausgleich vergangener Verluste auf die Erwerbsgrundlage, durch deren Nutzung der Verlust entstanden ist. Verluste bleiben in der Gesellschaft, in der sie entstanden sind, gefangen. Sie können nicht mit Gewinnen oder Überschüssen aus anderen Einkünften ausgeglichen werden. Verlustzuweisungsgesellschaften verlieren damit ihren Reiz.

Veräußert der Beteiligte an einer steuerjuristischen Person seinen Anteil, so erzielt er steuerpflichtige Veräußerungseinkünfte. Allerdings ist ein wesentlicher Teil des Veräußerungserlöses der Preis für den Anteil am Eigenkapital der Gesellschaft, entgilt also einen schon versteuerten Gewinn, so dass insoweit Vermögen getauscht wird, eine Einkommensbesteuerung deshalb nicht gerechtfertigt wäre. Ein weiterer Teil der Veräußerungseinkünfte wird für die erwarteten zukünftigen Gewinne der juristischen Person bezahlt, die später einmal von der juristischen Person versteuert werden. Erst in einem dritten Teil entgelten die Veräußerungseinkünfte eine Wertschöpfung, die durch den Handel mit den Anteilen einen höheren Wert erzielt und insoweit eine Einkommensbesteuerung rechtfertigt. Diese drei Bestandteile der Veräußerungserlöse lassen sich jedoch nicht verlässlich voneinander trennen. Sie müssen typisiert werden. Erwägenswert erscheint es, den Vermögenserwerb, die Aufwendungen für das Vermögen und die zukünftig versteuerten Gewinne auf 90 % zu schätzen, die Wertschöpfung des Handels deshalb mit 10 % des Veräußerungserlöses zu bemessen. Diese Einschätzung ist auf den spekulativen Anleger zugeschnitten, der spekulative Wertschwankungen nutzt und deshalb ständig erwirbt und veräußert. Langfristige Anleger, die insbesondere für ihr Alter vorsorgen, werden aus einer Veräußerung regelmäßig höhere Gewinne erzielen. Auch in diesen Fällen ist aber eine deutlich verminderte Besteuerung sachgerecht, weil diese Anleger an der Entwicklung des konkreten Unternehmens unmittelbarer teilhaben, ihr Veräußerungserlös also mehr Ausdruck der tatsächlichen, aus versteuertem Gewinn gebildeten Wertsteigerung des Unternehmens ist. Die gesetzliche Vermutung eines 10 %igen

Veräußerungsgewinns mag von dem Steuerpflichtigen widerlegt werden, wenn er höhere Veräußerungskosten nachweist.

Eine abgeschwächte Besteuerung von Veräußerungsgewinnen ist international nicht unüblich. Die USA besteuern einen Überschuss der langfristigen *capital gains* über die *capital losses* einer natürlichen Person[246] zwar grundsätzlich mit dem Normaltarif, beschränken die Steuerlast aber auf Höchststeuersätze von 20 % oder 10 %.[247] Die Höchststeuersätze ermäßigen sich bei einer Haltedauer von mehr als 5 Jahren auf 18 % oder 8 %.

Die Verselbstständigung eines wirtschaftlichen Organismus zu einem Steuersubjekt dient also grundsätzlich nur dazu, die Einkünfte natürlicher Personen beim Unternehmen zu besteuern. Die steuerjuristische Person sichert zusammen mit der Abschaffung der sieben Einkunftsarten und dem proportionalen Steuersatz eine gleichmäßige Besteuerung aller Einkünfte.

Die natürliche Person ist das von den Lebensformen und Bedürfnissen des Menschen geprägte Rechtssubjekt, die juristische Person der Erwerbsorganismus, der keine Privatsphäre hat. Deshalb kann nur die natürliche Person, der Mensch, einen Grundfreibetrag nutzen, der seinen existenznotwendigen Unterhalt sichert. Nur er darf die in der Bemessungsgrundlage vermittelte Progression in Anspruch nehmen. Nur die natürliche Person ist Partner der Verlustübernahme oder Verlustübergabe, nur sie kann steuererhebliche elterliche Unterhaltsgemeinschaften oder eheliche Erwerbsgemeinschaften bilden.

Das Steuerrecht soll seine Zukunftsoffenheit zurückgewinnen

Deutschland ist eines der ärmsten Länder dieser Erde. Im Vergleich der 191 Staaten dieser Erde steht unser Land an der Position 181[248], also in der Schlussgruppe. Ich spreche nicht von unserem Kapitalreichtum, der uns im Weltvergleich in die Spitzengruppe führt, sondern von unserem Mangel an Kindern. Es gibt kaum eine Gesellschaft dieser Erde, bei der die Schere zwischen Kapitalreichtum und Kindermangel so weit auseinander klafft. So wird die Bevölkerung in Deutschland, wenn sich nichts Wesentliches ändert, von knapp 81 Millionen Einwohnern bis zum Jahr 2050 auf 65 Millionen Einwohner zurückgehen.[249] Schon heute bekommen mehr als 44 % der Hochschulabsolventinnen keine Kinder mehr.[250]

Damit ist unsere Zukunft elementar bedroht. Wir können die Hochkultur unserer Sprache, unserer Musik und Literatur, unserer Kunst und Wissenschaft, unseres Rechts und unseres politischen Systems, unserer aus einem Wirtschaftswunder erwachsenen und zu neuen Höchstleistungen fähigen Ökonomie nicht bewahren, wenn nicht die nachfolgende Generation diese Kultur weiterträgt. Rechtssystem und Lebensbedingungen in Deutschland bauen insgesamt auf einen Generationenvertrag. Die Kultur ist auf zukünftige Kulturträger, die Demokratie auf ein stetiges Staatsvolk, die Rechtsordnung auf gleichbleibende Freiheitsbereitschaft und Demokratiefähigkeit angewiesen. Unser Geld- und Bankensystem setzt auf die Leistungskraft der nächsten Generation, die Alters- und Krisenvorsorge macht die Jugendlichen im Generationenvertrag zu Vertragspartnern, die Marktwirtschaft erwartet für die Zukunft eine ähnliche Zahl leistungsfähiger Unternehmer, Konsumenten, Denker und Gestalter. Abhilfe von der Einwanderung zu erwarten, wäre Selbstbetrug. Selbst wenn es uns gelänge, jährlich eine halbe Million qualifizierter Menschen für das Leben und Arbeiten in Deutschland hinzuzugewinnen und diese sofort zu integrieren, würde unsere Gesellschaft weiter altern. Die Einwanderer kommen meist mit wenig Kindern, passen sich unseren Lebensverhältnissen an, werden selber älter und beanspruchen dann die gleiche Alters- und Krisenvorsorge. Wenn sie ihren Lebensabend in ihren Heimatstaaten verbringen, verschärft sich das Problem des Generationenvertrages, weil sie ihre Alterssicherung von Deutschland erwarten, aber hier grundsätzlich keine Steuern mehr bezahlen.

Die Zukunftsgefahr durch Kindermangel wird in der veröffentlichten Meinung vielfach mit Daten belegt, dann aber erstaunlicherweise auf die leichte Schulter genommen. In Deutschland habe sich ein Wertewandel vollzogen. Die Menschen kümmerten sich mehr um ihren Erwerb als um Familie und Kinder. Diese Deutung eines bedrohlichen Faktums ist eine normative Todsünde. Wer allein das, was ist, für wertvoll erklärt, verliert den Maßstab für Richtig und Falsch. Würden wir beobachten, dass täglich auf deutschen Straßen Menschen sterben, und deshalb das Gebot »Du sollst nicht töten« für nicht mehr verbindlich erklären, würde jedermann die Absurdität dieses Denkens zurückweisen. Gleiches gilt für unsere Zukunftsfähigkeit. Wenn wir im Erwerbsstreben unsere Zukunft gefährden, müssen wir die Ursachen ermitteln und Gegenmaßnahmen ergreifen. Im Drang zum Erwerb und zur Bevorzugung der Erwerbsleistung vor der Familienleistung scheinen zwei Strömungen zusammenzutreffen: Die Wirtschaftsbedingungen der Industriegesellschaft erwarten, dass alle Menschen sich kontinuierlich in den Produktionsprozess eingliedern. Hinzu tritt ein missverstandenes Gleichberechtigungsanliegen, das eine Entfaltung der Frau nicht in Familie und Beruf fördert, sondern die Gleichberechtigungschance ausschließlich im Erwerbsleben und im beruflichen Erfolg sieht. Diese Fehldeutungen des Gleichheitssatzes weisen den Vater in die Position des Außenseiters und verweigern damit dem Kind die Geborgenheit einer Vollfamilie, drängen die Frau in die Rolle der Alleinerziehenden und überfordern sie in Erziehung und Beruf. Gelegentlich erscheint die Ehe sogar als das Joch der Frau, die Mutterschaft als Störung bei der beruflichen Karriere. So gerät das Kind an den Rand von Erwerbsleben und Gesellschaft. Die Frage nach dem Wirtschaftswachstum dominiert deutlich über die nach dem Familienwachstum. Die verfassungsrechtlich garantierte Gleichwertigkeit von Familienfreiheit und Berufsfreiheit droht verloren zu gehen.

Deshalb ist der Zukunftswert der Familie wieder deutlicher in das allgemeine Bewusstsein zu rücken. Das Arbeitsrecht muss eltern- und kindgerechte Arbeitsbedingungen schaffen und dem erziehenden Elternteil nach Erfüllung des Erziehungsauftrags die Fortsetzung der Berufstätigkeit erschließen.[251] Das Sozialversicherungsrecht muss vor allem die Eltern sichern, die den Generationenvertrag ermöglichen. Die öffentliche Bau- und Verkehrsplanung hat sich an den Bedürfnissen der Kinder auszurichten. Soweit der Staat interveniert und verteilt, hat er die Benachteiligung der Familien gegenüber den Kinderlosen zu beenden. Wenn die Eltern in ihrer unkündbaren Elternverantwortung rund um die Uhr unsere Zukunft sichern, dürfen sie nicht weniger an den Einkommensströmen beteiligt werden als diejenigen, die sich ausschließlich dem Erwerb widmen und nicht durch Kinder zu unserer Zukunft beitragen. Dieses Gleichheitsanliegen erhebt keinen Vorwurf gegen die Kinderlosen, versucht aber die Zukunftsverantwortung allgemein einzufordern. Der Gleichheitssatz verlangt vor allem eine Gleichberechtigung der Mütter.

Das Steuerrecht muss mit seinen Mitteln dazu beitragen, dass die Ehen als Gemeinschaft von Mann und Frau gefestigt und den Kindern die besten Entfaltungsmöglichkeiten geboten werden[252]. Dabei wird das Steuerrecht den Tatbestand der Ehe aufnehmen, ohne in die Privatsphäre der Beteiligten einzudringen. Die vor dem Standesbeamten durch Erklärung der Verlobten geschlossene Ehe begründet für jedermann ersichtlich eine Erwerbs-, Unterhalts-, Haus- und Beistandsgemeinschaft.[253]

In der Ehe teilen sich die Ehegatten die Aufgaben der Erwerbstätigkeit und der Familientätigkeit auf. Das gemeinsam erzielte Einkommen ist von beiden Ehegatten erworben und wird deshalb bei der Individualbesteuerung des Einkommens auch beiden zugerechnet. Hier gilt nichts anderes als bei jeder Erwerbsgemeinschaft, der OHG, der KG oder der GmbH. Auch diese erzielen als Erwerbstätige ihren Gewinn gemeinsam. Sie können ihn für Zwecke der Individualbesteuerung untereinander aufteilen und so für jeden – auch den nicht mitarbeitenden – Gesellschafter die Progressionsminderung sowie die Freibeträge in Anspruch nehmen. Das Ehegattensplitting ist deshalb schon ein Gebot des Gleichheitssatzes. Auf den besonderen verfassungsrechtlichen Schutz der Ehe kommt es insoweit nicht an.

In einem vereinfachten Besteuerungssystem, das steuertechnisch mit einem linearen Steuersatz von 25 % auskommt, wird das Ehegattensplitting dadurch erreicht, dass die Ehegatten innerhalb ihrer Erwerbsgemeinschaft Einkünfte untereinander ausgleichen und persönliche Steuerentlastungsbeträge aufeinander übertragen können. Macht der eine Ehegatte Gewinn, der andere Verlust, kann der Verlust ausgeglichen werden. Daneben kann ein Ehegatte sein Existenzminimum, seine Vereinfachungspauschale sowie seine progressionsmindernden Abzugsbeträge auf den anderen übertragen und damit dessen Einkommen mindern.

Die Familie ist eine Unterhaltsgemeinschaft. Die Kinder beanspruchen einen Teil des Elterneinkommens. Das Einkommensteuerrecht erfasst das Kind deshalb als Unterhaltsberechtigten, der die steuerliche Leistungsfähigkeit der unterhaltspflichtigen Eltern mindert.

Wenn das Familienrecht die Eltern zum Unterhalt ihrer Kinder verpflichtet, sie also einen Teil ihres Einkommens an die Kinder weitergeben müssen, können sie über diesen Einkommensbetrag nicht verfügen, auch nicht für Zwecke der Steuerzahlung. Ihre steuerbare Leistungsfähigkeit ist insoweit verringert. Dementsprechend muss die Bemessungsgrundlage für die Einkommensteuer vermindert werden.[254] Dieses Erfordernis ist heute im Kinderfreibetrag anerkannt.

Allerdings genügt die gegenwärtige Höhe des Kinderfreibetrages von 3.648 Euro pro Jahr den Bedürfnissen des Kindes nicht annähernd. Das Kind braucht nicht nur Obdach, Kleidung und Nahrung. Es will vielmehr auch Sport treiben, ein Musikinstrument lernen, Fremdsprachen in Reisen und Ferienbegegnungen erproben, sich die Welt des Computer- und Telekommunikationswesens erschließen.[255] Dieser zusätzliche Erziehungsbedarf kostet das Geld der Eltern. Außerdem will das Kind betreut werden. Der Betreuungsbedarf entsteht dadurch, dass die Kinder persönliche Zuwendung, Erziehung und Begleitung erwarten. Dabei belastet eine Betreuung durch fremde Hand die Eltern finanziell, eine eigenhändige Betreuung hat einen Einkommensverzicht des betreuenden Elternteils zur Folge. Dieser Zusatzbedarf wird heute –

wiederum ungenügend – mit einem Freibetrag von
2.160 Euro pro Jahr berücksichtigt.

Der Kindesbedarf sollte durch Zahlung eines Kindergeldes, nicht durch steuerliche Verschonung des Elterneinkommens gedeckt werden. Die steuerliche Entlastung
bringt bedürftigeren Familien kaum einen Vorteil, weil sie
wegen geringen oder fehlenden Einkommens kaum Einkommensteuer zu zahlen haben. Gerade diese Familien
können ihren Kindern aber am wenigsten finanzielle
Chancengleichheit gewähren. Sie bedürfen deshalb besonders eines Ausgleichs innerhalb des Generationenvertrages. Deshalb ist die steuerliche Kinderentlastung
durch die Zahlung eines Kindergeldes zu ersetzen. Das
Existenzminimum hat bei einem Grundfreibetrag von
8.000 Euro[256] und einen linearen Steuersatz von 25 %
einen wirtschaftlichen Wert von jährlich 2.000 Euro. Soll
es bei einem Kind durch Kindergeld gesichert werden,
müsste dieses 170 Euro monatlich[257] betragen. Dieser
Betrag wäre eine Mindestgröße und sollte auf 250 bis
300 Euro monatlich pro Kind erhöht werden. Da Kindergeld kein am Markt erzieltes Einkommen ist, unterliegt es
nicht der Einkommensteuer.

Bei der Bemessung des steuererheblichen Kindesunter-
halts wird der Gesetzgeber auch überprüfen müssen, ob
der erwerbssichernde Aufwand weiterhin in der tatsächlich entstandenen Höhe, der existenzsichernde Aufwand
für das Kind hingegen im Existenzminimum berücksichtigt werden soll. Das Unterhaltsrecht verpflichtet die
Eltern richtigerweise, die Kinder an ihren Einkommens-
und Vermögensverhältnissen teilhaben zu lassen. Die
Eltern können nicht in der Villa wohnen, die Kinder aber
in die Garage verweisen. Die Rücknahme des gesetzlichen
Unterhalts auf den existenznotwendigen Mindestbedarf
hat zur Folge, dass die Eltern den über diesen Mindest-

bedarf hinausgreifenden Unterhalt aus versteuertem Einkommen zu bezahlen haben.

Ist die eheliche Erwerbsgemeinschaft durch ein Ehegattensplitting anerkannt und die familiäre Unterhaltsgemeinschaft durch ein Kindergeld gefördert, beginnt der verfassungsrechtlich gewährleistete »besondere Schutz« von Ehe und Familie. Dieses Grundrecht auf einen hervorgehobenen Schutz wehrt nicht, wie die übrigen Freiheitsrechte, staatliche Eingriffe in den individuellen Freiheitsbereich ab. Es verpflichtet den Staat nicht zu einem Unterlassen – auf die unantastbare Menschenwürde, die ungestörte Religionsausübung oder die unverletzliche Wohnung –, sondern verlangt die staatliche Pflege, Stütze und Förderung von Ehe und Familie. Steuerliches Eingriffsrecht kann insoweit den staatlichen Schutz nur bestätigen. Ein familiengerechtes Steuerrecht ist Bedingung des staatlichen Schutzauftrags, kann diesen aber niemals erfüllen.

Alterseinkünfte sind neu zu regeln

Bei den Alterseinkünften stellt sich steuerlich das Problem, dass die Altersvorsorge oft aus versteuertem Einkommen finanziert wird, die dadurch erworbenen Altersbezüge aber nochmals der Einkommensteuer unterworfen werden. Insoweit kommt es zu einer einkommensteuerlichen Doppelbelastung. Leistet der Arbeitnehmer seine Rentenbeiträge aus versteuertem Einkommen, werden ihm im Alter die bereits versteuerten Beiträge sowie Zinsen auf dieses Kapital ausgezahlt. Das geltende Einkommensteuerrecht versucht deshalb, zwischen einem schon versteuerten Kapitalanteil und einem noch zu versteuernden Ertragsanteil zu unterscheiden und dementsprechend die Rente nur teilweise zu besteuern[258].

Der Beamte leistet keine Beiträge für seine Alterssicherung, sondern empfängt von seinem Dienstherrn die gesetzliche Zusage, ihm im Alter eine Pension zu zahlen. Diese Alterssicherung mag auf ein verringertes Beamtengehalt während des aktiven Erwerbslebens gestützt werden; dieses bietet jedoch keinen Anknüpfungspunkt für das Einkommensteuerrecht. Dem Beamten fließt insoweit kein Einkommen zu und er leistet auch keine Beiträge, die als erwerbssichernder Aufwand geltend gemacht werden könnten. Die staatliche Altersvorsorge für den Beamten wird erst im Alter und dann voll besteuert.

Land- und Forstwirte, Gewerbetreibende und Freiberufler sichern sich im Alter in der Regel dadurch, dass sie ihren Betrieb ihrem Nachfolger entgeltlich überlassen. Dabei mögen sie einen Kaufpreis oder auch wiederkehrende Bezüge in Form einer Leibrente vereinbaren. Der überlassene Betrieb wird nach der Grundstruktur des Einkommensteuerrechts aus versteuertem Kapital gebildet, die Altersbezüge aus diesem Kapital werden dann – einmalig im Veräußerungsgewinn oder regelmäßig in den Leibrenten – besteuert. Bei Einkünften aus Vermietung kann der Aufwand für das Grundstück abgesetzt werden, die Mietzinsen werden mit dem Zufluss versteuert. Erträge aus Finanzkapital sind steuerbar, oft aber nur schwer von dem – meist nicht besteuerten – Wertzuwachs in den Beteiligungen und Wertpapieren abzugrenzen.

Das Bundesverfassungsgericht hat festgestellt, dass die Besteuerung der Leibrenten in der derzeitigen Form nicht mehr zu rechtfertigen ist, nachdem die Renten nicht mehr aus einem vom Versicherten gebildeten Kapital, sondern – seit 1957 – aus einer von den gegenwärtig Erwerbstätigen zu finanzierenden Umlage gedeckt werden.[259] Die gesetzliche Sozialversicherungsrente wird nicht mehr von dem einzelnen Steuerpflichtigen angespart, sondern durch die aktiv Erwerbstätigen und erhebliche Bundeszuschüsse aufgebracht. Sie ist weitgehend fremdfinanziert. Der Gedanke des geltenden Einkommensteuergesetzes, mit dem Ertragsanteil nur den Ertrag des Rentenstammrechts zu besteuern, das Rentenstammrecht als schon versteuerten Kapitalanteil aber von der Besteuerung auszunehmen, entspricht dem früheren Kapitaldeckungsverfahren, nicht aber dem Umlageverfahren der heutigen Rentenversicherung. Mit Umstellung des Rentensystems im Jahre 1957 ist die steuerrechtliche Regelung gleichheitswidrig geworden.

Die Besteuerung der Zukunftssicherungsleistungen muss die zur Zukunftssicherung aufgewendeten Erwerbserlöse in der Sparphase von der Einkommensteuer freistellen. Die Altersbezüge sind dann insgesamt steuerpflichtig. Soweit sie aus angespartem Kapital bestehen, ist dieses Kapital noch unversteuertes Einkommen, das auf seine nachgelagerte Besteuerung wartet. Soweit die Altersbezüge aus den Kapitalerträgen finanziert werden, fließt dieser Ertrag nunmehr dem Berechtigten zu und löst damit ebenfalls eine Steuerpflicht aus. Für die Altersbezüge gelten dann der Grundfreibetrag und die sonstigen persönlichen Steuerentlastungsbeträge, so dass der Kleinrentner nicht mit einer Besteuerung rechnen muss.

Die Entscheidung für das Prinzip der nachgelagerten Besteuerung vermeidet die Doppelbelastung desselben Einkommens. Die zur Zukunftssicherung aufgewendeten Beiträge werden in der Sparphase von der Steuer freigestellt. In der Auszahlungsphase unterliegen die noch unversteuerten Beiträge und die aus ihnen erwirtschafteten Erträge der Einkommensteuer. Insoweit ist eine Gleichheit in der Zeit hergestellt. Beim Sparen für das Alter ist das gesparte Einkommen für den Berechtigten nicht verfügbar, wird deshalb nicht zur Besteuerung herangezogen. Mit der Auszahlung steht es dem Berechtigten in voller Höhe zur Verfügung und unterliegt deshalb der Einkommensteuer.

Die höchstpersönliche Zukunftssicherung muss allerdings von der allgemeinen Kapitalbildung unterschieden werden, die ebenfalls der Altersvorsorge dient. Grundsätzlich wird die Kapitalbildung – der Erwerb eines Hauses, eines Kapitalfonds oder eines Goldbarrens – aus versteuertem Einkommen finanziert. Wird dieses Kapital im Alter verbraucht, ist der Vorgang nicht steuerbar. Das Problem der Doppelbelastung entfällt. Eine Entlastung der Kapitalbildung wäre nicht gerechtfertigt. Die nachgelagerte Besteuerung der Vorsorge für eine Leibrente ist deshalb nicht das »Trojanische Pferd«, um Kapitalbildung und Kapitalerträge steuerlich zu bevorzugen.

Die Abhängigkeit der Leibrente vom Leben des Berechtigten steht auch unangemessenen Steuergestaltungen entgegen. Der steuerbewusst Vorsorgende mag viele Lebenslagen planen, der Tod entzieht sich seinen Voraussagen. Deshalb bedarf es keiner Obergrenze für die zulässige höchstpersönliche Altersvorsorge. Bei den Altersbezügen muss dann nicht zwischen dem Kapital, das im Rahmen von Höchstbeträgen steuerlich verschont ist, und dem anderen Kapital, das jenseits der Höchstbeträge schon versteuert wurde, unterschieden zu werden. Die Altersbezüge werden insgesamt nach allgemeinen Regeln einfach und gleich besteuert.

Die Grundregel der gegenwartsnahen Besteuerung von Einkommen bleibt so erhalten. Wer aus Einkommen Kapital bildet, muss das Einkommen versteuern, sobald er es erzielt. Wer hingegen sein Einkommen einsetzt, um dadurch eine höchstpersönliche Alterssicherung für sich und seine Familie zu erwerben, braucht dieses Einkommen nicht schon beim Sparen für das Alter, sondern erst mit dem Empfang der Altersbezüge zu versteuern.

Das Prinzip einer im Alter nachgeholten Besteuerung setzt allerdings voraus, dass der Staat, der das höchstpersönliche Alterssparen steuerlich verschont, später auch rechtlich und tatsächlich auf die Altersbezüge zugreifen kann. Diese Voraussetzung entfällt, wenn ein in Deutschland Erwerbstätiger seinen Lebensabend im Ausland verbringt und diesem Staat nach dem Wohnsitzprinzip das Besteuerungsrecht für die Altersbezüge zusteht. Die Rentenzahlungen, die im Jahre 2000 in das Ausland abflossen, hatten ein Volumen von 3,73 Milliarden Euro.[260]

Auch beim Alterswohnsitz im Ausland kann jedoch der gestundete Steueranspruch des deutschen Staates durch ein Zertifizierungsverfahren sichergestellt werden. Die Steuerstundung gilt nur, wenn der Steuerpflichtige sich bei einem Unternehmen versichert, das von der Bundesanstalt für Finanzdienstleistungsaufsicht anerkannt worden ist. Die Anerkennung wird nur ausgesprochen, wenn sich das Versicherungsunternehmen verpflichtet, bei Wegzug des Versicherten den bis dahin gestundeten Besteuerungsanspruch an den deutschen Staat auszubezahlen. Der Versicherte kann also nur die Altersbezüge nach Steuern in sein Heimatland mitnehmen.[261]

Das Besteuerungsverfahren darf nicht überfordern

Eine gleichmäßige Besteuerung ist nur gesichert, wenn der materielle Steueranspruch im Besteuerungsverfahren auch tatsächlich durchgesetzt wird. Ist das Steuergesetz so kompliziert, dass der Finanzbeamte bei seinem Vollzug resigniert, oder baut die Besteuerung auf die Erklärung des Pflichtigen, ohne dass die Behörden diese kontrollieren können, leidet das Steuerrecht an gleichheitswidrigen,

strukturellen Defiziten. Außerdem darf das Besteuerungsverfahren den Pflichtigen in den Erklärungs- und Nach-
weispflichten nicht überfordern. Es darf ihn im Mitwir-
kungsaufwand nicht übermäßig belasten, in Formularen
oder in Zahlungs- und Verrechnungspflichten nicht un-
überwindbare Barrieren für die Bürger errichten.

Bezieher von Kapitalerträgen haben immer wieder be-
klagt[262], dass sie als Steuerehrliche ihre Kapitalerträge
ordnungsgemäß versteuerten, obwohl ein Großteil der
Steuerpflichtigen diese in ihrer Steuererklärung nicht
angeben und sich dabei auch wegen des in der Abgabenordnung gesicherten Bankgeheimnisses vor finanzbehörd-
lichen Kontrollen sicher fühlen. Tatsächlich gewinnt die
Finanzverwaltung vom Kapitalvermögen oft nur Kenntnis, wenn beim grunderwerbsteuerpflichtigen Erwerb
eines Grundstücks nach der Herkunft der Mittel gefragt
oder beim erbschaftsteuerpflichtigen Erbfall der Umfang
der Erbmasse ermittelt wird. Auch bei einer Auseinandersetzung zwischen bisher vertraulich zusammenwirken-
den Personen, der Kündigung eines Geschäftsführers oder
der Scheidung einer Ehe, werden den Finanzbehörden
Informationen überbracht, die bisher sorgfältig verschwiegen worden sind.

Die Steuer wird möglichst an der Quelle erhoben

Ein erneuertes Einkommensteuergesetz kann das Verfahren grundlegend vereinfachen, wenn es die Einkommensteuer weitgehend an der Quelle erhebt. Dies ist allerdings
nur bei einem Einkommen möglich, das regelmäßig oder
zumindest häufig von einem Schuldner geleistet wird, der
als stetige Zahlstelle tätig werden und das Einkommen
vereinfacht ermitteln kann. Die Quellenbesteuerung ist
deshalb für den Arbeitslohn, die Kapitaleinnahmen, die

Altersbezüge und für Veräußerungserlöse aus Wertpapier-
verkauf vorzusehen. Aufwendungen zur Erzielung der
Einkünfte lassen sich durch Vereinfachungspauschalen
typisieren. Beträgt der Regelsteuersatz zudem 25 % und
wird die Steuerbelastung der Einkünfte zu einem Viertel
nur durch wenige, einfache Abzugsbeträge verändert,
kann die Steuer in einem sehr einfachen, verlässlichen und
kostenschonenden Verfahren entrichtet werden. Arbeitgeber, Banken und Versicherer verfügen über die Organi-
sationskraft, diese Mitwirkungsdienste zu leisten.

Ist der Steuerpflichtige hingegen unternehmerisch tätig,
erzielt er seinen Gewinn aus vielen Geschäftsvorfällen. Er
entwickelt dabei zu seinen Geschäftspartnern oft nur lose,
flüchtige oder auch einmalige Geschäftsbeziehungen, so
dass hier der Schuldner nicht zu einer Quellenbesteuerung
herangezogen werden kann. Bei einer erwerbswirtschaftlichen Tätigkeit mit verschiedenen Kunden, Klienten oder
Patienten sowie beim Vertrag mit einem nicht hinreichend
organisierten Vertragspartner – einem Mieter oder Käufer – muss die Steuer durch eine Veranlagung festgesetzt
werden. Bei ihr stützt sich das Finanzamt in der Regel auf
eine Steuererklärung und Bilanz. Das Veranlagungsverfahren kann den Wertzuwachs im Betriebsvermögen
feststellen, die Wertbewegungen in Wirtschaftsgütern
ermitteln, Aufwendungen individuell berücksichtigen,
persönliche Steuerentlastungen und Freistellungen gewähren.

Wird die Einkommensteuer auf Löhne und Kapitaleinnahmen direkt an der Quelle erhoben, stellt das
Finanzamt für jeden Steuerpflichtigen eine oder mehrere
Steuerkarten aus. Auf ihnen sind die individuellen Merk-
male des Steuerpflichtigen (Name, Adresse, Steuernum-
mer und Konfessionszugehörigkeit) und seine pauschalen
Abzugsbeträge gespeichert. Der Arbeitgeber kann auf-

grund dieses Steuerchips die Lohnsteuer bei jeder Abrechnung leicht ermitteln, einbehalten und an das Finanzamt abführen. Der Arbeitnehmer erhält eine Bescheinigung über die gezahlte Lohnsteuer. Bei Unstimmigkeiten kann jeder der Beteiligten sich an das Finanzamt wenden und zur Klärung der Streitfrage eine Veranlagung beantragen.

Die weit greifende Quellenbesteuerung entlastet Bürger und Finanzverwaltung. Der Arbeitnehmer wird in der Regel überhaupt keine Steuererklärung mehr abgeben müssen oder aber – in zehn Minuten – lediglich zu bestätigen haben, bei welchem Arbeitgeber er Lohn empfangen hat und dass die Chipdaten zu seiner Person richtig sind. Die Qual der Formulare, auch das Sammeln und die Verführungskraft von Belegen entfallen. Die Quellensteuer ist unausweichlich. Der Steuerpflichtige hat die Sicherheit, dass jeder je nach seinem Einkommenserfolg zur Finanzierung des Gemeinwesens beiträgt. Das Grübeln über die bessere Steuergestaltung wird überflüssig.

Der Quellenabzug ist auch ein Weg, um die Kapitalerträge verlässlicher zu erfassen. Wenn die Bank zur Entrichtung der Steuern auf die von ihr gezahlten Kapitalerträge verpflichtet ist und sie für die ordnungsgemäße Pflichterfüllung haftet, liegt das Risiko unrichtiger Erklärungen und Abführungen bei der Bank. Die Entrichtung der Steuer ist der Beobachtung und Kontrolle der Bankbediensteten, des Rechnungswesens, der Steuerberater und Wirtschaftsprüfer ausgesetzt. Das Risiko eines Steuerausfalls kann wesentlich vermindert werden. Schwarzkonten und Schwarzzahlungen begründen ein umso größeres Anzeigerisiko, je größer der Kreis der Wissenden und Beteiligten ist. Wird diese Haftung der Bank auch auf ihre ausländischen Filialen ausgedehnt, können weitere Besteuerungslücken geschlossen werden. Solche

Maßnahmen sollten auf die Europäische Gemeinschaft und möglichst alle Industriestaaten erstreckt werden.

Der Übergang braucht eine Amnestie

Die Quellenbesteuerung könnte die Steuerschuldner zumindest vorübergehend in der Anonymität belassen und damit den Übergang von der bisherigen Steuerhinterziehung in eine ordnungsgemäße Besteuerung erleichtern. Wenn der Steuerhinterzieher von gestern heute erstmals Kapitalerträge erklärt, wird der Finanzbeamte und sodann auch der Staatsanwalt nach der Ertragsquelle und ihrer Ergiebigkeit in den vergangenen Jahren fragen. Der Steuerflüchtige würde, wenn er das Schlupfloch der Illegalität verlässt, sich gleichsam beim Finanzamt und beim Staatsanwalt selbst anzeigen. Eine solche Selbstbezichtigung darf der Rechtsstaat zumindest für das Strafverfahren nicht verlangen. Langfristig aber bietet nicht eine fortwirkende Anonymität der Steuerschuldner, sondern nur eine Steueramnestie einen Ausweg. Der Steuerschuldner kann nicht auf Dauer unentdeckt bleiben, weil die Finanzbehörde die Kontrolle über alle Einkünfte beansprucht. Kapitalerträge müssen im Übrigen individuell zugeordnet werden, um den personenabhängigen Annexsteuern – der Kirchensteuer, später vielleicht auch einer kommunalen Zuschlagsteuer zur Einkommensteuer – eine sachgerechte Bemessungsgrundlage zu geben.

Deswegen bleibt nur die Amnestie. Diese Lösung verursacht rechtsstaatliches Unbehagen, weil sie die Steuersünder rückwirkend begünstigt und die redlichen Steuerzahler dennoch an ihren ehrlichen Zahlungen festhält. Für die Zinsbesteuerung gelten aber Besonderheiten, die ausnahmsweise eine Amnestie rechtfertigen. Der Gesetzgeber ist seit der Entscheidung des Bundesverfassungsgerichts

vom 27.06.1991²⁶³ beauftragt, das schon damals festge-
stellte Defizit beim Vollzug des Steueranspruchs auf Kapitalerträge zu beseitigen. Er hat dem Missstand bisher
nicht abgeholfen und ist für das Erhebungsdefizit mitver-
antwortlich. Dadurch wird zwar das Unrecht der Steuerhinterzieher nicht geschmälert. Der rechtsethische und
strafrechtliche Vorwurf, geschuldete Steuern durch falsche
Angaben verweigert und dadurch die Gemeinschaft der
Steuerzahler geschädigt zu haben, bleibt unberührt. Die
Reparaturverantwortlichkeit des Gesetzgebers wächst
aber mit jedem Jahr. Er kann sich ihr heute nicht mehr
unter Hinweis auf das enttäuschte Gesetzesvertrauen der
Steuerehrlichen entziehen.

Aus diesem rechtsstaatlichen Dilemma führt nur ein
Ausweg: Der Staat garantiert durch Quellenabzug oder
Kontrollmitteilungen die Legalität für den zukünftigen
Vollzug des Steueranspruchs auf Kapitalerträge, lässt
dann aber nach mehrjährig erprobter Vollzugsgewissheit
vergangenes Unrecht auf sich beruhen. Das Gesetz eröffnet die Möglichkeit, durch mehrjährige, ordnungsgemäße
Steuerzahlung endgültig Schutz vor Nachzahlung und
Strafverfolgung zu erhalten. Die Ungleichheit gegenüber
dem redlichen Steuerzahler kann – wiederum in der Aus-
nahmesituation eines staatlich mitverantworteten Voll-
zugsdefizits – durch eine befristete Steuerentlastung für
zukünftige Steuererträge aufgefangen werden. Zwar verdient Legalität grundsätzlich keine Steuerprämie. Leidet
jedoch die gesamte Steuererhebung an einem Vollzugsdefizit, kann eine materielle Gleichheit dadurch hergestellt
werden, dass die illegal erschlichene Nichtbesteuerung in
der Vergangenheit durch eine vorübergehende Steuerentlastung legal besteuerter Kapitaleigentümer für die
Zukunft ausgeglichen wird.

Der Kernauftrag des Rechtsstaates fordert Legalität.

Deswegen sind alle rechtspolitischen Überlegungen, die nicht den verlässlichen und unausweichlichen Vollzug künftiger Steueransprüche sichern, unvertretbar. Der Steuersünder wird auch nicht aus Sorge vor einem nachwirkenden Argwohn oder Kompensationsbedürfnis der Finanzbehörden an einer ordnungsgemäßen Erklärung gehindert. Der rote Reiter in deren Kartei oder Computer gilt weniger dem reuigen Sünder als dem Steuerpflichtigen mit aufwändigem Lebensstil und großem Vermögen, der keine Kapitalerträge versteuert und dennoch keine Amnestie beansprucht hat.

Eine Steueramnestie ist ein gangbarer Weg, um im Ausland verborgenes Kapital wieder in das Licht des deutschen Steuerrechts zu führen. Zwar sieht die Abgabenordnung schon jetzt eine strafbefreiende Selbstanzeige vor. Von dieser Möglichkeit machen aber nur wenige Gebrauch, weil Nachzahlungsbeträge wegen der Nachverzinsung sehr hoch belasten: Hinterzogene Steuern sind für einen Zeitraum von bis zu 13 Jahren nachzuzahlen und mit 6 % pro Jahr zu verzinsen. Dadurch kann mehr als die Gesamtsumme des Schwarzgeldes für die steuerlichen Nachforderungen aufgewendet werden müssen.[264] Deshalb verlangt das Gesetz zur Förderung der Steuerehrlichkeit vom 23.12. 2003[265] eine 25 %ige Steuer auf den um 40 % verminderten Betrag verkürzter Einnahmen.

Das Einkommen wird nach zwei Methoden ermittelt

Bei der Ermittlung des Einkommens hat das Gesetz zu berücksichtigen, dass bestimmte Erwerbstätige ihr Einkommen in Geld erzielen, andere durch Mehrung ihres Vermögens. Wer von seinem Arbeitgeber Lohn oder von seiner Bank Kapitalerträge erhält, kann durch Blick in seine Kasse sein Einkommen feststellen. Seine ihm zugeflossenen Geldeinnahmen abzüglich der zum Erwerb und zur Existenzsicherung abgeflossenen Geldaufwendungen sowie seiner Geldspenden bilden sein Einkommen. Wer hingegen Waren einkauft und verkauft, erkennt sein Einkommen erst, wenn er in Warenlager und Kasse blickt. Wer seinen gesamten Gewinn zur Anschaffung von Waren verwendet hat, verfügt über ein gefülltes Warenlager, aber eine leere Kasse. Wer sein gesamtes Warenlager geleert und dadurch seine Kasse gefüllt hat, beobachtet beim Blick in seine Kasse einen Gewinn, beim Blick ins Warenlager einen Verlust. Deshalb müssen die Einkünfte bei Löhnen, Kapitalerträgen und Versicherungsleistungen durch Kassenrechnung, bei Land- und Forstwirten, Gewerbetreibenden, Vermietern und Freiberuflern durch Vermögensvergleich ermittelt werden.

Diese zwei Ermittlungsmethoden dienen dem gleichen Ziel, die Einkünfte jeweils wirklichkeitsgerecht und gegenwartsnah festzustellen. Es dürfen nicht Einkunftsarten, sondern nur Arten ihrer Ermittlung unterschieden werden. Beide Ermittlungsmethoden sind so anzuwenden, dass alle Einkünfte gleich erfasst und belastet werden. Die Verschiedenheit von Geldeinkünften und Vermögensmehrungen muss bei der Ermittlung der Einkünfte so aufgenommen werden, dass im Ergebnis keine Belastungsunterschiede entstehen.

Grundsätzlich ist es für die Steuerlast unerheblich, in welcher Form jemand sein Einkommen erzielt. Die Einkommensteuer rechtfertigt sich aus dem am Markt erwirtschafteten Vermögenszuwachs. Deswegen werden die Einkünfte in der Regel durch Vermögensvergleich ermittelt. Nur in den einfachen Fällen eines bloßen Geldeinkommens genügt die Kassenrechnung.

Allein der Vermögensvergleich wird den Unternehmen gerecht, die mit Kapital und Investitionen arbeiten. Hat der Landwirt erhebliche Kasseneinnahmen erzielt, ist aber gleichzeitig sein Viehbestand an einer Seuche zugrunde gegangen, so wird sein Kassenzuwachs diesen Verlust kaum ausgleichen können. Er schließt sein Wirtschaftsjahr trotz hoher Kasseneinnahmen mit einem Verlust ab. Hat der Autoproduzent im laufenden Wirtschaftsjahr viele Fahrzeuge verkauft, muss er aber zugleich wegen technischer Mängel mit hohen Gewährleistungsverpflichtungen rechnen, stehen seinem Verkaufsgewinn erhebliche finanzielle Risiken gegenüber. Gleiches gilt für einen Händler mit guten Verkaufserlösen, aber einem technisch überholten oder nach Maßstäben der Mode veralteten und deshalb unverkäuflichen Warenbestand, oder einen Vermieter, der beachtliche Mietzinsen erzielt, aber durch einen Sturm einen schweren Gebäudeschaden erlitten hat.

Ebenso belegt eine volle Kasse noch keinen Gewinn, wenn die Kassenbestände durch zu hohe Warenabgänge erkauft, als Vorauszahlungen für zukünftige Leistungen empfangen oder als Darlehen genommen worden sind. Ein Kassenbestand, der schon zur Begleichung von Forderungen der Vorlieferanten oder zur Zahlung fällig gewordener Löhne hätte verwendet werden müssen, drückt eher die Säumigkeit des Schuldners als einen wirtschaftlichen Erfolg aus.

Der Gewinn von Unternehmen muss deshalb durch Vermögensvergleich ermittelt werden. Dieser Vergleich stützt sich auf eine Steuerbilanz, in der alle Vermögenswerte des Unternehmens aufgenommen werden. Dabei ist das Vermögen jeweils für das Ende eines Wirtschaftsjahres realitätsgerecht und gegenwartsnah zu erfassen und zu bewerten.

Der Vermögensvergleich darf nur das Betriebsvermögen, also die Entwicklung der dem Betrieb dienenden Wirtschaftsgüter, vergleichen. Deswegen baut die Bilanz auf eine Unterscheidung zwischen Betriebsvermögen und Privatvermögen. Zum Betriebsvermögen zählen alle Wirtschaftsgüter, die zur Erwerbsgrundlage gehören und dort zum Erwerb genutzt werden. Dabei kann die Zugehörigkeit zum Betrieb nicht schon nach Art des Wirtschaftsgutes bestimmt werden. Die Zahnbürste im Badezimmer ist Privatvermögen, die im Warenlager der Drogerie Betriebsvermögen. Der Anorak des Skifahrers ist Privatkleidung, der des Skilehrers Berufskleidung. Das in der Betriebskasse vereinnahmte Geld muss noch versteuert werden, das in der Privatkasse verbliebene Geld ist schon versteuert.

Betriebsvermögen ist deshalb das Vermögen, das als Erwerbsgrundlage genutzt wird. Umgekehrt gehören zum Privatvermögen alle Wirtschaftsgüter, die der persönlichen Lebensführung dienen. Betriebsvermögen sind deshalb die Produktionsmaschinen, die Rohstoffe, die Waren, die zum Handel und Transport benötigten Instrumente, die Verwaltungsbüros. Zum Privatvermögen gehören Wohnung, Kleidung und Haushaltsgegenstände des alltäglichen Gebrauchs. Zweifelsfragen ergeben sich bei Mietgrundstücken, Bankguthaben, Bargeld, Beteiligungen und Wertpapieren. Diese gehören zum Betriebsvermögen, wenn sie stetig zum Erwerb genutzt werden. Für die betriebliche Widmung genügt nicht, dass diese Güter in die Bilanz einbezogen und so gewillkürt zum Betriebsvermögen erklärt werden. Maßgeblich ist die tatsächliche Nutzung.

Der Aufgabe der Einkommensteuer, den Staat am jährlich erwirtschafteten Einkommen steuerlich teilhaben zu lassen, genügt nur eine eigenständige Steuerbilanz, die

sich von der Handelsbilanz unterscheidet. Die Handelsbilanz unterrichtet die Gläubiger, insbesondere die Banken,
aber auch die Arbeitnehmer und Geschäftspartner, über
das im Unternehmen verfügbare Vermögen, das ihnen
Sicherheit für ihre Forderungen gibt. Diesem Sicherungs-
interesse entspricht das Prinzip des vorsichtigen Kauf-
manns, der einen Vermögenswert eher zu gering als zu
hoch ansetzt, in der Bilanz also eher geringere als zu hohe
Werte nachweist und in diesem Vorsichtsprinzip dem
Gläubigerinteresse entspricht. Demgegenüber verfehlt
dieses Prinzip kaufmännischer Vorsicht den Auftrag der
Steuerbilanz, die den tatsächlich erzielten Vermögenszuwachs als Bemessungsgrundlage der Einkommensteuer
ausweisen, nicht aber durch Unterbewertung die Steuerschuld verringern soll. Die Steuerbilanz folgt dem Prinzip
der Realitätsgerechtigkeit und Gegenwartsnähe, nicht
dem Vorsichtsprinzip.

Die gegenwärtigen Bilanzierungsregeln leiden an einem
Wirklichkeitsverlust. Symptom sind die stillen Reserven:
Wenn ein Grundstück oder die Beteiligung an einem anderen Unternehmen in der Bilanz mit den Kosten der
Anschaffung und nicht mit dem erheblich höheren Gegenwartswert ausgewiesen ist, ein im Betrieb produziertes
Wirtschaftsgut in seinem Gegenwartswert die Herstel-
lungskosten deutlich übersteigt, ein geringwertiges Wirtschaftsgut mit einem Wert bis zu 410 Euro sofort voll
abgeschrieben werden darf oder wenn bestimmte Wirtschaftsgüter – Sozialwohnungen, Häuser im Sanierungs-
gebiet, Krankenhäuser oder Handelsschiffe – aufgrund
einer Subventionsgesetzgebung mit einem irreal niedrigen
Wert erfasst werden dürfen, so werden diese Güter zu
einem Buchwert ausgewiesen, der deutlich geringer ist als
der tatsächliche, im Marktverkehr erzielbare Wert. Der
Steuerpflichtige hält mit diesen Reserven still, vermeidet

ihre wirklichkeitsgerechte Bewertung, um Steuern zu sparen.

An diese stillen Reserven knüpft sich dann eine Fülle von Folgeproblemen, die das Steuerrecht kompliziert machen: Tauscht der Steuerpflichtige Wirtschaftsgüter, so wird er sich bemühen, die stillen Reserven im hingegebenen Gut auf das eingetauschte Gut zu übertragen. Geht ihm ein Wirtschaftsgut durch Brand, Diebstahl oder auch durch Enteignung verloren, will er die stille Reserve für das Ersatzwirtschaftsgut bewahren. Fällt die Ersatzbeschaffung in das nächste Wirtschaftsjahr, beansprucht er eine steuerfreie Rücklage für diese Ersatzbeschaffung. Verkauft er ein Grundstück und muss deshalb die in diesem Grundstück steckende stille Reserve auflösen, investiert er dann aber den Kaufpreis in ein anderes Grundstück, sucht er die stillen Reserven auf das neue Grundstück zu übertragen. Noch gewichtigere Probleme begründen die stillen Reserven, wenn der Betriebsinhaber seinen Betrieb ganz oder teilweise veräußert, er das Wirtschaftsgut in ein anderes Land bringt, es also dem Einflussbereich des deutschen Fiskus entzieht, oder ein Betrieb oder ein Mitunternehmeranteil in einen anderen Betrieb eingebracht werden. In allen diesen Fällen stellt sich die Frage, ob der Steuerpflichtige bei diesen betrieblichen Umstrukturierungen und Neuorganisationen stille Reserven aufdecken muss, auch wenn er nicht durch einen betriebsüblichen Vorgang der Produktion und des Handels Gewinn erzielt hat.

Stille Reserven werden so zu einem Hemmnis für unternehmerische Freiheit. Das Steuerrecht behindert den Unternehmer bei der Erneuerung und Fortführung seines Betriebes. Die Einkommensteuer erfasst einen Gewinn zu einem Zeitpunkt, in dem dieser nicht als Vermögenszuwachs entstanden ist. Dieses Problem hat der Steuergesetzgeber erkannt. Er bekämpft die Fehlentwicklung jedoch nicht an der Wurzel, dem Entstehen stiller Reserven, sondern an den Symptomen, indem er immer mehr Folgeregelungen für die steuerneutrale Übertragung stiller Reserven vorsieht. Hier ist Umkehr geboten. Das Bilanzrecht ist so umzugestalten, dass die Bildung stiller Reserven möglichst verhindert wird und sich damit das Problem einer Aufdeckung dieser Reserven kaum noch stellt.

Der wichtigste Schritt zu dieser Reform liegt in einer Neubemessung des steuerlich erheblichen Wertverzehrs. Während heute die Abschreibungen für Abnutzungen den jährlichen Wertverlust für das jeweilige Wirtschaftsgut nach allgemeiner Erfahrung typisierend vermuten und nach diesen Maßstäben auf null abschreiben, sollte in Zukunft der Aufwand für die Anschaffung oder Herstellung eines Wirtschaftsgutes auf die im konkreten Betrieb geplante Nutzungsdauer verteilt werden. Diese Nutzungsdauer bemisst sich nach dem Vorgängerwirtschaftsgut oder nach allgemeinen Erfahrungswerten. Außerdem soll das Wirtschaftsgut nicht auf null abgeschrieben werden, sondern auf den Wert, den der Unternehmer erfahrungsgemäß bei Veräußerung des gebrauchten Wirtschaftsgutes noch erzielt. Ein Betriebsfahrzeug, das für 40.000 Euro angeschafft, dann nicht wie üblich vier, sondern zehn Jahre im Betrieb genutzt und schließlich als Gebrauchtfahrzeug für 10.000 Euro verkauft wird, darf nicht in vier Jahren auf null abgeschrieben werden, sondern wird verteilt auf zehn Jahre mit einem Wertverzehr von jährlich 3.000 Euro erfasst. Daneben ist zu erwägen, die Wirtschaftsgüter des Umlaufvermögens mit den jeweiligen, zum Bewertungsstichtag geltenden Wiederbeschaffungskosten zu bewerten. Die Weiterveräußerungswerte bleiben unerheblich, weil der durch die Wertschöpfung des Veräußerungsvorgangs erzielte Gewinn noch nicht realisiert ist. Darüber hinaus müssten alle Steuersubventionen entfallen, die in erhöhten Absetzungen, Sonderabschreibungen, Steuerstundungen, einer Teilerfassung von Gewinnen und überhöhten Rückstellungen enthalten sind.

Auch das Bilanzrecht ist nur freiheitsgerecht gestaltet, wenn es den jeweils erzielten Markterfolg des Unternehmens wirklichkeitsgerecht und gegenwartsnah darstellt. Dazu sind die Vermögenswerte (Aktiva) den dadurch entstandenen Verpflichtungen (Passiva) gegenüberzustellen. Das gesamte Vermögen und alle vermögensändernden Vorgänge sind vollständig darzustellen, gegenwartsgerecht zu bewerten und als Ausdruck des Jahreserfolges zu belegen. In der Bilanz vergewissern sich der Unternehmer und der Steuerstaat über das Jahresergebnis des Unternehmens. Sie macht Tüchtigkeit und Erfolg des Unternehmers für ihn, für den Staat, seine Wirtschaftspartner und seinen Kredit verlässlich sichtbar.

Die Kassenrechnung hält demgegenüber nur den Überschuss der Einnahmen über die Ausgaben fest. Sie beobachtet, wie viele Geldwerte beim Steuerpflichtigen im Kalenderjahr zugeflossen und abgeflossen sind. Die Kassenrechnung ist im Wesentlichen Geldrechnung. Sie erfasst nicht die Ware und das Wirtschaftsgut selbst, sondern nur den bei der Anschaffung gezahlten Kaufpreis als Aufwand und den bei der Veräußerung erhaltenen Kaufpreis als Einnahme. Diese vereinfachte Ermittlung der erwirtschafteten Vermögenswerte eignet sich nur bei Steuerpflichtigen, deren Erwerb sich ausschließlich im Geldverkehr niederschlägt.

Die Ermittlung des Gewinns und insbesondere die Bilanzierung ist Sache einer Buchhaltung, die jahrzehntelang von Buchhaltern nach einfachen Regeln bewältigt worden ist. Der Steuergesetzgeber muss zu diesem Befund zurückfinden. Die Ermittlung der Einkünfte setzt den verlässlichen Ausweis aller Vermögenswerte und Geschäftsvorfälle voraus, aus denen dann zum Jahresabschluss das Jahresergebnis errechnet wird. Besondere Fragen des Steuerrechts stellen sich hier nicht. Droht das Bilanzrecht zu einer Wissenschaft von Experten und Geheimnisträgern zu werden, ist das Steuerrecht zu kompliziert geworden – und der Auftrag der Wissenschaft wird missverstanden.

Der Besteuerung kann man nicht ausweichen

Wenn die Erneuerung des Einkommensteuerrechts auf die Unterscheidung von Einkunftsarten verzichtet, Ausnahmetatbestände beseitigt, Belastungsunterschiede je nach Rechts- und Organisationsform einebnet, die Einkünfte wirklichkeitsgerecht und gegenwartsnah ermittelt und das Besteuerungsverfahren einfacher und wirksamer werden lässt, so führt die Einkommensteuer wieder zu einer unausweichlichen Teilhabe des Staates am individuellen Einkommen. Der württembergische König hat 1914 ein Handbuch der Millionäre veröffentlicht, in dem die Vermögens- und Einkommensmillionäre in der Reihung ihres Vermögens genannt und mit ihren Erwerbsquellen und gesellschaftlichen Stellungen bezeichnet worden sind. Dieses Handbuch war Ausdruck der Wertschätzung, der Anerkennung für eine individuelle und dank der Steuer zugleich gemeinschaftsdienliche Leistung. Die Publikation war Ausdruck öffentlichen Dankes. Zugleich stärkte sie das gesellschaftliche Ansehen des Betroffenen, seine Kreditwürdigkeit und seine Stellung in der Solidargemeinschaft der Steuerzahler.

Heute wird eher das Steuergeheimnis betont, das vor allem die persönlichkeitsbezogenen Daten in der Privat-

sphäre des Steuerpflichtigen schützt, aber auch Geschäfts-
geheimnisse gegen Informationszugriffe abschirmt.[266] Die
Verfassung lässt aber durchaus offen, ob der Rechtsstaat
nicht eine Steuerliste veröffentlichen darf, in der Einkommen, Umsatz und die jeweils gezahlten Steuerbeträge
publiziert werden. Damit würden die Leistungen jedes
Steuerpflichtigen für die Allgemeinheit publik, geringe
Steuerzahlungen trotz hoher Einkommen und Umsätze
fragwürdig. Das öffentliche Ansehen der guten Steuerzahler würde gemehrt und eine Kultur des Respekts vor
der Leistung des anderen und der damit verbundenen
gemeinschaftsdienlichen Steuerzahlung gefördert.

Derartige Steuerlisten sind in Rechtsstaaten durchaus
üblich.[267] In der Schweiz sehen zahlreiche Steuergesetze
die öffentliche Auflage eines Steuerbuches und den Druck
eines Steuerregisters vor, in dem das individuelle Einkommen und Vermögen benannt ist. In Schweden erscheinen
Steuerkalender, Handbücher nach Art von Telefonbü-
chern, die in Listen die Einkünfte, Sonderausgaben, Einkommen und Vermögen der Steuerpflichtigen verzeich-
nen. Diese Kalender stützen sich auf die Steuerbescheide,
in denen Besteuerungsgrundlagen festgestellt und Steuern
festgesetzt werden. Auch in Norwegen werden jährlich
derartige Listen veröffentlicht, in denen jedermann die
Steuerdaten über Einkommen und Vermögen lesen kann.

In Deutschland wäre gegenwärtig die Publikation von
Steuerlisten rechtswidrig, weil das Steuergeheimnis die
Weitergabe von Steuerdaten nicht erlaubt, auch wenn die
Finanzbehörden diese Daten in einem förmlichen Verfahren verlässlich festgestellt haben. Andererseits neigen
die Strafverfolgungsbehörden dazu, ihren Verdacht einer
Steuerhinterziehung an die Presse weiterzugeben und
dabei auch den Verdächtigen, für den bis zu seiner Ver-
urteilung die Unschuldsvermutung gilt, zu benennen.[268]

Der Schutz gegen den Vorwurf schwersten, strafbaren Unrechts scheint schwächer als der Schutz für ein förmlich festgestelltes, die Gemeinschaft betreffendes Steuerdatum.

Dieser gegenläufige und widersprüchliche Datenschutz berührt eine Kerngarantie des freiheitlichen Rechtsstaates. Wenn es dem Rechtsstaat gelingt, den inneren Frieden zu sichern, er gemeinschaftliches ökonomisches und kulturelles Wohlergehen vom Erfolg individuellen Anstrengens erhofft, dabei auch seine Finanzierung steuerlich an diesen marktoffenbaren Erfolg anknüpft, so sollte der Rechtsstaat auch in seinen Steuerforderungen transparent und kontrollierbar sein. Neid, Missgunst, Intrige, Schadenfreude und Denunziation unterbindet der Rechtsstaat nicht durch Verheimlichung eines Erfolges, sondern durch stetiges Entfalten einer Freiheitskultur, in der ein Mensch den Erfolg des anderen respektiert, sich sogar wegen der steuerlichen Teilhabe des Staates an ihm freuen kann. Diebstahls- und Erpressungskriminalität wird ihre Opfer nicht in Steuerlisten suchen, sondern in der Beobachtung von Wirtschaftsstellung und Lebensführung. Im Übrigen drängen das Handelsrecht und ein Ehrenkodex der Wirtschaft immer mehr darauf, die Bezüge von Vorstandsmitgliedern und Aufsichtsräten zu publizieren. Der Kundige kann in Handelsbilanzen vieles lesen, was in Steuerbilanzen verschwiegen werden soll.

Über Jahrtausende lebten die Menschen in Dörfern, Pfarrgemeinden, Zünften, Berufsgruppen und Universitäten, in denen jeder vom Nachbarn fast alles wusste, dementsprechend sein Verhalten auf sein Umfeld einstellte, sich selbst der Nachbarschaft so präsentierte, wie er gesehen und respektiert werden wollte.[269] Heute verhüllt sich der einzelne Mensch zwar vielfach in der Anonymität von Großstädten, Marktgeschehen und kollektiven Informations- und Verkehrssystemen. Er findet aber in der Gemeinschaft eines Steuer- und Beitragssystems in eine moderne Nachbarschaft zurück: In dieser sollte er erfahren, ob sein wohlhabender Nachbar zur Finanzierung der Gemeinschaft einen ausreichenden Beitrag leistet, inwieweit er auf die Gemeinschaft zur Finanzierung seines Unternehmens, seines Hausbaus oder seines Sports zugreift, ob er das Studium seiner Kinder selbst finanziert oder die Nachbarn dafür heranzieht. Der Rechtsstaat drängt auf Kontrolle, also auf Sichtbarkeit, die Demokratie auf jährlich neu überprüfte und verantwortete Finanzströme.

Voraussetzung eines solchen Transparenzsystems ist allerdings, dass das Steuerrecht nicht auf höchstpersönliche Daten zugreift, den persönlichen Bedarf vielmehr im Typus eines Existenzminimums, einer Progression oder von Unterhaltszahlungen erfasst. Vor allem aber muss die Steuer auf das Einkommen unausweichlich sein. Kann sich der Steuerpflichtige durch Gestaltung ärmer rechnen und damit der Rechtsgemeinschaft einen Teil der ihr zustehenden Steuerzahlung vorenthalten, wird die Steuergemeinschaft fehlinformiert. Sie wird auch provoziert, weil die Steuergestaltung dem Gestaltenden Lasten erspart, damit aber den anderen Mitgliedern der Solidargemeinschaft zusätzliche Belastungen zumutet. Diese Fehlleistung verdient öffentliche Kritik. Zu beanstanden ist der Gesetzgeber, der derartige Ausweichmöglichkeiten erlaubt, weniger der Steuerpflichtige, der die gesetzliche Einladung zur Steuerminderung annimmt.

Voraussetzung für die unausweichliche Steuerlast ist zunächst, dass der Gesetzgeber den Belastungsgrund klar definiert. Er hat den rechtfertigenden Grund der Steuerlast in der Rationalität des Sprachlichen an den Gesetzesadressaten zu überbringen, nicht die Steuerlast in Formalien und technischen Details zu regeln. Beschränkt sich ein Gesetz nicht darauf, den Grund der Belastung zu bestimmen und zu umgrenzen, sondern versucht es, ihn in weiteren Zusätzen zu verdeutlichen, lädt es zu steuervermeidenden Gestaltungen ein. Hängt die Steuerbarkeit der Veräußerungsgewinne von Spekulationsfristen ab, bestimmt sich die Anwendung einer Steuerregel nach der gewählten Rechtsform oder bemisst sich die Steuerbarkeit eines Erwerbserfolges nach der willentlichen Zuordnung zu Betrieb oder Privatvermögen, wird der Steuerpflichtige die Spekulationsfrist verstreichen lassen, die steuergünstige Gesellschaftsform wählen, Gewinne dem Privatvermögen, Verluste dem Betriebsvermögen zuordnen, um so seine Steuerlast zu verringern. Gleichheitsgerecht ist nicht die möglichst detaillierte Regelung von Einzelindizien für die Besteuerung – diese eröffnet Ausweichmöglichkeiten –, sondern die Entwicklung und tatbestandliche Benennung eines klaren, einsichtigen Belastungsgrundes.

Sodann muss das Steuerrecht den individuellen Markterfolg möglichst im Typus erfassen. Die Grenze zwischen Erwerbssphäre und Privatleben ist in einfachen Linien zu ziehen. Deshalb sind Erwerbseinkommen von der privaten Wertschöpfung zu unterscheiden, gemischte Aufwendungen für steuerunerheblich zu erklären oder in einer typisierenden Vermutung – für das Auto, das Telefon oder den Computer – teilweise der Erwerbs-, teilweise der Privatsphäre zuzuordnen. Das Existenzminimum, der üblicherweise vermutete Erwerbsaufwand sowie ein bestimmter Wertverzehr in Wirtschaftsgütern sind vereinfacht zu pauschalieren; die mit wachsendem Erwerbseinkommen überproportional wachsende steuerliche Belastbarkeit ist in einer Progression zu typisieren.

Unübersichtliche Wirtschaftsvorgänge wie die Veräußerung einer langjährigen Beteiligung oder eines Grundstücks, in das jahrzehntelang investiert worden ist, werden verlässlich in einer widerlegbaren Vermutung ermittelt. Eine Feststellung der Wertentwicklung und der Aufwendungen für zurückliegende Jahrzehnte würde die Erinnerungs- und Darstellungskraft des Steuerpflichtigen überfordern und ein Unbehagen verursachen, das zur Steuervermeidung drängt.

Wenn schließlich alle Lenkungs-, Subventions- und Ausweichtatbestände abgeschafft, das Bilanzrecht auf den wirklichkeitsgerechten und gegenwartsnahen Einkommenserfolg angelegt ist, wird die Steuerlast in der Unausweichlichkeit gleich, in der vereinfachten Typisierung aber auch publikationsfähig. Der Verfassungsstaat kehrt zur einfachen, gleichmäßigen, maßvollen und allgemein ersichtlichen Besteuerung zurück.

Ein erneuertes Einkommensteuergesetzbuch schafft Freiheitskultur

Ein derart erneuertes Einkommensteuerrecht lässt sich in einem kurzen, verständlichen Gesetz regeln. Ich habe den Entwurf eines Einkommensteuergesetzbuches[270] vorgelegt, in dem die Einkommen- und Körperschaftsteuer zusammengefasst sind, die Belastungsgründe der Einkommensbesteuerung in einem Kerntatbestand erfasst und gerechtfertigt werden. Ausnahmen sind nicht zugelassen. Die Realität des Wirtschaftslebens kann durch steuerbewusste Sachverhaltsgestaltung kaum mehr verfälscht werden.

Dieses Gesetz ist einfach. Während das geltende Einkommensteuergesetz und Körperschaftsteuergesetz insgesamt 235 Paragrafen benötigt, kommt das Einkommensteuergesetzbuch mit 23 Paragrafen, also ungefähr 1/10 aus. Die Paragrafen des Einkommensteuergesetzbuches sind zudem kürzer: Das Einkommensteuergesetz und das Körperschaftsteuergesetz enthalten 109.489 Wörter; das ist mehr als das 63fache der 1.715 Wörter im Einkommensteuergesetzbuch. Auch die Rechtsverordnung zum Einkommensteuergesetzbuch umfasst weniger als die Hälfte der gegenwärtigen Durchführungsverordnungen: Die neue Verordnung benötigt 35 Paragrafen und 4.258 Wörter und bleibt damit deutlich hinter den geltenden Rechtsverordnungen mit 53 Paragrafen und 11.497 Wörtern zurück.

Grundlage dieses Reformvorschlags ist das traditionelle deutsche Einkommensteuerrecht, ein Juwel, dessen Glanz allerdings durch Ausnahme- und Verfremdungstatbestände inzwischen so getrübt ist, dass es wieder poliert werden muss. Der historisch gewachsene Besteuerungsgrund ist so einfach wie einsichtig: Besteuert werden die am Markt gewonnenen Einnahmen, von denen das existenzsichernde Minimum, der erwerbssichernde Aufwand und Spenden bis zu 10 % des Einkommens abgezogen werden dürfen. Besteuert werden natürliche und steuerjuristische Personen. Die Steuerlast wirkt als maßvolle Progression mit einer Spitzenbelastung von einem Viertel des Einkommens. Die Progression wird technisch in einer abgestuft verminderten Bemessungsgrundlage vermittelt, so dass die Besteuerung formal mit einem einzigen einheitlichen Steuersatz von 25 % auskommt.

Wird dieses Gesetz vom Parlament beschlossen, findet der Rechtsstaat zur Grundidee des Gesetzesvorbehaltes zurück. Das Parlament wird jede der von ihm beschlossenen Vorschriften verstehen und deswegen voll verantworten. Das im Bundesgesetzblatt verkündete Gesetz vermittelt dem Gesetzesadressaten den Belastungsgrund, so dass jeder Steuerpflichtige nachvollziehen kann, welche

Last er zu tragen hat und was der rechtfertigende Grund für diesen staatlichen Zugriff auf sein Einkommen ist. Er kann seine Steuererklärung aus eigenem Rechtsverständnis abgeben und mit seiner Unterschrift die Richtigkeit des Erklärten nach bestem Wissen und Gewissen bestätigen.

Der Finanzbeamte gewinnt im Gesetz wieder seinen Handlungsmaßstab. Sein Berufsauftrag und Standesethos finden im Vollzug einer gleichmäßigen und maßvollen Steuerlast ihren Gegenstand. Das Gesetz bietet dem Steuerberater eine verlässliche, möglichst auf Jahrzehnte unveränderte Planungsgrundlage, die ihm einen Rat erlaubt, der steuerjuristisch und ökonomisch richtig ist. Es festigt seine Autorität beim Mandanten auf Dauer und drängt ihn nicht mehr in den Zwiespalt zwischen steuerlicher und ökonomischer Richtigkeit.

Die Gewaltenteilung erlebt eine neue Blüte. Die Steuerlast wird ausschließlich vom Parlament entschieden und kann durch die Finanzverwaltung vollzogen werden, ohne dass sie vorher in ständig wachsenden allgemeinen Verwaltungsvorschriften erläutert und verständlich gemacht werden müsste. Der Finanzrichter leitet seine demokratische Legitimation wieder allein aus dem Gesetz ab, dem er in streitigen Einzelfällen zur Wirkung verhilft und das er in höchstrichterlichen Leitsätzen als geeignete Antwort für neue Gegenwartsfragen deutet. Die individuelle Steuerlast rechtfertigt sich allein aus dem gesetzlichen Maßstab, nicht in den Anwendungshilfen der Computerprogramme und Verwaltungsgepflogenheiten.

Der Steuerprofessor kann wieder Recht lehren. Er vermittelt seinen Studenten eine verbindliche Steuerordnung, die den Wertungen des Grundgesetzes entspricht, den Erfordernissen freien Wirtschaftens und eines weltoffenen Marktes genügt, das allgemeine Bewusstsein von der

unausweichlichen, deswegen gleichmäßigen und maßvollen Steuerlast fördert. Er kann in das Gedächtnis seiner
Studenten eine verbindliche Steuerordnung einprägen, die
den Gerechtigkeitsprinzipien von Verfassungsstaat und
Demokratie entspricht.

Der Standort Deutschland wird im Signal des niedrigen Steuersatzes zu einem Niedrigsteuerland. Markt und
Erwerbsmöglichkeiten werden qualifizierte ausländische
Arbeitskräfte und Kapital anlocken, auswanderungs-
willige Menschen und flüchtiges Kapital in Deutschland
binden. Der erwerbswirtschaftlich tätige Mensch hat den
Kopf wieder frei für seinen Erwerb, sein Produkt und
seinen Markt. Er braucht seine Denk- und Organisa-
tionskraft kaum noch auf die Steuern zu richten. Dadurch
erhält die Wirtschaft einen Prosperitätsimpuls, der das
Wirtschaftswachstum steigert, das Steueraufkommen
mehrt und so neue Räume für Steuersatzsenkungen
erschließt. So fördert eine vereinfachte und unausweichliche Besteuerung des Einkommens verstärkt eine neue
Freiheitskultur. Der Verzicht auf Lenkungstatbestände
belässt den Menschen wieder ihre Freiheit zur ökonomischen Vernunft. Die damit verbundene Senkung der
Steuersätze garantiert dem Erwerbenden für drei Viertel
seines Einkommens das privatnützige, freiheitsdienliche
Eigentum. Erklärungs- und Nachweislasten sind so zu-
rückgenommen, dass der Steuerpflichtige dafür kaum
seine Freizeit und damit Freiheit einsetzen muss. Hat er
das Kassenhäuschen des Einkommensteuerrechts passiert
und bis zu 25 % von jedem steuerpflichtigen Euro bezahlt,
wird ihn das Steuerrecht in Zukunft nicht weiter bedrän-
gen. Er hat den Raum der Freiheit betreten, Steuerrecht
und Finanzamt hinter sich gelassen.

Zugleich gewinnt jeder Bürger in Deutschland die
Sicherheit, dass der wirtschaftliche Erfolg unausweichlich

mit einer angemessenen Steuerzahlung verbunden ist. Damit ist der Grundgedanke der verfassungsrechtlichen Eigentumsgarantie verwirklicht. Das Grundgesetz sichert zunächst das privatnützige Eigentum, betont sodann die Eigentumsverpflichtung, dessen Gebrauch zugleich dem Wohl der Allgemeinheit dient. Wer Einkommen erzielt, erwirbt privatnütziges Eigentum, muss aber bis zu einem Viertel dieses Eigentums dem Gemeinwohl widmen. Das allgemeine Wissen um die Privatnützigkeit des Einkommenserwerbs und dessen steuerliche Gemeinwohldienlichkeit schafft die Gelassenheit des Freien, der sich selbst für den Erwerbserfolg anstrengt, zugleich aber auf den Erfolg des anderen und seine Steuerwirkung hofft. So wird die Steuer zu einem wesentlichen Bestand rechtlich gewährter Freiheit.

Auch das Gesamtsteuersystem muss erneuert werden

Direkte und indirekte Steuern greifen freiheitsgerecht auf einen Markterfolg zu

Ist die Besteuerung des Einkommens reformiert, so ist das Kernstück einer umfassenden Erneuerung des deutschen Steuerrechts vollendet. Weitere direkte Steuern sollte es – mit Ausnahme der Kirchensteuer und möglicherweise einer kommunalen Zuschlagsteuer zur Einkommensteuer – nicht geben.

Auch auf Seiten der indirekten Steuern besteht jedoch ein großer Reformbedarf. Der Bundesgesetzgeber regelt gegenwärtig 31 Einzelsteuern.[271] Gegenüber dieser Steuervielfalt stellt sich die Aufgabe, den Belastungszugriff auf wenige Einzelsteuern zurückzuführen. Eine Besteuerung des Einkommens, des Umsatzes (der Kaufkraft), der Erbschaft und Schenkung sowie eines besonderen Verbrauchs werden genügen.

Der moderne Gesetzgeber greift grundsätzlich nicht durch Sollertragsteuern auf die Erwerbsfähigkeit des Menschen zu, sondern auf das Erworbene. Wer seine Talente brachliegen lässt, Arbeitskraft und Kapital also nicht zur Mitfinanzierung des Gemeinwesens einsetzt, braucht deshalb keine Steuerlast zu fürchten. Selbst der mit staatlichen Mitteln geförderte Hochschulabsolvent, der mit glänzenden Examina und einer Promotion summa cum laude sich beste Erwerbschancen erschlossen hat, darf im Jahr darauf eine Weltreise unternehmen, ohne in Deutschland auch nur einen Euro Steuern zu zahlen. Der Staat besteuert nicht, weil der Mensch zum Einsatz seiner geistigen, körperlichen und kapitalvermittelten Kräfte zum Wohl des Gemeinwesens verpflichtet ist, sondern weil er die in Deutschland angebotenen Möglichkeiten von Erwerb und Tausch erfolgreich genutzt hat.

In diesem Rahmen kann die Steuer in drei Phasen zugreifen. Sie kann den Vermögenszuwachs (das Einkommen), den Vermögensbestand (das ruhende Vermögen) oder die private Vermögensverwendung (den Konsum) erfassen. Die Steuer schont das Eigentum am deutlichsten, wenn sie nicht den Eigentümer in seinem Vermögensbestand belastet, also keine Vermögensteuer, keine Grundsteuer, keine Gewerbekapitalsteuer und keine Aufwandsteuern erhebt, sondern das aus versteuertem Einkommen gebildete Vermögen unangetastet lässt.

Damit bleiben grundsätzlich nur zwei Zugriffsstellen: das Einkommen und die Kaufkraft. Beide Zugriffsstellen haben den freiheitsrechtlichen Vorzug, dass der Steuerpflichtige sich freiwillig an den Markt begeben hat, er dort von sich aus seine Arbeitskraft oder sein Kapital zum Erwerb einsetzt und einer Neubewertung im Lohn und Preis unterwirft, die eine Steuer lediglich verteuert. Die Steuer zwingt also nicht zur Nutzung oder zur Veräußerung von Eigentum, sondern wartet ab, bis der Berechtigte von sich aus den Markt zu Erwerb und Tausch sucht. Die Steuer lässt den Staat an dem beim Gütertausch vereinbarten Entgelt teilhaben, erzwingt nicht Dispositionen des Berufstätigen oder Eigentümers, sondern vermindert nur die Summe des Entgelts für einen Leistungstausch.

Die Besteuerung des Einkommens nimmt die individuelle Zahlungsfähigkeit tatbestandlich auf, kann die Steuerschuld dementsprechend nach den persönlichen

Verhältnissen des Steuerpflichtigen differenzieren und verwirklicht eine Individualgerechtigkeit je nach Einkommensverhältnissen des Einzelnen. Die indirekte Besteuerung hingegen belastet die Kaufkraft des Konsumenten, erfasst aber als Steuerschuldner den Unternehmer, der diese Kaufkraft nutzt und die Steuer über den Preis auf den Konsumenten überwälzt. Diese indirekte Besteuerung kann nicht auf die persönlichen Verhältnisse des Konsumenten ausgerichtet werden; dieser bleibt in der Allgemeinheit des Marktes verborgen. Die Umsatzsteuer kann allenfalls nach den erworbenen Gütern und der dort vermuteten Zahlungsfähigkeit unterschieden werden. So mögen Gegenstände des existenziellen Verbrauchs – Nahrung, Kleidung, Wohnung und medizinische Leistungen – von der Steuer ausgenommen, Luxusgüter und Verschwendung hingegen besonders hoch belastet werden. Indirekte Steuern unterscheiden nicht nach individueller Leistungsfähigkeit, sondern belasten den anonymen Konsumenten nach einer im nachgefragten Wirtschaftsgut vermuteten Zahlungsfähigkeit.

Der Steuerzugriff auf den Markterfolg dient der Wirtschaftsfreiheit, zugleich aber auch der Besteuerungsgleichheit. Der Gleichheitssatz begründet zunächst das Prinzip des gleichen Rechtswerts aller Menschen. Diese persönlichkeitsbezogene Gleichheit bestimmt das Steuerrecht bei der Sicherung des Existenzminimums und bei der Familienbesteuerung. Daneben gebietet der Gleichheitssatz eine Gleichbehandlung je nach wirtschaftlicher Lebenssituation, die allerdings von den Mitmenschen im Markt und von der demokratisch gestaltbaren Gesetzeslage abhängt, also keine strikte Gleichheit wie der persönlichkeitsbezogene Gleichheitssatz fordert. Deswegen bleibt dem Gesetzgeber ein Gestaltungsraum, die eingesetzte Kaufkraft im Umsatz zu erfassen, daneben aber auch den Konsum von Tabak, Alkohol, Benzin und Energie besonders zu belasten.

Die Gleichheit der indirekten Steuern erfasst die in der Nachfrage erwartete und typisierte Zahlungsfähigkeit. Ob der Konsument seine Nachfrage aus Vermögensreichtum, hart erarbeitetem Mindesteinkommen, aus Darlehen oder soeben empfangenem Almosen finanziert, nimmt das Steuerrecht nicht zur Kenntnis. Die indirekte Steuer kann Belastungsgleichheit deshalb nur in einem groben, typisierenden Maßstab verwirklichen. Sie ist auf ein Gesamtsystem angelegt, zu dem direkte und indirekte Steuern möglichst zur Hälfte – im Gesamtertrag und in individueller Belastungswirkung – beitragen.

Die indirekte Steuer belastet den Konsumenten in seiner vermuteten Nachfragekraft, nicht in seiner individuell festgestellten Zahlungsfähigkeit. Diese grobe Typisierung ist vertretbar, soweit die Deckung des existenznotwendigen Bedarfs von den indirekten Steuern ausgenommen oder durch das soziale Leistungsrecht gesichert ist. Andererseits darf die Nachfrage nach Luxusgütern höher belastet werden, weil sie eine zusätzliche, erhöhte Leistungsfähigkeit ausdrückt. Sonstige Sonderbelastungen werden als Lenkungssteuern kaum den Konsum von Tabak und Alkohol aus gesundheitspolitischen Gründen unterbinden oder den Konsum von Benzin und anderen Energien aus umweltpolitischen Motiven drosseln können. Sie werden als stetige, ergiebige Einnahmequellen der Steuerschätzung und Haushaltsplanung zugrunde gelegt, also als Ertrag aus einer gleich bleibenden oder möglichst wachsenden Quelle veranschlagt. Sie rechtfertigen sich aus dem vermeidbaren, insoweit luxuriösen Konsum. Wenn allerdings die Ökosteuer den fast unvermeidbaren Energieverbrauch in der eigenen Wohnung und dem eigenen Haus belastet, den industriellen Großverbrauch hingegen entlastet[272], fehlt dieser Sondersteuer der überzeugende Grund. Wenn die Mineralölsteuer die Bedingungen der heute alltäglichen Bewegungsfreiheit erschwert, ist sie in dieser Wirkung ebenfalls kaum zu rechtfertigen.

Die Erbschaftsteuer achtet die Kontinuität von Familiengut und Unternehmen

Die Erbschaftsteuer gehört zu den in der Steuergeschichte geläufigen, traditionellen Steuern. Sie wurde im 19. Jahrhundert zu einem Postulat sozialer Revolutions- und Reformbestrebungen und wird vielfach als Belastung eines »unverdienten«, »mühelosen« Vermögenszuwachses gerechtfertigt, der soziale Ungerechtigkeiten vermehre und in der Zufälligkeit seines Erwerbs den Spiel- und Lotteriegewinnen ähnlich sei.[273] Diese Rechtfertigung ist in modernen Verfassungsstaaten, die neben dem Eigentum auch das Erbrecht sichern, nicht mehr haltbar. Erst das Erbrecht belässt das Eigentum auf Dauer in privater Hand. Die Erbschaftsteuer ist eine – wohl die wichtigste – Form einer Sozialbindung der Erbfreiheit. Die Ausgestaltung und Bemessung der Erbschaftsteuer muss den Gehalt der Erbrechtsgarantie wahren, darf also die dem Erben zugewachsenen Vermögenswerte nicht grundlegend beeinträchtigen oder gar wertlos machen[274].

Die Erbschaftsteuer belastet die beim Erben angefallene Bereicherung. Sie betrifft also nicht das Erwerbseinkommen und holt auch keine unzulänglich erhobene Einkommensteuer nach, weil sie unabhängig von der vorherigen Einkommenbesteuerung entsteht. Ihr Belastungsgrund ist allein die Bereicherung, der Zuwachs von Vermögen aufgrund der Bestimmung des Erblassers oder des Schenkers.

Die Erbschaft- und Schenkungsteuer unterscheidet sich damit von der Einkommensteuer wie von der Umsatzsteuer dadurch, dass sie nicht aus einem Erwerb am Markt hervorgeht, dem Staat also nicht die Teilhabe an einem Markterfolg vermittelt. Sozialpflichtig und damit steuerbar werden Erbschaft und Schenkung allein dadurch, dass der Staat das Erbrecht, die Gesamtrechtsnachfolge von Todes wegen und deren Vorwegnahme durch Schenkung, schützt und damit die Kontinuität des Eigentums in der Generationenfolge sichert. Böte die staatliche Rechtsordnung keine Erbfolge, würde das Privateigentum mit dem Tode der Rechtsgemeinschaft anheim fallen. Das Privateigentum ginge langfristig immer mehr in staatliche Hand über. Sichert der Staat hingegen durch seine Verfassung und sein Privatrecht die Weitergabe der Erbschaft an den Erben, mag er diese rechtliche Garantie zum Anlass nehmen, beim Anfall der Bereicherung einen Teil der Erbmasse steuerlich für den Staatshaushalt zu beanspruchen.

Diese Sozialpflichtigkeit der Erbschaft ist allerdings deutlich begrenzt. Wird die Erbmasse innerhalb der Ehe und Familie weitergegeben, sichert das Ehe- und Familiengut die Kontinuität in den ökonomischen Lebensbedingungen, auf die sich die Eheleute und Familienangehörigen eingerichtet haben. Die Erbschaftsteuer darf dieses Ehe- und Familiengut nicht wesentlich schmälern[275]. Sie hat zu respektieren, dass die Witwe im vertrauten Elternhaus bleiben und ein Stück Lebenskontinuität bewahren will, mag auch ihr Raum- und Vermögensbedarf durch den Tod des Ehepartners objektiv verringert sein.

Für den erbschaftsteuerlichen Zugriff bleibt nur ein geringer Raum, wenn das vererbte Vermögen bereits anderweitig hohen sozialen Verpflichtungen unterworfen ist. Das Bundesverfassungsgericht[276] verdeutlicht diesen Maßstab am Unternehmenseigentum. Wer ein Unternehmen erbt, das im Wirtschaftsverwaltungsrecht, im Umweltrecht und im Arbeitsrecht hohen Sozialverpflichtungen unterliegt, kann über diesen Vermögenswert weniger verfügen als der Erbe eines Geldvermögens. Würde das Unternehmensvermögen um 25 % durch Erbschaftsteuer verringert, müsste das Unternehmen vermutlich Insolvenz anmelden. Die Erbschaftsteuer würde das ererbte Eigentum zerstören. Eine 25 %ige Verminderung von Geldvermögen hingegen belässt dem Erben einen beachtlichen Reichtum und damit eine deutliche Mehrung seiner ökonomischen Freiheitsgrundlagen.

Die Besteuerung der Schenkung rechtfertigt sich in Anlehnung an die Erbschaftsteuer als vorweggenommene Erbschaft. Überträgt der Schenker unentgeltlich Eigentum an den Beschenkten, wird dieser außerhalb des Markterwerbs bereichert und verdankt seinen Vermögenszuwachs der Rechtsordnung, die ein rechtsverbindliches Schenken ermöglicht. Auch das geschenkte Eigentum ist sozialpflichtig.

Eine Kommunalsteuer macht staatliches Geben und Nehmen bewusst

Das Grundgesetz sichert den Gemeinden und Kreisen die Grundlagen ihrer finanziellen Eigenverantwortung, zu denen eine wirtschaftskraftbezogene Steuerquelle mit Hebesatzrecht gehört. Die Gemeinden sind also berechtigt, an der Produktivität ihres Wirtschaftsraumes steuerlich teilzuhaben und die Höhe der Steuer durch einen von ihnen bestimmten Hebesatz zu bemessen.

Diese wirtschaftskraftbezogene kommunale Steuerquelle meint ursprünglich die Gewerbesteuer. Wenn das Steuerrecht aber auf den Sondertatbestand »Gewerbebetrieb« verzichtet, fehlt der Gewerbesteuerlast der Anknüpfungspunkt, so dass die Gewerbesteuer entfallen muss. Sie kann ersetzt werden durch einen kommunalen Zuschlag zur erneuerten Einkommensteuer. Da diese Einkommensteuer keine unterschiedlichen Einkünftearten mehr kennt, würden alle natürlichen und juristischen Personen zu dieser Steuer herangezogen, die in der Gemeinde ihre Arbeitskraft oder Erwerbsgrundlage genutzt und dort Einkommen erzielt haben.

Eine solche allgemeine Zuschlagsteuer rückt die steuerliche Gemeinlast als Bedingung des Leistungsstaates wieder in das demokratische Bewusstsein. Jeder Gemeindeeinwohner erlebt, dass seine Gemeinde nur leisten kann, was sie vorher steuerlich genommen hat. Wer von seiner Gemeinde ein neues Fußballstadion fordert, erfährt sogleich, dass dafür die kommunale Einkommensteuer entsprechend erhöht werden muss. Die Gemeinde ist nicht mehr nur Adressat ständig wachsender Leistungserwartungen, sondern stets parallel dazu auch Gläubiger entsprechend erhöhter Steuerforderungen. Der logische Zusammenhang zwischen Leistungs- und Steuerstaat wird alltäglich erlebt, der Rechtfertigungsbedarf für staatliche Leistungen dadurch deutlich erhöht.

Eine kommunale Einkommensteuer findet in dem erneuerten Einkommensteuergesetzbuch eine Bemessungsgrundlage vor, die eine Teilhabe auch der Kommune am tatsächlich erzielten Gewinn unausweichlich sicherstellt. Das Einkommen wird auch im kommunalen Hebesatz zeitnah und unausweichlich besteuert, Einzelpersonen, Personengesellschaften und Körperschaften werden gleichermaßen zur Finanzierung auch der Gemeinde herangezogen. Steuerverminderungen durch Lenkungstatbestände, Ausweichmöglichkeiten und stille Reserven sind unterbunden. Auch die Gemeinden gewinnen in der neuen

Einkommensteuer eine verlässliche und einsichtige Besteuerungsquelle.

Die Städte äußern allerdings die Sorge, der Ersatz der Gewerbesteuer durch eine Gemeindeeinkommensteuer begünstige die Umlandgemeinden zu ihren Lasten.[277] Um die Städte habe sich ein »Speckgürtel« gelegt, der die Umlandgemeinden als Schlafstätte attraktiv mache, die Städte aber dennoch zum Angebot einer urbanen Infrastruktur auch für die Einwohner der Umlandgemeinden verpflichte. Deshalb könnten die Umlandgemeinden niedrigere Hebesätze festsetzen und damit einen weiteren Anreiz für einen Zuzug von Steuerpflichtigen mit höheren Einkommen schaffen.

Dieser Einwand trifft aber nur Vorschläge, die der Wohnsitzgemeinde das Hebesatzrecht für die Einkommensteuer, der Betriebsstättengemeinde für die Körperschaftsteuer geben. Bestimmt sich das Steuererhebungsrecht hingegen nach dem Ort des Erwerbshandelns, werden eher die Gemeinden belohnt, die ein attraktives Umfeld für das Entstehen von Einkommen schaffen. Die Wohnsitzgemeinden, die Wohnraum erschließen, Kindergärten und Schulen anbieten, Gesundheitsvorsorge sicherstellen müssen, wären durch einen Finanzausgleich an dem Aufkommen der kommunalen Einkommensteuer zu beteiligen. Ein Drittel des kommunalen Steueraufkommens könnte an einen Finanzausgleichsfonds abgeführt und dort an alle Gemeinden nach der Zahl ihrer Einwohner verteilt werden.

Die Hebesatzautonomie der Gemeinden führt allerdings zu einem Steuergefälle. Dieses lädt zu Steuergestaltungen ein, soweit der Steuerpflichtige die Wahl hat, seine persönlichen Steuerentlastungsbeträge an verschiedenen Orten – insbesondere bei seinem Arbeitgeber, seiner Bank oder seinem Altersversicherer – geltend zu machen. Auch

die Übertragung persönlicher Entlastungsbeträge innerhalb der ehelichen Erwerbsgemeinschaft oder der Unterhaltsgemeinschaft wird je nach Höhe der Hebesätze aus-
geübt werden. Benachteiligt würden wiederum die Städte,
die üblicherweise höhere Hebesätze fordern. Diese Ver-
zerrungen lassen sich jedoch vermeiden, wenn die persönlichen Steuerentlastungsbeträge für den kommunalen
Zuschlag unberücksichtigt bleiben oder aber im Regelfall
– mit Wirkung für mehr als 90 % der Steuerpflichtigen –
der Quelle des Arbeitslohns zugewiesen werden.

Die Erhebung der Gemeindeeinkommensteuer kann
vereinfacht werden, wenn die Steuer nicht von den Gemeinden, sondern von Finanzämtern festgesetzt wird.
Beim Quellenabzug kann der jeweilige Hebesatz der Gemeinde in den Steuerchip aufgenommen werden, so dass
die Gemeindeeinkommensteuer auch in diesem Verfahren
vereinfacht zu erheben wäre. Die Gemeinden dürfen dann
ihre Hebesätze jeweils nur zum Jahresanfang ändern.
Auch der Gemeindezuschlag wird an das Betriebsstätten-
finanzamt abgeführt. Dieses verteilt die Steuererträge auf
die Gemeinden.

Als Alternative ist zu erwägen, nur die Unternehmen als
Steuerschuldner für die kommunale Zuschlagssteuer heran-
zuziehen, ihnen aber die gezahlten Löhne, Mieten und
Zinsen zuzurechnen. Die so für die Arbeitnehmer, Vermieter und Kreditgeber gezahlte Zuschlagsteuer könnte ver-
traglich auf diese Gruppen überwälzt werden. Damit wäre
Steuerträger nicht das Unternehmen, sondern der Empfänger des quellenbesteuerten Einkommens. Der Einwand
gegen die frühere Lohnsummensteuer, sie sei eine »Arbeits-
platzvernichtungssteuer«, greift hier also nicht. Die Hin-
zurechnung von Arbeitslöhnen, Mieten und Zinsen ist nur
eine Verfahrensvereinfachung. Allerdings müsste der
Dienstherr von Beamten und Angestellten des öffentlichen

Dienstes als Unternehmer behandelt werden, obwohl er keine steuerpflichtige Erwerbstätigkeit entfaltet.

Ein einheitliches Steuergesetzbuch bringt sanften Gewinn an Freiheit

Die vier Steuern auf das Einkommen, den Umsatz, die Erbschaft und einen besonderen Verbrauch sind in einem einheitlichen Steuergesetzbuch zusammenzuführen. Diesen vier besonderen Teilen eines Gesetzbuches wird ein Allgemeiner Teil vorangestellt, der die gemeinsamen Grundbegriffe definiert, Besteuerungsverfahren und Organisation regelt, die Strenge eines typisierenden Gesetzes durch individualisierende Billigkeitsregeln auflockert, die Grundprinzipien von Besteuerungsgleichmaß und Übermaßverbot auslegungsleitend benennt. Der Allgemeine Teil wird auch in Steuerkonkurrenz- und Steuerkollisionsregeln die Einzelsteuern in ihren Belastungswirkungen aufeinander abstimmen und in ihrer Gesamtbelastung mäßigen.

In diesem Steuergesetzbuch kann der Steuerpflichtige seine Steuerpflichten abschließend lesen. Während er sich gegenwärtig der Vielfalt und Widersprüchlichkeit von mehr als 200 Bundesgesetzen gegenübersieht, über deren Existenz und Inhalt niemand verlässlich Auskunft geben kann, erhält er in der neuen Kodifikation die Sicherheit des abschließenden, lesbaren und verständlichen Gesetzes. Eine Ergänzung muss gegenwärtig lediglich in den Doppelbesteuerungsabkommen hingenommen werden, die derzeit nicht einheitlich und systematisch kodifiziert werden können.

Ein solches Steuergesetzbuch erleichtert auch dem Gesetzgeber und der Rechtsprechung die folgerichtige und widerspruchsfreie Fortbildung des geltenden Steuerrechts. Sein inneres System bietet das Gerüst für die materielle Gleichheit einzelner Steuern und macht auch ein Steuerübermaß aus der Addition mehrerer Einzelsteuern bewusst.

So könnte das Bundessteuergesetzbuch ein stetiges und verlässliches Fundament wirtschaftlicher Freiheit bieten, ähnlich wie es das Bürgerliche Gesetzbuch seit mehr als 100 Jahren bereitstellt. Der Steuerpflichtige lebt im Rahmen steuerrechtlicher Regeln, die den Staat am Erfolg seiner wirtschaftlichen Betätigungen stetig teilhaben lassen. Diese Teilhabe wird zur alltäglichen Selbstverständlichkeit, über die der freie Mensch wenig nachdenkt und die ihn in seinem freiheitlichen Entscheiden und Handeln kaum beeinträchtigt. Die Steuer macht allgemein bewusst, dass der Erfolg des anderen zugleich ein Gemeinschaftserfolg ist. So begegnet der Mensch dem größeren Erfolg des anderen nach und nach mit Gelassenheit, Respekt und schließlich mit Wohlwollen. Das Steuergesetzbuch bringt einen sanften Gewinn an Freiheit.

Anmerkungen

1 »Burghausener Erklärung«: Resolution der südbayerischen Finanzamtsleiter. Pressemitteilung der Leiter der südbayerischen Finanzämter vom 22.02.2002.

2 Dies betrifft den Zeitraum von Januar 2000 bis Juni 2003; s. dazu C. Herrmann/G. Heuer/A. Raupach, Kommentar zum Einkommensteuergesetz, Dok. 1 Rn. 490 ff. und die Gesetzesdokumentation nach der Neubekanntmachung des Einkommensteuergesetzes am 19.10.2002.

3 Steuereuroglättungsgesetz vom 19.12.2000, BGBl. I 2000, 1790; Steuersenkungsergänzungsgesetz vom 19.12.2000, BGBl. I 2000, 1812; Gesetz zur Änderung des Investitionszulagengesetzes 1999 vom 20.12.2000, BGBl. I 2000, 1850; Gesetz zur Änderung des Versicherungsaufsichtsgesetzes vom 21.12.2000, BGBl. I 2000, 1857; Gesetz zur Einführung einer Entfernungspauschale vom 21.12.2000, BGBl. I 2000, 1918; Gesetz zur Regelung der Bemessungsgrundlage für Zuschlagsteuern vom 21.12.2000, BGBl. I 2000, 1978; vgl. R. Mellinghoff, Die Verantwortung des Gesetzgebers für ein verfassungsmäßiges Steuerrecht, DStR 2003, Beihefter 3, 1.

4 So die Antwort der Bundesregierung auf eine Anfrage von MdB Otto Fricke vom 31.10.2002, nachzulesen auf der Internetseite: http://otto-fricke.org.liberale.de.

5 In Deutschland gibt es auf dem Gebiet der Steuern und Abgaben zurzeit 218 gültige Gesetze und 87 Rechtsverordnungen. Dies berichtet die Bundesregierung in ihrer Antwort (BT-Drucks. 15/1548) auf eine Große Anfrage der FDP-Fraktion (BT-Drucks. 15/501) zur Vereinfachung des Steuerrechts. Bei der neuen Zählung wurden nur noch die im Fundstellennachweis A zum Bundesgesetzblatt Teil I aufgeführten Stammgesetze berücksichtigt.

6 O. Solms (Hrsg.), Die neue Einkommensteuer, 2003.

7 F. Merz, Ein modernes Einkommensteuerrecht für Deutschland, Berlin, 3. November 2003 – s. dazu www.friedrich-merz.de/ www/downloads/Ursprungskonzept_merz.pdf.

8 P. Kirchhof, Staatliche Einnahmen, in J. Isensee/P. Kirchhof,

Handbuch des Staatsrechts Band IV, 1990, § 88 Rn. 1; *derselbe*, Der verfassungsrechtliche Auftrag zur Besteuerung nach der finanziellen Leistungsfähigkeit, StuW 1985, 318.

9 S. BVerfGE 105, 185 (187) – Verteilung der UMTS-Erlöse –. Bei der Versteigerung im Sommer 2000 konnten 99,3682 Milliarden Mark erlöst werden.

10 Pressemitteilung der Bundesregierung vom 25.02.2002, abrufbar unter http://www.bundesregierung.de/artikel,-57826/Massnahmenpaket-senkt-Ausgabe-.htm

11 BT-Drucks. 14/40, S. 2. *K. Tipke/ J. Lang*, Steuerrecht, 17. Aufl. 2002, § 8 Rn. 121 f.

12 *P. Kirchhof/H. Söhn/R. Mellinghoff*, Kommentar zum Einkommensteuergesetz, § 32a Rn. A 74; *C. Herrmann/G. Heuer/ A. Raupach*, Kommentar zum Einkommensteuergesetz, § 32a Anm. 4.

13 BVerfGE 93, 121, (136) – Vermögensteuer –.

14 BVerfGE 105, 73 – Rentenbesteuerung –.

15 Nach der Rechtsprechung des Bundesverfassungsgerichts müssen rechtliche Regelungen so aufeinander abgestimmt werden, dass sie widerspruchsfrei wirken und folgerichtig bleiben – BVerfGE 84, 239 (271) – Zinsbesteuerung –; 93, 121 (136) – Vermögensteuer –; 98, 83 (97 f.) – Landesabfallabgabe –; 98, 106 (118 f.) – Verpackungssteuer –.

16 BVerfGE 98, 83 (97 f., 104 f.) – Landesabfallabgabe –; 98, 106 (118 f.) – Verpackungssteuer –; vgl. auch BVerfGE 93, 121 (147) – Vermögensteuer –; 99, 280 (296 f.) – Zulage Ost –; vgl. auch 105, 73 (112 f.) – Rentenbesteuerung –.

17 Ein informativer Überblick über die Geschichte der Kapitalertragsteuer findet sich in BVerfGE 84, 239 (244 ff.) – Zinsbesteuerung – und bei *W. Blümich*, Kommentar zum Einkommensteuergesetz, § 43 Rn. 2 ff.

18 BVerfGE 84, 239 (269) – Zinsbesteuerung –.

19 BVerfGE 84, 239 (285) – Zinsbesteuerung –.

20 Vorlagebeschluss des BFH vom 19.03.2002 – IX R 62/99 – BVerfG – 2 BvL 17/2002 –.

21 BVerfGE 84, 239 (279) – Zinsbesteuerung –.

22 Quelle (u. a.): Bundesverfassungsgericht, – Pressestelle –, Umdruck zum Tag der offenen Tür 18./19.11.2003; Bundesministerium der Finanzen: Kein strukturelles Erhebungsdefizit bei der Besteuerung von privaten Wertpapierveräußerungsgewinnen, Pressemitteilung vom 19. November 2003.

23 BVerfGE 101, 151 – Schwarzwaldklinik –.

24 BVerGE 61, 319 – Ehegattensplitting –; 82, 60 – Familien-
existenzminimum –; 87, 153 – Grundfreibetrag –; 91, 93 –
Kindergeld –; 99, 216 – Kinderbetreuungskosten –; 99, 246 –
Familienleistungsausgleich –.

25 BVerfGE 87, 153 – Grundfreibetrag –.

26 BVerfGE 99, 216 – Kinderbetreuungskosten –.

27 BVerfGE 105, 73 – Rentenbesteuerung –.

28 BVerfGE 97, 350 (371) – Euro –; vgl auch BVerfGE 45, 142
(179) – Kaufpreisanspruch; 70, 278 (286) – steuerlicher Erstattungsanspruch .

29 BVerfGE 97, 350 (371) – Euro –.

30 BVerfGE 93, 121 (137) – Vermögensteuer –; vgl. auch BVerfGE
97, 350 (371) – Euro –.

31 Zum Streit über die Auslegung des Wortes »zugleich« als in »in
gleicher Weise« vgl. Deutsches Wörterbuch von Jacob und
Wilhelm Grimm, bearbeitet von *G. Rosenhagen*, 16. Band,
1954, Spalte 430 ff.; Duden, Wörterbuch der Deutschen Sprache, Band 8, 2. Auflage 1995, S. 441 f.; vgl. auch schon Trüb-
ners Deutsches Wörterbuch, 8. Band, 1957, S. 649 ff. (Begriff
des Wortes »zugleich« als »zu gleichen Teilen« nachweisbar
schon seit 1655).

32 BVerfGE 93, 121 (138) – Vermögensteuer –.

33 BVerfGE 93, 121 – Vermögensteuer –.

34 Die politischen Testamente der Hohenzollern, (1768), bearb.
von *R. Dietrich,* 1986, S. 499; BVerfGE 93, 121 (138) – Vermögensteuer –.

35 BVerfGE 14, 221 (241) – Fremdrenten –; 82, 159 (190) – Absatzfonds –.

36 BVerfGE 87, 153 (170 f.) – Grundfreibetrag –; 99, 246 (259 f.)
– Familienleistungsausgleich –.

37 BVerfGE 99, 216 (241 f.) – Kinderbetreuungskosten –.

38 BVerfGE 93, 121 (141) – Vermögensteuer –.

39 BVerfGE 93, 165 (177 f.) – Erbschaftsteuer –.

40 BVerfGE 93, 165 (175) – Erbschaftsteuer –.

41 BVerfGE 93, 121 (138) – Vermögensteuer –.

42 *K. Tipke/J. Lang*, Steuerrecht, 17. Aufl. 2002, § 14 Rn. 3.

43 *K. Vogel/M. Lehner*, Doppelbesteuerungsabkommen, Kommentar, 4. Aufl. 2003, Einl. Ziff. 2.

44 Ausführlich zu diesem neuen Einkommensteuerrecht *P. Kirchhof*, Einkommensteuergesetzbuch, 2003.

45 BVerfGE 98, 83 (105) – Landesabfallabgabe –; 98, 106 (133) –
Verpackungssteuer –.

46 Die dreistufige Erhöhung der Tabaksteuer soll sich zum
   01.03.2004, zum 01.12.2004 und zum 01.09.2005 vollziehen
   – Gesetz zur Änderung des Tabaksteuergesetzes vom 23.12.
   2003, BGBl. I 2003, 2924.
47 W. *Albers*, Handwörterbuch der Wirtschaftswissenschaften,
   Band 7, 1988; *A. Pausch*, Ausgewählte Beiträge zur Finanzge-
   schichte, 1982; *ders.*, Von der Reichsschatzkammer zum Bun-
   desfinanzministerium, 1969; *F. Mann*, Steuerpolitische Ideale,
   1937; *J. H. Kumpf*, 5000 Jahre Steuern und Zölle, 1996, *E.*
   Schremmer, Steuern, Abgaben und Dienste vom Mittelalter bis
   zur Gegenwart, 1994; *H. Schulz*, Das System und die Prinzipien
   der Einkünfte im werdenden Staat der Neuzeit (1600–1835),
   1982; *K. Zeumer*, Zur Geschichte der Reichssteuer im frühen
   Mittelalter, 1955.
48 *E. Schremmer*, Steuern, Abgaben und Dienste vom Mittelalter
   bis zur Gegenwart, 1994, S. 43 ff.
49 *J. v. Justi*, Staatswirtschaft, Band II, 1758, §§ 225, 252; *der-*
   selbe, System des Finanzwesens, 1758, §§ 767, 790, 853.
50 *P. Kirchhof/H. Söhn/R. Mellinghoff*, Kommentar zum Einkommensteuergesetz, § 10b Rn. A 170 ff.; *H. Brunner*, Deutsche
   Rechtsgeschichte, Band 2, 2. Aufl. 1928, S. 383; *H. Conrad*,
   Deutsche Rechtsgeschichte, Band 1, 2. Aufl. 1962, S. 143 f.;
   K. Zeumer, Zur Geschichte der Reichssteuer im frühen Mittelalter, 1955, S. 23 f.; *A. Dopsch*, Steuerpflicht und Immunität im
   Herzogtum Österreich, in: Verfassungs- und Wirtschaftsge-
   schichte des Mittelalters, 1928, S. 179; *P. Schmid*, Der Gemeine
   Pfennig von 1495, 1989, S. 213; *H. Schulz*, Das System und die
   Prinzipien der Einkünfte im werdenden Staat der Neuzeit
   (1600–1835), 1982, S. 371 m. w. N.
51 *E. Schremmer*, Über »gerechte« Steuern. Ein Blick zurück ins
   19. Jahrhundert, 1994.
52 S. dazu das Steuersenkungsgesetz vom 23.10.2000, BGBl. I
   2000, 1433.
53 In *P. Selmer*, Steuerinterventionismus und Verfassungsrecht, 1972.
54 Magna Charta Libertatum von 1215, bearbeitet von *Hans*
   Wagner, 1951, S. 28 f.
55 *Th. v. Aquin*, De regimine principum, 1630, 3. Buch, 11. Kapitel.
56 *P. Kirchhof/H. Söhn/R. Mellinghoff*, Kommentar zum Einkommensteuergesetz, § 10 b Rn. A 174.
57 Die politischen Testamente der Hohenzollern (1768), bearb.
   von *R. Dietrich*, 1986, S. 499.
58 BVerfGE 93, 121 – Vermögensteuer –.

59 *Th. Hobbes*, Leviathan, neubearbeitete Übersetzung von J. P. Mayer, 2003.

60 *J. Locke*, Two treaties of government, 1764.

61 Vgl. *G. Franz*, Staatsverfassungen, 2. Aufl. 1964, S. 303 (307).

62 *A. de Tocqueville*, Der alte Staat und die Revolution, II 10, hrsg. von J. P. Mayer, 3. Aufl. 1989, S. 107.

63 *E. Kreutzer*, Referat über die allgemeine Kirchensteuer. Erstattet auf der Diözesankonferenz zu Freiburg im Breisgau am 06.02.1900, Freiburg, S. 3 – dort zu der Frage, ob die Kirche eine Kirchensteuer auf der Grundlage des staatlichen Steuerrechts erheben sollte.

64 S. dazu ausführlich *A. Hensel*, Verfassungsrechtliche Bindungen des Steuergesetzgebers. Besteuerung nach der Leistungsfähigkeit – Gleichheit vor dem Gesetz, VJSchStFR 1930, 441.

65 *S. Pufendorf*, De iure et gentium, 1672, liber VII cap. 4 § 7; liber VIII cap. 5 § 4 f.

66 *v. Soden*, Nationalökonomie, Band III, 1808, § 552; Band V, 1811, §§ 1 f., 119 f.

67 *J. v. Justi*, Staatswirtschaft, Band II, 1758, §§. 225, 252; *derselbe*, System des Finanzwesens 1758, §§ 767, 790, 853.

68 *E. Schremmer*, Über »gerechte« Steuern. Ein Blick zurück ins 19. Jahrhundert, 1994.

69 Die Gewerbekapitalsteuer wurde zum 01.01.1998 abgeschafft, vgl. Art. 4 des Gesetzes zur Fortsetzung der Unternehmenssteuerreform, BGBl. I 1997, 2590.

70 Nach den Angaben des Statistischen Bundesamtes erbrachte die Grundsteuer A für land- und forstwirtschaftlich genutzte Grundstücke im Jahr 2002 insgesamt 345 Millionen Euro, die Grundsteuer B für sonstig genutztes Grundvermögen 8,916 Milliarden Euro (http://www.destatis.de/basis/d/fist/fist01.htm).

71 BVerfGE 93, 121 – Vermögensteuer –.

72 *K. Tipke/J. Lang*, Steuerrecht, 17. Aufl. 2002, § 8 Rn. 121 m. w. N.

73 *J.-J. Rousseau*, Discours sur l'économie politique, zitiert nach *K. Tipke/J. Lang*, Steuerrecht, 17. Aufl. 2002, § 9 Rn. 741.

74 *K. Marx/ F. Engels*, Ausgewählte Schriften, 2 Bände, 1958, Band 1, S. 42

75 *K. Frantz*, Die sociale Steuerreform als die conditio sine qua non, wenn der sozialen Revolution vorgebeugt werden soll, 1881, Neudruck 1972.

76 *E. Bernstein*, Die Geschichte der Berliner Arbeiterbewegung, 1907, Band I, S. 58.

77 E. *Pfeiffer*, Die Staatseinnahmen, 2. Band, 1866, S. 32

78 R. *v. Gneist*, Stenografische Berichte des Hauses der Abgeord-
    neten, Sitzung vom 21.2.1872, S. 893.

79 A. *Mennel/J. Förster*, Steuern in Europa, Amerika und Asien,
    Allgemeiner Teil, Rn. 108.

80 Quellen: http://www.afu-net.de/steuern/oase/litauen.htm;
    http://eastlex.juris.de/ausgabe_01/html/EASTLEX.2003.01.
    34.htm;
    http://www.kaasik.ee/ger/beste.html; http://www.rrb-c.de/down-
    loads/investitionen_lv.pdf;
    www.russlandonline.ru/intern0102/morenews.php?iditem=4;
    http://www.noerr.ru/doc/monatsbericht_02_02.htm;
    http://www.russische-botschaft.de/Presse/2002/presse43.htm;
    http://www.koda.ee/editmodeII/eng/exdir2003deu.pdf;
    http://www.mdr.de/eu/beitrittslaender/slowakei/725270.html.

81 A. *Held*, Die Einkommensteuer, 1872, S. 287; *B. Großfeld*, Die
    Einkommensteuer, 1981, S. 39 f.

82 M. *Heinrichs*, Die Reform der directen Steuern, insbesondere
    die Einführung der Selbsteinschätzung in Preußen, 2. Aufl.
    1889, S. 58; *B. Fuisting*, Die Einkommensbesteuerung der
    Zukunft in Anknüpfung an das preußische Einkommensteuer-
    gesetz, 1903; *ders.*, Die geschichtliche Entwicklung des Preußi-
    schen Steuersystems und systematische Darstellung der Ein-
    kommensteuer, 2. Aufl. 1894.

83 B. *Fuisting*, Die Einkommensbesteuerung der Zukunft in
    Anknüpfung an das preußische Einkommensteuergesetz, 1903,
    S. 211.

84 Reichseinkommensteuergesetz vom 29. März 1920, Reichsge-
    setzblatt 1920, 1. Halbjahr, Nr. 57; vgl. Körperschaftsteuerge-
    setz vom 30. März 1920, Reichsgesetzblatt 1920, 1. Halbjahr,
    Nr. 60.

85 G. *Strutz*, Kommentar zum Einkommensteuergesetz vom
    10. August 1925, Band 1, 1927.

86 BVerfGE 67, 100 (142 ff.) – Flick-Untersuchungsausschuss –.

87 BVerfGE 84, 239 (280 f.) – Zinsbesteuerung –.

88 BVerfGE 65, 1 (46) – Volkszählungsurteil –; 84, 239 (280)
    – Zinsbesteuerung –.

89 BFH Bundessteuerblatt II, 1999, S. 227, – Zwischenheimfahrt
    von Begleitpersonen abziehbar –.

90 BFH Bundessteuerblatt II, 1997, S. 805 – homologe künstliche
    Befruchtung abziehbar, BFH Bundessteuerblatt II 1999, 761 –
    heterologe Insemination nicht abziehbar –.

91 BFH Bundessteuerblatt II, 2001, 543 – Abziehbarkeit bei vorherigem amtsärztlichen Attest –.

92 BFH Bundessteuerblatt II, 1982, S. 116 – Zwangsläufigkeit von Ehescheidungskosten –.

93 *P. Kirchhof*, Kompaktkommentar zum Einkommensteuergesetz, 3. Aufl. 2003, § 33 Rn. 100.

94 Der derzeit vorliegende Gesetzentwurf der Bundesregierung vom 03.12.2003 (BT-Drucks. 15/2150) sieht zwar in § 22a EStG eine Rentenbezugsmitteilung an eine zentrale Stelle der Finanzverwaltung vor. Damit ist aber noch keine Entscheidung gefallen, ob sich das Parlament diesem verfahrenstechnischen Umweg anschließt.

95 Diese Zahlen hat das Bundesministerium der Finanzen für das Jahr 1997 hochgerechnet: Kosten der Besteuerung in Deutschland, Monatsbericht 07.2003 des Bundesministeriums der Finanzen, 81 (84).

96 Die so genannten »Befolgungskosten« der Steuer, die die Privaten zu tragen haben, wurden auf der Grundlage des Jahres 1995 ermittelt, Monatsbericht 07.2003 des Bundesministeriums der Finanzen, 81 (87).

97 *U. Suhrbier-Hahn*, Kirchensteuerrecht, 1999, S. 96; *J. Petersen*, Kirchensteuer in der Diskussion, 1995, S. 55.

98 BFH, Bundessteuerblatt II, 1989, S. 284 – Weinbau –.

99 BFH, Bundessteuerblatt II, 1995, S. 732 – Laboratoriumsarzt –; BFH Bundessteuerblatt II, 1997, S. 567 – Computerhardwareveräußerung –.

100 BFH, Großer Senat, Bundessteuerblatt II, 2002, S. 291 – Drei-Objekte-Grenze –.

101 Die Sätze 2–8 des § 2 Abs. 3 EStG wurden durch das Gesetz zur Umsetzung der Protokollerklärung der Bundesregierung zur Vermittlungsempfehlung zum Steuervergünstigungsabbaugesetz vom 22.12.2003, BGBl. I 2003, 2840, aufgehoben.

102 *Ch. Starck* (Hrsg.), Die Allgemeinheit des Gesetzes, 1987.

103 *K.-Th. Welcker*, »Gesetz«, in: *C. von Rotteck/K.-Th. Welcker*, Das Staatslexikon, 2. Aufl. 1847, 5. Band, S. 726 (733 f.).

104 *O. Dann*, Stichwort Gleichheit, in: *D. Brunner/W. Conze/R. Koselleck*, Geschichtliche Grundbegriffe, Band 2, 1975, S. 1014 (1024 f.).

105 *C. von Rotteck*, Lehrbuch des Vernunftsrechts und Staatswissenschaften, Band 2, 1840, S. 328 f.

106 *G. Husserl*, Recht und Zeit, 5 rechtsphilosophische Essays, 1955.

107 *E.-W. Böckenförde*, Entstehung und Entwicklung des Rechtsstaatsbegriffs, in: Festschrift für A. Arndt, 1969, S. 53 (58 f.).

108 BVerfGE 72, 200 (242 f.) – deutsch-schweizerisches Doppelbesteuerungsabkommen –; 97, 67 (78 f.) – Schiffsbausubventionen –.

109 Zur traditionellen Unterscheidung zwischen echter und unechter Rückwirkung, Rückbewirkung von Rechtsfolgen und tatbestandlicher Rückanknüpfung vgl. BVerfGE 72, 175 (196) – zinsbegünstigtes Darlehen –; 72, 200 (242 f.) – deutsch-schweizerisches Doppelbesteuerungsabkommen –; 97, 67 (78 f.) – Schiffsbausubventionen –.

110 BVerfGE 84, 239 (271) – Zinsbesteuerung –; 93, 121 (136) – Vermögensteuer –; 98, 83 (97 f.) – Landesabfallabgabe –; 98, 106 (118 f.) – Verpackungssteuer –.

111 *A. Hensel*, Verfassungsrechtliche Bindungen des Steuergesetzgebers. Besteuerung nach der Leistungsfähigkeit-Gleichheit vor dem Gesetz, VJSchStFR 1930, 441.

112 *P. Bareis*, Die Reform der Einkommensteuer vor dem Hintergrund der Tarifentwicklung seit 1934, in: *P. Kirchhof/ W. Jakob/A. Bermann* (Hrsg.), Festschrift für K. Offerhaus, 1999, S. 1053.

113 *P. Graf Kielsmansegg*, Nach der Katastrophe, 2000, S. 362.

114 *R. Thoma*, Kritische Würdigung des vom Grundsatzausschuss des Parlamentarischen Rats beschlossenen und veröffentlichten Grundrechtskatalogs, Parlamentarischer Rat, 11.48–244 zu Art. 17.

115 Vgl. Reg.-Entwurf zum Finanzverfassungsgesetz 1955 in den Formulierungen des Bundestags- und Gesamtausschusses, BT-Drucks. II/960, S. 3; die Neufassung scheiterte an der Ablehnung des Bundesrates, 132. Sitzung vom 03.12.1954, Sten.Prot., S. 336 f.

116 *K. Vogel*, Grundzüge des Finanzrechts des Grundgesetzes, in: *J. Isensee/P. Kirchhof*, Handbuch des Staatsrechts der Bundesrepublik Deutschland, Band IV, 1990, § 87, Rn. 88.

117 S. dazu die Definition der Steuer in § 3 Abs. 1 AO.

118 Vgl. *M. Wolff*, Reichsverfassung und Eigentum, Festgabe für Wilhelm Kahl, 1923, S. 3.

119 BVerfGE 45, 142 (179) – Kaufpreisanspruch –; 51, 193 (216 ff.) – Warenzeichen –; 70, 278 (286) – steuerlicher Erstattungsanspruch –; 78, 58 (71) – Ausstattungsschutz –; 79, 174 (191) – Erbbaurecht –; 83, 201 (209) – Vorkaufs-

recht –; 89, 1 (6) – Mieterrecht –; vgl. auch 70, 191 (199) – Fischereirechte –; stRspr.

120 BVerfGE 97, 350 (370) – Euro –.

121 BVerfGE 91, 207 (220) – Hafengebühr –.

122 *P. Kirchhof*, Besteuerung und Eigentum, VVDStRL 39 (1980), S. 213 (237 ff.).

123 *D. Schwab*, Eigentum, in: *D. Brunner/W. Conze/R. Koselleck*, Geschichtliche Grundbegriffe, Band 8, 1979, S. 65 ff.

124 *D. Schwab*, Eigentum, in: *D. Brunner/W. Conze/R. Koselleck*, Geschichtliche Grundbegriffe, Band 8, 1979, S. 94; *H. J. Papier*, in: *Th. Maunz/G. Dürig*, Kommentar zum Grundgesetz, Art. 14 Rn. 24.

125 Die politischen Testamente der Hohenzollern (1768), bearb. von *R. Dietrich*, 1986, S. 450.

126 BVerfGE 4, 7 (12) – Investitionshilfe –; 14, 221 (241) – Fremdrenten –; 82, 159 (190) – Absatzfonds –; stRspr.

127 BVerfGE 2, 237 (241) – Gebäudeentschuldungssteuer –; 10, 141 (177) – Feuerversicherungsabgabe –; 16, 147 (187) – Werkfernverkehr –.

128 BVerfGE 14, 221 (241) – Fremdrenten –; 19, 119 (129) – Couponsteuer –.

129 BVerfGE 14, 221 (241) – Fremdrenten –; 82, 159 (190) – Absatzfonds –; 105, 17 (30 f.) – Sozialpfandbriefe –; stRspr.

130 BVerfGE 93, 121 (137) – Vermögensteuer –; 105, 17 (32 f.) – Sozialpfandbriefe –

131 BVerfGE 93, 121 (137) – Vermögensteuer –; vgl. auch BVerfGE 97, 350 (371) – Euro –.

132 BVerfGE 87, 153 (169 f.) – Grundfreibetrag –; 99, 216 (231 ff.) – Kinderbetreuungskosten –; 99, 246 (259 f., 263 f.) – Familienleistungsausgleich –.

133 BVerfGE 93, 121 (138) – Vermögensteuer –.

134 Das statistische Bundesamt beziffert die kassenmäßigen Einnahmen für das Jahr 2002 auf diesen Betrag (http://www.destatis.de/basis/d/fist/fist01.htm).

135 *K. Littmann*, Ein Valet dem Leistungsfähigkeitsprinzip, in: Festschrift für F. Neumark, 1970, S. 113 ff.; *J. Pahlke*, Steuerpolitische Grundsatzfragen, Finanzarchiv Band 28 (1969), S. 42 (51 f.); *R. Frey*, Finanzpolitik und Verteilungsgerechtigkeit, Finanzarchiv Band 31 (1971/1973), S. 1 (6).

136 BVerfGE 87, 153 (169 f.) – Grundfreibetrag –; 97, 350 (371) – Euro –. Anderes gilt für den Zugriff auf die Eigentums-

substanz in Notlagen, BVerfGE 93, 121 (138) – Vermögensteuer –.

137 BVerfGE 87, 153 (169) – Grundfreibetrag –; 93, 121 (135)
– Vermögensteuer –.

138 BVerfGE 93, 121 (138) – Vermögensteuer –.

139 BVerfGE 93, 165 (175 f.) – Erbschaftsteuer –.

140 Vgl. BVerfGE 44, 249 (265 f.) – Alimentationsprinzip –.

141 Innerhalb der Europäischen Union reichen die regulären
Umsatzsteuersätze von 15 % in Luxemburg bis zu 25 % in
Dänemark und Schweden; s. dazu die Dokumentation der
Europäischen Kommission, Generaldirektion Steuern und
Zollunion, DOC/2908/2003-DE, S. 2.

142 *F. Mann,* Steuerpolitische Ideale, 1937, S. 39; *Bundes-
ministerium der Finanzen,* Unsere Steuern von A bis Z, 2002,
S. 105 ff. m. w. N.; *D. Müller,* Struktur, Entwicklung und
Begriff der Verbrauchsteuern, 1997, S. 103 ff.

143 Die Salz-, Zucker-, Tee- und Leuchtmittelsteuer wurden durch
Gesetz vom 25.08.1992 (BGBl. I 1992, 1548 (1561)) zum
01.01.1993 abgeschafft. Schon zum 31.12.1980 wurden die
Spielkarten-, Zündwaren- und die Essigsäuresteuer abgeschafft (Gesetz vom 03.07.1980, BGBl. I 1980, 761).

144 *M. Rose,* Plädoyer für ein konsumbasiertes Steuersystem, in:
M. Rose (Hrsg.), Konsumorientierte Neuordnung des Steuersystems, Heidelberg, 1991, S. 7, 14 ff.; *J. Lang,* Prinzipien und
Systeme der Besteuerung von Einkommen, DStJG 24, S. 49,
76 ff.

145 *K. Tipke,* Die Steuerrechtsordnung, Band 2, 1993, S. 598.

146 BVerfGE, 13,181 (185) – Schankerlaubnissteuer –.

147 Kammerbeschluss des BVerfG vom 01.03.1997 – 2 BvR
1599/89 –, – 2 BvR 1714/92 –, – 2 BvR 1508/95 –, NVwZ
1997, 573.

148 BVerfGE 10, 89 (102) – Erftverband –; 38, 281 (297 f.) – Ar-
beitnehmerkammern –; 50, 290 (354) – Mitbestimmung –.

149 Das Bayerische Oberlandesgericht erkannte die Rechtsform
der GmbH & Co. KG bereits im Jahr 1912 an, OLGE 27,
331; vgl. auch KGJ 44, 341 sowie später RGZ 105, 101 aus
dem Jahr 1922. Einen guten Überblick über die geschichtliche
Entwicklung dieser Rechtsform gibt *K. Schmidt,* Gesellschaftsrecht, 4. Auflage 2002, S. 1621 ff.

150 Die betriebswirtschaftliche Steuerlehre hat im Einzelfall unter-
sucht, wie eine vorteilhafte Gestaltung einer GmbH & Co. KG
im Vergleich zu anderen Gesellschaftsrechtsformen aussehen

kann; s. dazu *D. Schneeloch*, Besteuerung und betriebliche Steuerpolitik, Band 2, 2. Auflage 2002, S. 441 f.

151 Bis zu den Urteilen des RFH, RStBl. 1939, 282; 1940, 361, qualifizierten die Richter die Einkünfte aus der entgeltlichen Überlassung des Anlagevermögens als – gewerbesteuerfreie – Einkünfte aus Vermietung und Verpachtung – RFH, RStBl. 1929, 145; 1937, 939; s. auch *K. Barth*, Steuerliche Probleme der Betriebsaufspaltung, DB 1989, 814 (815).

152 Die Rechtsprechung des RFH, die die Betriebsaufspaltung als gewerbesteuerpflichtigen Vorgang ansah – RFH, RStBl. 1939, 282 –, geht maßgeblich zurück auf die Aussagen von Staatssekretär Reinhardt aus dem Reichsfinanzministerium. Dieser bezeichnete die Aufgliederung eines einheitlichen Betriebs in zwei miteinander verknüpfte Unternehmen als beliebtes Steuersparmodell, dem dauerhaft Einhalt geboten werden müsse – s. RStBl. 1936, 1041 (1051 ff.); *K. Barth*, Steuerliche Probleme der Betriebsaufspaltung, DB 1968, 814 (815); *M. Groh*, Die Betriebsaufspaltung in der Selbstauflösung, DB 1989, 748; *R. Seer*, Gewerbesteuerliche Merkmalübertragung als Sachgesetzlichkeit der Betriebsaufspaltung, BB 2002, 1833 f.

153 BVerfGE 25, 28 (40) – Betriebsaufspaltung I –; 69, 188 – Betriebsaufspaltung II –; s. auch BFH, Bundessteuerblatt II 1992, 246; *W. Blümich*, Kommentar zum Einkommensteuergesetz, § 15 Rn. 599.

154 BVerfGE 101, 151 (156 f.) – Schwarzwaldklinik –.

155 *J. Lang*, Prinzipien und Systeme der Besteuerung von Einkommen, DStJG 24, S. 49, 60; *J. Hey,* Besteuerung von Unternehmensgewinnen, S. 155, 161 ff.

156 BVerfGE 61, 319 (345 f.) – Ehegattensplitting –.

157 BVerfGE 61, 319 (347) – Ehegattensplitting –; 99, 216 (240) – Kinderbetreuungskosten –.

158 BVerfGE 61, 319 (347) – Ehegattensplitting –; 99, 216 (240) – Kinderbetreuungskosten –.

159 BFH, Bundessteuerblatt II 1990, 563; BFH/NV 1991, 728.

160 BVerfG, 1. Kammer des Zweiten Senats, Beschluss vom 07.12.1995, – 2 BvR 802/90 –, Bundessteuerblatt II 1996, 34 (36) – Oderkonto I –; BVerfG, 1. Kammer des Zweiten Senats, Beschluss vom 09.01.1996, – 2 BvR 1293/90 –, FamRZ 1996, 599 f. – Oderkonto II –.

161 BVerfGE 82, 60 (86 f.) – Familienexistenzminimum –; 87, 153 (170) – Grundfreibetrag –; 91, 93 (111 f.) – Kindergeld –; 99,

216 (231 f.) – Kinderbetreuungskosten –; vgl. BVerfGE 99, 246 (259 f) – Familienleistungsausgleich –

162 BVerfGE 76, 1 (51) – Familiennachzug –; 99, 145 (156) – gegenläufige Entführungen –.

163 BVerfGE 80, 81 (90) – Erwachsenenadoption –.

164 Vgl. Art. 9 Charta der Grundrechte der Europäischen Union, Abl. EG 2000, Nr. C 364, 1 ff.; s. auch Art. II-9 (Recht, eine Ehe einzugehen oder eine Familie zu gründen) und Art. II-33 (Familien- und Berufsleben) des Entwurfs eines Vertrags über eine Verfassung für Europa.

165 BVerfGE 87, 151 (169) – Grundfreibetrag –; 93, 121 (137) – Vermögensteuer –.

166 BVerfGE 61, 319 (346 f.) – Ehegattensplitting –.

167 BVerfGE 82, 60 (82) – Familienexistenzminimum –; 99, 216 (233 f.) – Kinderbetreuungskosten –; 99, 246 (259 f.) – Familienleistungsausgleich –; vgl. auch BVerfGE 93, 121 (141) – Freistellung des durchschnittlichen Einfamilienhauses in der Vermögensteuer –; 93, 165 (175) – Familiengut in der Erbschaftsteuer –.

168 BVerfGE 82, 60 (89) – Familienexistenzminimum –.

169 BVerfGE 93, 121 (141) – Vermögensteuer –.

170 BVerfGE 93, 165 (175) – Erbschaftsteuer –.

171 BVerfGE 82, 60 (89 f.) – Familienexistenzminimum –.

172 BVerfGE 99, 216 (233 f.) – Kinderbetreuungskosten –; 99, 246 (259 f.) – Familienleistungsausgleich –.

173 BVerfGE 101, 151 (156 f.) – Schwarzwaldklinik – stützt die Entscheidung noch auf Art. 3 Abs. 1 GG.

174 BVerfGE 93, 121 (134) – Vermögensteuer –.

175 BVerfGE 93, 121 (134) – Vermögensteuer –.

176 BVerfGE 84, 239 (269) – Zinsbesteuerung –.

177 BVerfGE 87, 153 (170) – Grundfreibetrag –.

178 BVerfGE 82, 60 (89 f.); 99, 216 (233) – Kinderbetreuungskosten –; 99, 246 (259 f.) – Familienleistungsausgleich –.

179 BVerfGE 93, 121 (140 f.) – Vermögensteuer –.

180 BVerfGE 93, 121 (138) – Vermögensteuer –.

181 BVerfGE 78, 350 (358 f.) – Parteienfinanzierung V –.

182 BVerfGE 99, 69 (78 f.) – kommunale Wählervereinigung –.

183 BVerfGE 82, 159 (178 f.) – Absatzfonds –.

184 BVerfGE 91, 186 (201 f.) – Kohlepfennig –.

185 BVerfGE 99, 280 (296) – Zulage Ost –.

186 BVerfG, 3. Kammer des 2. Senats, NJW 1993, 455 f. – Einkommensteuerfinanzierter Verteidigungshaushalt –.

187 BVerfG, 1. Kammer des 2. Senats, NJW 1996, 2086 – Bordellbetrieb –.

188 BVerfG, NJW 1996, 2086 – Bordellbetrieb –, dort auch die
   Auseinandersetzung mit dem preußischen OVG PrOVG Sts. 1
   282 f., KG, DJZ 1906, 1322; RGST 37, 74 f., 45, 97 (99 f.)
   sowie die Stellungnahmen des BFH.

189 BVerfG, 3. Kammer des 2. Senats, NVwZ 1997, 573 (575) –
   Spielautomatenbeschluss –; vgl. nunmehr aber auch BVerfG,
   3. Kammer des 1. Senats, DVBl. 2001, 1135.

190 BVerfGE 87, 153 (173) – Grundfreibetrag –; 99, 216 (233) –
   Kinderbetreuungskosten –; 99, 246 (260 f.) – Familienleistungsausgleich –.

191 BVerfGE 84, 239 (281 f.) – Zinsbesteuerung –.

192 BVerfGE 93, 121 (142 ff.) – Vermögensteuer –; 93, 165 (173)
   – Erbschaftsteuer –.

193 BVerfGE 93, 121 (136, 142 f.) – Vermögensteuer –; 93, 165
   (173, 176 f.) – Erbschaftsteuer –.

194 BVerfGE 84, 239 (275 f., 284) – Zinsbesteuerung –.

195 BVerfGE 87, 153 (170) – Grundfreibetrag –.

196 BVerfGE 99, 280 (295) – Zulage Ost –.

197 BVerfGE 93, 121 (146 f.) – Vermögensteuer –.

198 BVerfGE 93, 121 (137) – Vermögensteuer –.

199 BVerfGE 98, 83 (100) – Landesabfallabgabe –.

200 BVerfGE 98, 106 (125 f.) – Verpackungsteuer –.

201 BVerfGE 105, 17 (48) – Sozialpfandbriefe –.

202 BVerfGE 85, 264 (315 f.) – Parteienfinanzierung VI –.

203 G. *Schmoller*, Die Lehre vom Einkommen in ihrem Zusammenhang mit den Grundprinzipien der Steuerlehre, Zeitschrift
   für die gesamte Staatswissenschaft, 1863, S. 52; G. v. *Schanz*,
   Der Einkommensbegriff und die Einkommensteuergesetze,
   Finanzarchiv Band 13 (1896), S. 1 f.

204 B. *Fuisting*, Die preußischen direkten Steuern, 4. Band, Grundzüge der Steuerlehre, 1902, S. 110. R. *Beiser*, Zur Quellen-
   theorie und deren Aufspaltung einer Einkunftsquelle in
   Fruchtziehung und Stamm, ÖStZ 2000, 390.

205 H. G. *Ruppe*, Möglichkeiten und Grenzen der Übertragung
   von Einkunftsquellen als Problem der Zurechnung von Einkünften, DStJG 1, S. 7 (16); H. *Stadie*, Die persönliche
   Zurechnung von Einkünften, 1983, S. 23.

206 Vgl. Landessteuergesetz vom 30.03.1920, RGBl 1, 401;
   Gewerbesteuergesetz vom 01.12.1936, RGBl 1, 979; H. *Zitzelsberger*, Grundlagen der Gewerbesteuer. Eine steuerge-

schichtliche, rechtsvergleichende, steuersystematische und verfassungsrechtliche Untersuchung, 1990.

207 So die Bundesregierung, BT-Drucks. 6, 3418, S. 51 zum Gutachten der Steuerreformkommission 1971, Schriftenreihe des Bundesministeriums der Finanzen, Heft 17 (1971), VIII, Rn. 120 f.

208 *G. v. Schanz*, Zur Frage des Steuerprinzips bei den Gemeindesteuern, Finanzarchiv Band 32 (1915), S. 54 (56 ff.).

209 Vgl. die Nachweise bei *H. Zitzelsberger*, Grundlagen der Gewerbesteuer, 1990, S. 164, Fn. 93; vgl. auch BVerfGE 13, 331 (348 f.) – Gewerbesteuer –.

210 *K. Tipke*, Die Steuerrechtsordnung, Band 2, 2. Aufl. 2003, S. 1134 ff.; *H. Zitzelsberger* Grundlagen der Gewerbesteuer, 1990, S. 184 f.

211 Steueränderungsgesetz 1979, BGBl. I 1978, 1849; Art. 4 des Gesetzes zur Fortsetzung der Unternehmensteuerreform, BGBl. I 1997, 2590.

212 § 11 Abs. 1 Satz 3 Nr. 1 Gewerbesteuergesetz.

213 *K. Tipke,* Die Steuerrechtsordnung, Band 2, 2. Aufl. 2003, S. 1147.

214 *Der Sachverständigenrat zur Begutachtung der gesamtwirtschaftlichen Entwicklung*, Staatsfinanzen konsolidieren – Steuersystem reformieren, 2003, S. 308, möchte mit der niedrigeren Besteuerung der Kapitaleinkommen – nach skandinavischem Vorbild – neues Kapital nach Deutschland holen.

215 *M. Rose,* Plädoyer für ein konsumbasiertes Steuersystem, in: *M. Rose* (Hrsg.), Konsumorientierte Neuordnung des Steuersystems, Heidelberg 1991, S. 7, 14 ff.; *J. Lang,* Prinzipien und Systeme des Besteuerung von Einkommen, DStJG 24, S. 49, 76 ff.; *K. Tipke/J. Lang*, Steuerrecht, 17. Aufl. 2002, § 4 Rn. 110 ff.

216 Vgl. *K. Tipke/J. Lang*, Steuerrecht, 17. Aufl. 2002, § 4 Rn. 119.

217 *K. Tipke/J. Lang*, Steuerrecht, 17. Aufl. 2002, § 4 Rn. 122.

218 *P. Bareis*, Die Reform der Einkommensteuer vor dem Hintergrund der Tarifentwicklung seit 1934, in *P. Kirchhof/ W. Jakob/A. Bermann* (Hrsg.), Festschrift für K. Offerhaus, 1999, S. 1053.

219 *P. Kirchhof*, Kompaktkommentar zum Einkommensteuergesetzbuch, 3. Auflage 2003, § 5a Rn. 1 ff.

220 BMF, Bundessteuerblatt I 2001, 175.

221 BMF, Bundessteuerblatt I 1994, 770.

222 *K. Tipke*, Die Steuerrechtsordnung, Band 2, 2. Auflage 2003, S. 850.

223 Berichtet von *K. Tipke*, Die Steuerrechtsordnung, Band 2, 2. Aufl. 2003, S. 850.

224 *K. Vogel*, Der Verlust des Rechtsgedankens im Steuerrecht als Herausforderung an das Verfassungsrecht, DStJG 12, S. 123 ff.

225 *F. A. v. Hayek*, Recht, Gesetzgebung und Freiheit, Band 3, 1981, S. 138.

226 Steuerentlastungsgesetz 1999/2000/2002 vom 19.12.1998, BGBl. I 1998, 3779.

227 Gesetz zur Umsetzung der Protokollerklärung der Bundesregierung zur Vermittlungsempfehlung zum Steuervergünstigungsabbaugesetz vom 22.12. 2003, BGBl. I 2003, 2840.

228 Verordnung des Reichsministers der Finanzen vom 07.11.1940, RStBl. 1940, S. 945.

229 BFH, Bundessteuerblatt II, 1985, 57 (58).

230 *P. Kirchhof*, Einkommensteuergesetzbuch, 2003, § 3 Rn. 179 f.; *C. Herrmann/G. Heuer/A. Raupach*, Kommentar zum Einkommensteuergesetz, § 3 Nr. 26 Rn. 2 f.; *P. Kirchhof/H. Söhn/R. Mellinghoff*, Kommentar zum Einkommensteuergesetz, § 3 Nr. 26 Rn. B 26/5.

231 Gesetz vom 08.08.2002, BGBl. I 2002, 3111.

232 BT Drucks. 14/9029, S. 3; 14/9061, S. 3; 14/9428, S. 1.

233 Haushaltsbegleitgesetz 2004, BT-Drucks. 15/2261, Gesetz vom 29.12.2003, BGBl. I 2003, 3076 (3082).

234 Diese Auffassung liegt dem US-amerikanischen Recht zugrunde, vgl. *O. Walter*, in DStJG 3, S. 380 (386). Auch der Reichsfinanzhof betrachtete in einem Urteil aus dem Jahr 1923 die Fahrtkosten zur Arbeitsstätte ihrer Natur nach als Privatausgaben: »Nach der Entstehungsgeschichte des Gesetzes (des damaligen § 13 Nr. 1 d EStG 1920) ist die Anerkennung der Fahrtauslagen als Werbungskosten als Ausnahme von dem Grundsatz erfolgt, dass Ausgaben nicht abziehbar sind, die keinen spezifischen Berufsaufwand darstellen« (RFH-Urteil vom 17.01. 1923 III A 421/22).

235 RGBl. 1920, 393.

236 Gesetz vom 18.07.1958, BGBl. I 1958, 473; s. auch *M. Streck*, Kommentar zum Körperschaftsteuergesetz, 6. Aufl. 2003, vor § 1 Anm. 13.

237 BGBl. I 1976, 2597.

238 Steuersenkungsgesetz vom 23.10.2000, BGBl. I 2000, 1435.

239 BVerfGE 101, 151 – Schwarzwaldklinik –

240 BVerfGE 4, 7 (12) – Investitionshilfe, OHG –; 10, 89 (99) – Erftverband, Handelsgesellschaften –; 19, 52 (55) – gesetzlicher Richter –; 20, 283 (290) – Arzneimittelgesetz, KG –; *P. Kirchhof*, Besteuerung im Verfassungsstaat, 2000, S. 60 f.

241 *J. Schwarze*, EU-Kommentar, 1. Aufl. 2000, Art. 48 EGV Rn. 3, Art. 55 EGV Rn. 1, Art. 56 EGV Rn. 18.

242 BGH, NJW 2001, 1056.

243 *Th. Raiser*, Der Begriff der juristischen Person, AcP 199 (1999), 134f; *K. Schmidt*, Die BGB-Außengesellschaft: rechts- und parteifähig, NJW 2001, 993 (996).

244 *W. Engels/W. Stützel*, Teilhabersteuer, ein Beitrag zur Vermögenspolitik, zur Verbesserung der Kapitalstruktur und zur Vereinfachung des Steuerrechts, 2. Auflage 1968.

245 Vgl. *J. Lang*, Perspektiven der Unternehmenssteuerreform, Anhang Nr. 1 der Brühler Empfehlungen zur Reform der Unternehmensbesteuerung, Bericht der Kommission zur Reform der Unternehmensbesteuerung, Schriftenreihe des Bundesministeriums der Finanzen, Heft 66, 1999, S. 8 f.

246 Der Überschuss langfristiger *capital gains* über die *capital losses* unterliegt bei juristischen Personen dem Körperschaftsteuertarif mit einem Höchstsatz von 35 %., *A. Mennel/ J. Förster*, Steuern in Europa, Amerika und Asien, Länderteil USA, Rn. 101.

247 Der ermäßigte Höchststeuersatz kommt zur Anwendung, falls die übrigen Einkünfte mit dem Eingangssatz von 15 % besteuert werden. *A. Mennel/J. Förster*, Steuern in Europa, Amerika und Asien, Länderteil USA, Rn. 101.

248 Vgl. dazu *Statistisches Bundesamt*, Die Bevölkerung Deutschlands bis 2050, 2003, S. 12 f.

249 *Bundesministerium für Familie, Senioren, Frauen und Jugend*, Die Familie im Spiegel der amtlichen Statistik, 2003, S. 94.

250 *Bundesministerium für Familie, Senioren, Frauen und Jugend*, Die Familie im Spiegel der amtlichen Statistik, 2003, S. 76.

251 BVerfGE 87, 1 (38 ff.) – Trümmerfrauen –.

252 BVerfGE 76, 1 (51) – Familiennachzug –; 99, 145 (156) – gegenläufige Entführung –.

253 BVerfGE 80, 81 (94 f.) – Volljährigenadoption –.

254 BVerfGE 82, 60 (86 f.) – Familienexistenzminimum –; 87, 153 (170) – Grundfreibetrag –; 99, 246 (259 f.) – Familienleistungsausgleich –.

255 BVerfGE 99, 216 (231 ff.) – Kinderbetreuungskosten –.

256 *P. Kirchhof*, Einkommensteuergesetzbuch, 2003, §§ 5, 6 EStGB.

257 2.000 : 12 Monate = 166,67 Euro.

258 Zur unzulänglichen gesetzlichen Ausführung dieses zutreffenden Prinzips s. BVerfGE 105, 73 (90 ff.).

259 BVerfGE 105, 73 – Rentenbesteuerung –.

260 *Bundesministerium für Arbeit und Sozialordnung*, Zahlungen deutscher Rentenversicherungsträger an Berechtigte im Ausland, August 2001, S. 9.

261 Vgl. *P. Kirchhof*, Einkommensteuergesetzbuch, 2003, §16 Rn. 2 f., dort auch zur europarechtlichen Problematik.

262 BVerfGE 84, 239 – Zinsurteil –; BVerfG – 2 BvL 17/2002 –; Vorlagebeschluss des BFH vom 19.03.2002 – IX R 62/99 –.

263 BVerfGE 84, 239 (285) – Zinsbesteuerung –.

264 So auch *S. Sauer*, Pro und Contra Steueramnestie, ZRP 2002, 420.

265 Gesetz zur Förderung der Steuerehrlichkeit vom 23.12. 2003, BGBl. I 2003, 2928.

266 Vgl. BVerfGE 67, 100 (142 f.) – Parlamentarischer Untersuchungsausschuss –.

267 *K. Tipke*, Die Steuerrechtsordnung, Band 1, 2. Auflage 2000, S. 215 f.

268 *K. Tipke*, Die Steuerrechtsordnung, Band 1, 2. Auflage 2000, S. 225.

269 Vgl. *H. Helsper,* Der Ordnungsdenker, in: *H.-M. Schmidt/ A. Schmidt*, Juristen im Spiegel ihrer Stärken und Schwächen, 1998, S. 41 f.

270 *P. Kirchhof*, Einkommensteuergesetzbuch, 2003.

271 *Bundesministerium der Finanzen*, Unsere Steuern von A–Z, 2002, S. 22 f. Der Bund hat bei 30 Steuerarten von seiner Gesetzgebungskompetenz Gebrauch gemacht. Im Einzelnen sind dies: 1) Abzugsteuern bei beschränkt Steuerpflichtigen, 2) Agrarabgaben, 3) Ausfuhrabgaben, 4) Biersteuer, 5) Branntweinsteuer, 6) Einfuhrumsatzsteuer 7) Einkommensteuer, 8) Erbschaft- und Schenkungsteuer, 9) Feuerschutzsteuer, 10) Gewerbesteuer, 11) Grundsteuer, 12) Grunderwerbsteuer, 13) Kaffeesteuer, 14) Kapitalertragsteuer, 15) Körperschaftsteuer, 16) Kraftfahrzeugsteuer, 17) Lohnsteuer, 18) Milchgarantiemengenabgabe, 19) Mineralölsteuer, 20) Rennwett- und Lotteriesteuer, 21) Schaumweinsteuer, 22) Solidaritätszuschlag, 23) Spielbankabgabe, 24) Stromsteuer, 25) Tabaksteuer, 26) Umsatzsteuer, 27) Versicherungsteuer, 28) Zölle, 29) Zucker-Produktionsabgabe und 30) Zwischenerzeugnissteuer.

272 *K. Tipke/J. Lang*, Steuerrecht, 17. Aufl. 2002, § 8 Rn. 121
     m. w. N.
273 *G. v. Schanz*, Studien zur Geschichte und Theorie der Erb-
     schaftsteuer, Finanzarchiv Band 17 (1900), S. 553 (672);
     F. Neumark, Grundsätze gerechter und ökonomisch rationa-
     ler Steuerpolitik, 1970, S. 92; *B. Fischer*, Erbschaft- und Ver-
     mögensteuer, StuW 1978, 345 (346); *K. Tipke*, Die Steuer-
     rechtsordnung, Band 1, 2. Auflage 2000, S. 460 f.
274 BVerfGE 93, 165 (173 f.) – Erbschaftsteuer –.
275 BVerfGE 93, 165 (174 f.) – Erbschaftsteuer –.
276 BVerfGE 93, 165 (175 f.) – Erbschaftsteuer –.
277 Deutscher Städtetag, Städtetag zum Jahresgutachten der Wirt-
     schaftsweisen: Keine isolierte Reform der Gewerbesteuer, vom
     14.11.2001, www.staedtetag.de

Register

dtv zum Thema Wirtschaft: kompetent und aktuell

Frank Lehmann
Wirtschaft
Worauf es wirklich ankommt
ISBN 3-423-34096-7

Nikolaus Piper
Willkommen in der Wirklichkeit
Wie Deutschland den Abstieg vermeiden kann
ISBN 3-423-24442-9

Francis Fukuyama
Der große Aufbruch
Wie unsere Gesellschaft eine neue Ordnung erfindet
Übers. v. K. Dürr und U. Schäfer
ISBN 3-423-36271-5

Niall Ferguson
Politik ohne Macht
Das fatale Vertrauen in die Wirtschaft
Übers. v. K. Kochmann
ISBN 3-423-36307-X

Harald Klimenta
Was Börsen-Gurus verschweigen
12 Illusionen über die Finanzwelt
ISBN 3-423-36282-0

Olaf Baale
Die Verwaltungsarmee
Wie Beamte den Staat ruinieren
ISBN 3-423-24412-7

Joan Magretta
Basic Management
Alles, was man wissen muß
Übers. v. M. Bauer
ISBN 3-423-34064-9

Thomas Öchsner (Hg.)
Die Riester-Rente
Strategien für eine gesicherte Altersvorsorge
Aktualisierte Neuausgabe 2003
ISBN 3-423-34042-8

Amartya Sen
Ökonomie für den Menschen
Wege zur Gerechtigkeit und Solidarität in der Marktwirtschaft
Übers. v. C. Goldmann
ISBN 3-423-36264-2

Bernd Senf
Die blinden Flecken der Ökonomie
Wirtschaftstheorien in der Krise
ISBN 3-423-36240-5

Bitte besuchen Sie uns im Internet: www.dtv.de